ISBN 978-0-332-65934-3
PIBN 10979922

# VIDA

## DO INFANTE

# D. HENRIQUE,

*Escrita, e dedicada*

A' MAGESTADE FIDELISSIMA DE ELREY

# D. JOSEPH I.

## NOSSO SENHOR

POR CANDIDO LUSITANO.

# LISBOA,

Na Officina Patriarcal de FRANCISCO LUIZ AMENO.

M. DCC. LVII.

*Com as licenças necessarias.*

# SENHOR.

**S**E a Hiſtoria he o eſtudo mais proprio de hum Monarca, a
Vida do grande Infante D. Henrique he
certamente o Argumento mais digno da attençaõ

tençaõ de V. Mageſtade. Eu revolvendo a
antiga, e paſinoſa Hiſtoria deſtes Reinos,
(muito mais a dos eſtranhos) naõ deſcubro
Heróe, que na altura de merecimentos em-
parelhe com o famoſo Infante; e ſe a Providencia ſempre liberal em nos enriquecer com
Principes de aſſinaladas virtudes, naõ nos
déſſe a V. Mageſtade, quem haveria, que o
igualaſſe?

A occaſiaõ eſtava chamando por hum
parallelo entre V. Mageſtade, e o illuſtre
Objecto deſta Hiſtoria; mas para tanto pezo naõ ſaõ minhas forças; e quando Deos
mandar a eſte Reino hum homem proporcio-
nado para eſcrever a Vida de V. Mageſtade, entaõ ſe verá a fiel copia daquelle grande Original. Moſtrará à Poſteridade eſſe feliz Eſcritor o eſpecial empenho, com que V.
Mageſtade quer enriquecer ao ſeu povo, fazendo florecer o commercio em ſeus Dominios; e entaõ ſe verá como eſta empreza he
hum novo deſcobrimento, que em nada cede
aos do Infante D. Henrique: eu diſſera, que
os vencia, porque a grandeza de hum Reino
creyo, que melhor ſe funda em vaſſallos ricos, que em grandes Eſtados. Por outra
parte quando os vindouros virem na Hiſtoria de V. Mageſtade retratada fielmente

por

*por penna digna a ſua religiaõ com Dẻos , a*
*ſua piedade com os póvos , a ſua magnificen-*
*cia com os benemeritos , e a ſua humanidade*
*com todos , quem naõ dirá , que o Ceo nos*
*dera em V. Mageſtade huma copia bem pa-*
*recida do illuſtre Infante ? E que facil ſerá*
*a eſſe venturoſo Eſcritor das virtudes de V.*
*Mageſtade moſtrar , que ſe o meu Heróe*
*em proteger os benemeritos deixou aos de*
*ſeu Real Caraĉter hum novo exemplo , V.*
*Mageſtade em favorecer a ſeus Vaſſallos*
*ẅignos perde menos horas, do que Tito perde-*
*ra dias ! Elle igualmente demonſtrará , que*
*ſe o Infante em ſuas acções religioſas ſem-*
*pre moſirou ſer filho daquelle grande Pay ,*
*V. Mageſtade no ſolido de ſua piedade bem*
*moſtra , que he Monarca Portuguez , que-*
*ro dizer , herdeiro ainda mais das virtudes ,*
*que do Sceptro de ſeus Reaes Aſcendentes.*

*Na gloria militar he que o Chroniſta*
*de V. Mageſtade naõ poderá deſcobrir co-*
*res para a ſemelhança do retrato , porque as*
*achará mais vivas , e mais brilhantes , pro-*
*pondo outra gloria muito mais ſolida , e lumi-*
*noſa , que abaterá a ganhada pelo Infante*
*nos campos Africanos. Eu, Senhor , naõ ſir-*
*vo à liſonja ; o meu Eſtado me manda amar*
*em extremo a verdade : a Eſtatua do meu*

He-

Heróe coroada de louro, formando-lhe o pe-
deſtal os maniatados inimigos , e a de V.
Mageſtade coroada de Oliveira , triunfando
na paz dos vicios , que deſtroem Monar-
quias , he certo, que todo o incenſo da gratidaõ Portugueza ſe tributará mais à bella
imagem do Rey pacifico , própido , e amado
dos ſeus, que à do Principe guerreiro, conquiſtador , e temido dos eſtranhos.

Baſtava , Senhor, ou eſta ſemelhança ,
ou eſte exceſſo das virtudes de V. Mageſtade em competencia das do Heroico Infante ,
para ſer eſte livro honrado com o ſeu Auguſ-
to Nome; mas ainda a juſtiça me inſpira outro fundamento , e me guia animoſo ao Throno de V. Mageſtade. Quantas glorias ,
quantas riquezas enchem de nobre vaidade,
e opulencia a eſte Reino, ſaõ frutos, e conſe-
quencias , ou do valor , e fama , ou da conſtancia, e eſtudos do Infante D. Henrique.
Paſſou a Africa eſte famoſo Principe a abrir
novas portas a victorias da ſua Naçaõ, e
de maneira deixou naquelles Barbaros eſta-
belecido hum nome formidavel por ſeus triunfos , que quanto depois obraraõ naquella Regiaõ os portentoſos Portuguezes , foy como
gloria, que deixara ſemeada a heroica maõ
do Infante para a recolherem ſeus Succeſſores.

res. *Eſtes ambicioſos de mais fama , e tendo
já a África por eſtreito theatro de ſuas acções, paſſaraõ ao Oriente a obrar aquelles feitos, que parecendo fabula, ſaõ huma* Hiſtoria:
*e quem ſe ha de conſiderar por primeiro mobil
de tanta gloria* Portugueza, *ſenaõ o illuſtre
Objecto deſta minha Eſcritura, que deſcobrindo mares ao parecer encantados , tanto facilitou aquella nova Conquiſta ,. deixando mareantes* com *pratica , e coſmografos com ſci-
encia?* Quiz Deos *premiarnos eſte eſtabeleci-
mento do ſeu* Nome *adorado em terras de
idolatria , e levou-nos a hum novo* Mundo,
*onde criara todas as precioſidades, de que a*
Natureza *faz mais pompa , e com ellas agradeceo aos ſeus ſoldados taõ cuſtoſas Conquiſtas. A eſtas riquezas , em que ſe deſentranha
a* America, *e ſaõ o alvo da cubiça de todos,
ainda ninguem* lhe *ſoube. dar outra origem,
ſenaõ aos porfiados Deſcobrimentos do* Infante, *facilitando com elles a navegaçaõ de coſtas, rios, e mares , que por tantos ſeculos tinha eſcondido a Providencia à ambicioſa temeridade dos homens. Bem ſabe* V. Mageſtade, *que naõ he meu eſte juizo ; he de todos
os Eſcritores , que trataõ da origem, e progreſſos da Navegaçaõ, ſem exceptuar ainda
aquellas pennas , que forcejaõ por nos eſcure-*
cer

cer nefte ponto a gloria de noffa primazia.

Pois, Senhor, fe o Reino fe confeffa em tanta divida ao valor, aós eftudos, e aos Defcobrimentos do celebre Infante; fe a corrente das riquezas, de que gozamos, tem feu nafcimento naquella famofa fonte, bem fe vê o quanto de juftiça devo eu offerecer a V. Mageftade a Hiftoria de hum Principè do feu mefmo fangue, de hum Heróe, que pela extenfaõ dos Dominios de V. Mageftade, e opulencia de feus thefouros, tantas vezes confumio fuas riquezas, e offereceo fua vida. Só por efte principio he que julgo efte livro digniffimo de V. Mageftade lhe pôr os olhos, naõ aquelles, com que julga a fua alta comprehenfaõ, porque eu bem me reconheço por hum inhabil Efcritor, e que mais devo offerecer a Deos no Altar os votos pela ıfeliz confervaçaõ de V. Mageftade, do que apparecer a feus Reaes pés com huma offerta literaria. O Ceo ouça as fupplicas deftes Reinos fobre a preciofa Vida de taõ amavel Principe, extendendo-a à medida do noffo amor, que fendo amor de Portuguezes, fó igualaráõ a medida huns annos eternos.

AO

# AO LEITOR.

Cançavaõ se os Antigos Gregos, e Romanos em persuadir, que aquelle que tomava a empreza de escrever as Acções illustres de Principes, e Capitáes famosos da sua Patria, esse mostrava zelo de verdadeiro Cidadaõ. Confessamos, que só persuadidos desta verdade he que pegámos na penna para compor este livro. E que outro podia ser o motivo? Ambiçaõ de fama? Bem nos conhecemos por hum Escritor do vulgo. Cubiça de negociar com os estudos, fazendo-os rendosos? He mal de que naõ adoecemos, nem o nosso Estado soffreria hum tal interesse. Amor à Patria, paixaõ antiga pelo grande Infante D. Henrique foy quem unicamente nos moveo a escrever os feitos singulares da sua Vida.

Sentiamos, que talentos taõ felices, como os que tem dado Portugal, e dá com abundancia nesta idade sem inveja aos de outros Climas, naõ tivessem até aqui tomado hum Argumento taõ digno, e soffressem ver escondidas, ou confusamente derramadas por nossas Historias as Acções do famoso Infante, passando ha tres seculos Personagem taõ illustre quasi por hum daquelles Principes, que deixaraõ no Mundo ociosa memoria. Como viamos, que naõ tomava a empreza algum Escritor robusto, arrojamonos nós a ella: e praza a Deos, que esta nossa ousadia desperte quem tomando o nosso Argumento, o faça apparecer em toda a sua luz.

Entretanto o leitor zeloso da sua Naçaõ vá lendo este nosso trabalho, e desculpandolhe com ingenuidade os erros. Mas como, se for escrupuloso, poderá reparar em muitas cousas, bom será que nos ouça, antes de dar a sentença. Talvez o primeiro reparo será sobre o *Estylo*, desejando, que fosse mais simplez imitador de Cesar, do que de Curcio. A defensa he facil, porque fundada na mesma *Arte Historica*. Os estylos ( diz ella ) saõ proporcionados às materias : Assumptos pequenos querem força, viveza, c ornato; os grandes pedem locuçaõ magestosa, geftofa , conftante , e corrente. Q. Curcio feja vivo , e ornado , Livio ferio , e grande ; porque as formofuras medianas, para poderem attrahii , neceffitaõ de adorno ; as efpeciaes naõ tem efta neceffidade , achando em fi mefmas aquella graça , que as outras pedem empreftada ao artificio.

Quem naõ nos ha de conceder, que a *Vida de D. Joaõ de Caftro* , como Argumento pequeno , e laudatorio , pede eftylo de dizer, differente do que compete ao *Portugal Reftaurado* , Affumpto grande , e que abrange coulas entre fi muy diverfas ? A Vida do Infante D. Henrique fim he materia de fi grande , mas naõ tem aquelfa abundancia , e variedade de fucceffos , que fe acha na Hiftoria geral de huma Monarquia. Por iffo lhe convem hum eftylo, fim claro, defaffeétado, e corrente, mas no mefmo tempo vivo, e elegante , até tocar hum pouco no pompolo, à maneira de Curcio, que nefte ponto naõ fey que os bons o cenfurem. Efte genero de Efcritura admitte os ornatos da Eloquencia , mas daquella , que he folida , e varonil , conveniente a huma narraçaõ fucceffiva , que he o em que confifte a Hiftoria.

As *Figuras* tem nella feu lugar, efpecialmente aquellas , que fazem quafi fenfivel a imagem do que fe quer exprimir. Nós cançamonos nefte ponto , naõ fó excogitando exprefsóes convenientes à materia , mas dando valor , e pezo às palavras. Fugimos , quanto foubemos , de uniformidades, affim no material dos periodos, como no de penfamentos entre fi femelhantes. Naõ duvidamos, que algumas vezes repetiremos a mefma expreffaõ , e tornaremos a ufar da mefma frafe ; mas perfuadimonos, que naõ ferá com os mefmos termos precifos; e fe o for , he effeito de fraqueza de memoria, que naõ póde ter tudo prefente ; e deftes efquecimentos atrevemonos a achar em bom numero nos melhores Hiftoriadores antigos , e modernos. Puzemos igualmente efpecial cuidado em fugir de circumlocuções inuteis, de epithetos ociofos , e de ornatos váos, que fó fervem para fazer affeétado o difcurfo. Trabalhámos por confervar até o fim a dignidade do Affumpto : fe confeguimos huma , e outra coufa, iffo dilloha o leitor, que for bom contrafte de eftylos.

Naõ obftante conceder a Arte a efte genero de Hiftoria

toria o uſo de *Figuras*, bem conhecemos, que naõ lhe
convem todas aquellas de que póde uſar o Orador. A
eſte dá-ſe mais liberdade, porque cuida em deleitar; ao
Hiſtoriador, como tem por fim o inſtruir, concede ſe eſta licença com ſuas reſtricções, e naõ para todas as Figuras. A *Methafora* he huma das que eſpecialmente lhe ſaõ
permittidas, com tanto, que naõ uſe della com aquelle
atrevimento, que ſe ſoffre na Poeſia. As outras, que ſervem à commoçaõ dos affeϲtos, cencedem-ſe nas *Fallas*,
na *Deſcripçaõ* de batalhas, e outras occaſióes ſemelhantes; mas ſempre a Arte recommenda, que ſeja com mo-
deraçaõ, e modeſtia, indiſpenſavel no Hiſtoriador.

Se o amor proprio naõ nos allucina, parecenos, que
naõ uſámos de Figuras improprias do Argumento; e ſe
algumas vezes nos valemos de Methaforas ao parecer atre-
vidas, quem eſtiver na doutrina de Voſſio, Maſcardo, Ra-
pin, e na liçaõ dos bons Hiſtoriadores, reflectindo, em
que ſalvamos o atrevimento com o correϲtivo de hum
*quaſi*, *parece*, *à maneira*, e outras formulas ſemelhantes,
naõ ſe ha de reſolver a cenſurarnos a Figura. Verdade he,
que em hum, ou outro lugar de propoſito naõ nos arma-
mos com eſte eſcudo; porque quizemos uſar da licença,
que às vezes nos dá a pratica dos bons Gregos, e Latinos.
Ultimamente cremos, que com injuſtiça igual à antecedente nos criticaráõ algumas *comparações*, e *ſimiles*, ſendo eſtas Figuras muy raras em todo eſte livro, breviſſimas,
e introduzidas ſem affectaçaõ, ſegundo o preceito da
Arte.

As *Deſcripções* na Hiſtoria ſaõ hum baixo, em que
facilmente ſe naufraga, ou por affectadas, ou deſneceſſa-
rias, ou faſtidioſas. Nós temendo eſte riſeo, muy poucas
deſcripções fizemos, e neſſas cuidámos em ſer ſuccintos,
deſembaraçados, e claros. Só em huma demorámos mais
a penna, e foy em deſcrever os coſtumes dos Mouros Azenegues, e qualidades do ſeu clima, por ſer noticia, em
que o noſſo Infante tinha particular empenho, por condu-
zir muito para a grande obra de ſeus Deſcobrimentos.
Neſta deſcripçaõ forcejámos por fazer huma pintura exa-
ϲta no deſenho, ſuccinta no ornato, viva nos toques, e
natural nas cores: póde ſer que nada diſto conſeguiſſemos.

Feita a defenſa a quem nos cenſurar no que toca
ao

ao eftylo, fatisfaçamos ao leitor, que tambem nos accufar de outro defeito. Ha muitos que tem as *Fallas*
por inverofimeis na Hiftoria, e outros que as defendem.
Se val alguma coufa o noffo juizo, temos por bem criti-
cadas aquellas, que fe poem na boca de Capitáes na força, e confufaõ da batalha, efpecialmente fe faõ longas,
e com penfamentos, e reflexóes, que nem a hum juizo
focegado coftumaõ occorrer fem vagarofa meditaçaõ. Pelo contrario fe a *Falla* naõ he na força da peleja, já entaõ
fica verofimil, fendo muito natural, que hum Capitaõ,
que ou quer dar batalha, ou fabe que ha de fer acometti-
do, anime feus foldados, propondolhes com vehemen-
cia, e brevidade os motivos, que o obrigaõ à tal acçaõ.
Muito mais verofimeis ( fe naõ faõ prolixos) chamamos
àquelles Difcurfos, que fe poem v. g. na boca de hum
Confelheiro votando fobre alguma materia; ou na de hum
General, mandando foldados a alguma expediçaõ.

Com o fentido nefte verofimil introduzimos *Praticas*
nefta Hiftoria. Puzemos todo o cuidado, em que foffem
breves, infinuantes, defaffectadas, e proprias de quem as
diz, e da occafiaõ, em que as diz. Falla o Mouro Zalá
Benzalá, avifando aos feus de que os Portuguezes os queriaõ expulfar de Ceuta; e as exprefsóes de que ufa, parecenos, que nada contém de inverofimil na boca daquelle
Barbaro. Falla algumas vezes o Infante D. Henrique ou
com feu Pay, ou com foldados, e peffoas mandadas
a feus Defcobrimentos; e perfuadimonos, que nem o de-
coro rejeita, nem a occafiaõ prohibe taes difcurfos em
hum Principe, e que a critica naõ fe tornará contra elles,
no fyndicar da propriedade de fuas exprefsóes. Quanto
mais, que algumas deftas Fallas naõ faõ inventadas por
nós, mas fó melhoradas na linguagem, e eftylo. Rece-
bemolas dos Antigos como Praticas, que o Infante fizera,
fe naõ com as mefmas palavras, em que elles no las deixaraõ, certamente em fubftancia. Tal he o Difcurfo feito a
ElRey feu Pay, propondolhe a empreza de Ceuta, e tal
o que fizera a ElRey D. Duarte feu Irmaõ fobre o naõ fe
dever entregar efta Praça em refgate pelo Infante D. Fernando. Ultimamente falla ElRey D. Affonfo V. amman-
do feus foldados à conquifta de Alcacer Seguer; e como
he hum Rey o que falla, e já ao defembainhar da efpada,
naõ

naõ o fizemos dizer, fenaõ poucas palavras, e eſſas cremos, .que ſe julgaráõ proprias da Mageſtade, e da occaſiaõ.

   O lugar eſtava pedindo, que deſſemos outras muitas
ſatisfaçóes ; mas para que, ſe ſempre havemos ſer julgados
com ſeveridade, onde o merecermos ? A todo o tempo,
que nos moſtrarem os vicios de noſſo eſtylo, nos havemos
de emendar : ſe o Cenſor for modeſto, fallohemos com
goſto, e com paciencia, ſe for incivil. Só diremos, que
em quanto às noticias ſeguimos os noſſos Hiſtoriadores,
que já gozaõ em paz da fama de verdadeiros, e que onde
nos apartamos delles, ſeguimos a alguns M. S. fidedignos,
de que naõ he pobre o lugar, onde eſcrevemos. Reſta
ultimamente pedirmos, que ſe emendem eſſas erratas,
que ſaõ as de mayor conſideraçaõ, e ſe deſculpem as demais, que ſe deſcobrirem, como inevitaveis em obra,
que paſſa por tantas mãos. Quem nellas ſe entrega, ſe he
experimentado, vay já com o deſengano de naõ poder
evitar erros.

Erra

| *Erratas.* | | *Emendas.* |
|---|---|---|
| Pag. 42. | gloriofo o feu nome | gloriofo o feu crime |
| Pag 89. | naõ perder o ganhado | perder o ganhado |
| Pag. 200. | igular | igualar |

# VIDA
## DO INFANTE
# D. HENRIQUE.

## LIVRO I.

AMOS a ler a Vida
de hum Principe he-
roico o grande Infan-
te D. Henrique ; no-
me amado entre os
feus , invejado entre
os eftranhos ; confef-
fando as idades em teftemunho fucceffi-
vo , que fe a natureza lhe negara a Coroa , as virtudes lhe deraõ juftiça para a

　　　　　me-

merecer. As acções militares, e os famofos defcobrimentos defte Infante, que tanto encheraõ a Portugal de honra, e de riquezas, pediaõ ha muito, que leffe o Mundo a fua vida defpegada de noffas Chronicas: nós agora he, que emendamos efta injuria dos tempos, dando a ler em efpecial efcritura taõ fingulares feitos; e defculpe-fe a inhabilidade do Efcritor, ou reflectindo-fe na grandeza da materia, ou no defcuido dos Antigos.

Coftuma Deos coroar as virtudes dos pays com filhos benemeritos. Defta juftiça quiz a Providencia dar a Portugal mais hum exemplo, dando o Infante D. Henrique ao grande Reftaurador defte Reino ElRey D. Joaõ I., e à Rainha D. Filippa, digna Efpofa de hum Heróe. Nafceo filho quinto, fe olharmos para a ordem da natureza, primeiro, fe attendermos aos merecimentos do feu nome; e naõ he leve argumento para o feu elogio, diftinguillo a Hiftoria entre feus heroicos Irmãos.

*Nafcimento do Infante D. Henrique.* Vio a luz do Mundo na antiga Cidade do Porto em huma quarta feira 4 de

de Março do anno de 1394. Naõ ſomos
daquelles myſterioſos Eſcritores, que para fazerem logo no berço prodigioſo o
ſeu Heróe, amontoaõ, e combinaõ aca-
ſos, que no juizo dos credulos tem ap-
parencias de portentos; porém a circunſtancia de naſcer o Infante com huma
Cruz eſculpida no peito, he hum ſinal
memoravel, e que depois verificou o
tempo, chamando-lhe preſagio de ſeus
deſcobrimentos, e conquiſtas. Vio-ſe com
os annos, que o Ceo mandara ao Mundo eſte Principe para inſtrumento da
propagaçaõ da Fé Orthodoxa, e os vindouros confirmaraõ o juizo dos que entaõ diſſeraõ, reflectindo no ſinal, que
para taõ alto fim como dadiva eſpecial o
dera Deos ao ſeu Imperio.

Educado na ſanta eſcola da Rainha
ſua Mãy, hiaõ as virtudes vencendo a
idade; de maneira que a Corte fallava
dellas com eſpanto, quando queria louvar as de ſeus Auguſtos Pays. A religiaõ,
a affabilidade, e beneficencia, unidas a
huma indole viva, e a hum animo generoſo, moſtravaõ, que eſte Infante era

ben-

*Seus primeiros estu-* bençaõ do Ceo. Inſtruido naquelles eſ-
*dos.* tudos, que em hum Principe aperfeiçoaõ
a felicidade do engenho, e moderaõ o
ardor dos eſpiritos, paſſou a cultivar as
artes, que ſaõ imagem da guerra. Como
ſentia em ſi inclinaçaõ, em ſeu Pay exemplo, deu-ſe tanto a eſtes exercicios, como ſe já ſoubeſſe, que a Providencia o
deſtinava para aquelles illuſtres feitos,
que ſeraõ o argumento deſta Hiſtoria.

Amado dos naturaes, e temido dos
viſinhos tinha depoſto ElRey ſeu Pay as
armas, com que fizera gemer a Caſtella,
e alcançara della aquella incrivel victoria; mas como era Rey de vaſſallos coſ-
tumados a triunfos, huns levados do brio,
outros do intereſſe, ſuſpiravaõ por guerra, chamando às felicidades da paz quaſi
*Moſtrou logo amor às* eſcravidaõ do valor. O Infante D. Hen-
*armas.* rique com ſeus Irmãos deſejando illuſ-
trar o nome de Principe com o de Soldado, dava pezo a eſtas vozes, que chegando aos ouvidos de ElRey foraõ recebidas quaſi com vaidade, gloriando-ſe o
ſeu valor em filhos de taõ generoſos penſamentos.

Pedi-

Pediraõ os Infantes a feu Pay, que os armaffe Cavalleiros; a paz naõ foffria huma ceremonia, que naquelles tempos era coftume fazerfe com os inimigos por teftemunhas, depois da prova de honradas acções. Porém querendo ElRey ou fatisfazer os defejos, ou enfayar o esforço dos filhos, determinou fazer humas feftas Reaes, e convidar para ellas os Cavalleiros mais affinalados dos feus, e dos eftranhos na deftreza das Juftas, e Torneyos, louvaveis exercicios daquelles tempos guerreiros.

*Pede a ElRey feu Pay, que o arme Cavalleiro.*

*Difpofições para efta funçaõ.*

Naõ fatisfez a idéa os altos efpiritos dos Infantes, tendo por coufa quafi indigna do feu fangue, ao menos do feu brio, receberem a honra pedida em huma acçaõ, onde a gloria era pouca; porque em lugar da fama de Soldados, fó ganhariaõ a opiniaõ de Cavalleiros. Com tudo diffimulavaõ, efperando que o tempo, ou o genio bellicofo de feu Pay lhes offereceffe mais digna funçaõ: porém vendo que elle em fim fe refolvia a executar a que já lhes havia propofto, della fe queixaraõ, ou fe fentiraõ com feu Irmaõ o

*Repugna ao modo com que ElRey ι pretendia armar Cavalleiro.*

Con-

Conde de Barcellos, bufcando nelle para feu Pay o melhor mediator, e para feus fins o melhor confelheiro. Propozeraõ-lhe em vivo difcurfo, que elles naõ podiaõ acabar de fe darem por fatisfeitos do modo, com que feu Pay os queria armar Soldados; antes eftavaõ na refolução de lhe fallar, pedindo-lhe por mercê, que os occupaffe fóra do Reino em alguma expedição marcial, onde ganhaffem com a honra de Cavalleiros nome, e utilidade para a Patria.

*Conferencia entre os Infantes D Pedro, e D Henrique fobre a conquifta de Ceuta.* O Senhor D. Affonfo, em cujo coração havia os mefmos efpiritos, approvou a refolução, refpondendo, que invejava naõ fer author de huma idéa, em que tinha tanta parte a gloria de feu Pay, como a fama de feus Irmãos; e difcorrendo em fegredo com os Infantes D. Pedro, e D. Henrique, ajuftaraõ-fe no modo de proporem a ElRey taõ generofos intentos. Na força defta pratica appareceo Joaõ Affonfo, Védor da Fazenda Real, homem aceito a ElRey por virtudes, e por ferviços: foube dos Infantes a materia da conferencia, e admirado de taõ

taõ nobres penſamentos, naõ ſó louvou,
mas fomentou a idéa, dizendo-lhes que
propozeſſem a ſeu Pay a conquiſta de
Ceuta, empreza de que a Monarquia ti-
raria utilidades, e elles fama.

    Naõ foy preciſo ao Conſelheiro deſ-
cobrir razões aos Infantes para lhes autho-
riſar a idéa : como lhes propoz huma facçaõ glorioſa, o meſmo foy ouvir o arbitrio, que approvallo, e propollo a El-
Rey. Pedia o negocio maḍura reflexaõ;
porque a victoria contra Caſtella tinha o
Reino quaſi exhauſto de forças : a gente
era pouca, o dinheiro menos, e a empreza naõ ſó grande, mas arriſcada; porque a fortuna taõ facil a dar de roſto,
moſtra mais ſua variedade na inconſtan-
cia dos mares. E dado que ſe podeſſe
armar gente, e navios, naõ convinha a
facçaõ; porque ficando as Praças ſem
preſidios, abria-ſe porta a Caſtella para
ſe vingar da freſca injuria de noſſas armas, ou ao menos pela conquiſta de huma Cidade arriſcavaõ-ſe as forças de hum
Reino pacifico, e triunfante. Quanto
mais, que ainda na certeza de huma nova

*Objecções que ſe lhe oppunhaõ.*

va victoria em Africa, naõ era decorofa
a empreza; porque naõ podendo o Reino fuftentalla, acabaria a temeridade em
vergonha.

    Affim difcorria ElRey como pruden·
te, e foldado, e affim refpondeo a feus
filhos, cujos efpiritos fe abateraõ, vendo
defvanecidas fuas efperanças, e cortado
de huma vez o fio de feus heroicos inten·
tos. Paffados dias, depois de bem peza-
das as razões do Pay, vendo o Infante
D. Henrique, que as difficuldades propoftas fe podiaõ vencer, refolveo-fe a fal-
*Difcurfo com que per-* lar a ElRey em feu nome, e de feus Ir-
*fuade a ElRey.* mãos, dizendo·lhe, que fe o Reino eftava falto das forças, que dá o dinheiro, e
o numero dos foldados, para fe pôr em
obra a conquifta de Ceuta, a elle lhe parecia, que reformando-fe a exceffiva defpeza da Cafa Real fe ajuntaria hum confideravel thefouro; e que os particulares,
vendo com pejo de fua vaidade taõ forte
exemplo, cortariaõ por feus defperdicios,
e appareceriaõ em Africa com mais ar·
mas, e foldados, louvando a economia
do feu Rey, que de vãos os fizera poderofos.

rofos. Que efte côrte pelo luxo de feus
vaffallos era já hum prefagio, ou certeza,
de que Deos abençoaria a acçaõ; mas
dado que o naõ foffe, fempre defta re-
forma fe ganhava nova victoria, fe naõ
mais gloriofa, mais util, triunfando-fe na
paz de hum vicio, que deftroe Reinos.
Além de que, bem fabia S. Senhoria por
longa experiencia, que fempre no principio de fuas emprezas fe achara fem os
meyos conducentes para as confeguir;
mas que logo Deos approvava a juftiça
de taes guerras, foccorrendo-o com efpanto de feus inimigos; e que fe o Ceo
affim fe empenhava por facções tocantes
ao Reino, como era poffivel agora, que
naõ ajudaffe huma caufa, em que pertenciaõ a Deos, como a triunfador de infieis,
os frutos da victoria?

Que pelo que tocava à falta de fol- *Continúa o mefmo*
dados, naõ era o numero, mas o valor, *difcurfo.*
e a difciplina, a que formava exercitos.
Que elle era Rey de vaffallos, que contavaõ as fuas acçóes por victorias; e que
naõ era para recear, que naõ podeffem
ccm o barbaro poder de Africa aquelles

B mef-

mefmos, que cançaraõ , e quebraraõ as
forças difciplinadas de Caftella.  E que
quando fe viffe , que faltava a gente precifa para a expediçaõ , podiaõ-fe chamar
foldados eftranhos , aos quaes a cubiça
fempre faz promptos para taes emprezas,
avaliando a felicidade dellas pelos facos,
e defpojos.  E que com a mefma facilidade, com que de fóra podia ter foldados, podia igualmente ter navios, depois
de reparados, e conduzidos para Lisboa
todos os vafos capazes de tranfporte ; e
que para efte fim favorecidos, e honrados os Negociantes do Reino, elles ven-
ceriaõ as difficuldades, fe viffem, que de
feus empreftimos, e trabalho tiravaõ por
juros conveniencias , e honras.

Que em quanto ao receyo de poder
ElRey de Caftella entrar em Portugal ,
vendo-o deftituido de forças, elle fiava
muito do valor, e lealdade Portugueza,
crendo, que para impedir qualquer infulto fobraria a guarniçaõ das Praças ; mas
que muito mais fiava da fé, que juraraõ
taõ catholicos inimigos , naõ fendo para
temer , fenaõ na infidelidade de Africa ,
hu-

huma infracçaõ de pazes. Que deixava
ao juizo politico de Sua Senhoria outras
razões, que tocavaõ aos mesmos interes-
ses de Castella, para della se naõ poder
recear invasaõ ; pois o primeiro a quem
naõ convinha rompimento com este Reino, era ao Infante D. Fernando, que só
trazia no pensamento cingir na cabeça a
Coroa de Aragaõ.

Hia o Infante a responder à ultima
difficuldade, que se fundava na falta de
soldados, que seguraffem o credito da
victoria , quando se confeguiffe a conquista ; mas ElRey lhe interrompeo o
difcurfo, e apartoufe do Filho, moftrando no filencio, e no repente da partida,
que o convenciaõ as razões. Bufcava o
Infante occafiaõ opportuna de fallar a
feu Pay ; porém elle mefmo lha offereceo, chamando-o para lhe dizer, que
queria ouvir o fim daquelle difcurfo, que
havia dias lhe cortara ; e fatisfazendo-o o
Filho, moftrou-lhe com razões politicas,
e religiofas, que como a caufa era do Senhor dos Exercitos, o mefmo braço om-
nipotente, que o favoreceria na empre-

*E ElRey lho inter-rompe.*

B ii za,

za, e na victoria, tambem o ajudaria no
credito da confervaçaõ. Que para efta
fé tinha elle em fi dobrados exemplos, fe
fe lembraffe das batalhas que dera, da
gente com que as ganhara, e da guarniçaõ com que confervara o refpeito de
fuas Praças, pelo fazer Deos Rey de
huns vaffallos, que tinhaõ por briofa herança naõ largarem em nenhum tempo
da maõ a bandeira de vencedores, muito mais fe mãos infieis prefumiaõ arran-
calla. E por ultimo rematou, que fe elle
fora quem nomeaffe Governador para
Ceuta, a daria por fegura, efcolhendo
qualquer foldado, e guarnecendo-a com
quaefquer Portuguezes. Tanto fiava do
brio, lealdade, e esforço da fua Naçaõ.

*Louva-o ElRey, e*
*approva a empreza.*
A efta repofta rompeo o Pay em
demonftraçóes de gozo, vendo hum Filho taõ digno, que elle já eftimava, mais
como nafcido de feus efpiritos, que de
feu fangue. Efta nobre vaidade movia
em feu femblante huns affectos eloquen-
tes, que fe exprimiaõ pela alegria; mas
como a pratica merecia fer louvada, lou-
vou-a ElRey, approvando a empreza.
Naõ

Naõ cabia no coraçaõ do Infante Dom
Henrique a gloriofa energia defte louvor, e agradecido beijou a maõ ao Pay
em feu nome, e de feus Irmãos, aos quaes
foy logo dar taõ alegre noticia por ordem
de ElRey.

Vieraõ os Infantes render as graças
a feu Pay por taõ defejada refoluçaõ, e
travando-fe logo difcurfo fohre a materia, pareceo precifo mandar a Ceuta homens intelligentes, que com diffimula-
çaõ, e cautela obfervaffem a fua fituaçaõ,
e fortaleza, a qualidade de fuas terras, e
a altura de feus montes, para affim fe faber o calibre de artilharia, que deviaõ levar. Lembraraõ logo muitas peffoas ha-
beis para efta obfervaçaõ; mas entre todas mereceraõ a eleiçaõ o Prior do Crato D. Alvaro Gonçalves Camello, e Affonfo Furtado, Capitaõ mór do mar;
efte para obfervar a barra, e portos daquella Praça com o mais pertencente
à marinha; e aquelle para fe certificar
das forças interiores dos Mouros, e do
numero, e qualidade de feus prefidios.

Naõ era prohibida aos Chriftãos a
en-

entrada naquella Fortaleza, fe a com-
praffem com algum donativo; mas como
fe a demandaffem em direitura, farfehia
fufpeitofa a expediçaõ, efpecialmente
vendo-fe homens foberbos com frefcas
victorias, e que bebiaõ com o leite o
odio a Mafoma, affentou ElRey como
politico, que fe devia encobrir a verdade com algum crivel pretexto, e man-
*Partem os Explora-* dou aos Exploradores, que foffem direi-
*dores com ordem de irem*
*a Sicilia, e proporem à* tos a Sicilia à Rainha D. Branca, [entaõ
*Rainha D. Branca o*
*cafamento com o Infan-* viuva de D. Martinho, Principe de Ara-
*te D. Pedro.*
gaõ] e que como feus Embaixadores lhe
propozeffem naõ fe poder ajuftar o feu
cafamento com o Infante Dom Duarte,
como ella pretendia, por fer o herdeiro
de Portugal; mas que em lugar defte lhe
offerecia feu filho o Infante D. Pedro;
e que affim de caminho apportaffem em
Ceuta, enganando aos Mouros com a
Embaixada.

*Chegaõ a Ceuta, ob-* Nomeados os Embaixadores, e re-
*fervaõ a fua fituaçaõ,*
*e partem para Sicilia.* commendado o fegredo, que pedia taõ
grave expediçaõ, partiraõ em duas galés
armadas em guerra, empavezadas, e tol-
dadas de çores taõ diverfas, que foraõ as
bri-

primeiras, que naquella idade alegraraõ
os mares; coufa que, por condecorar a
Embaixada, fervia bem ao disfarce. Os
ventos profperos ajudaraõ a brevidade da
viagem, e ancorando junto a Ceuta, moftraraõ, que queriaõ dar refrefco, e defcanço à gente. Defembarcou o Prior do
Crato, obfervou bem a terra, e formou
o feu juizo: Affonfo Furtado no fegredo
da noite explorou o que tocava à marinha; e inftruidos ambos do que pertencia à fua incumbencia, levaraõ ferro no
dia feguinte, e foraõ em demanda de Sicilia; mas como os fucceffos defta Embaixada faõ alheyos da noffa Hiftoria,
paffemolos em filencio, contentando-nos
com dizer, que na vinda tornaraõ os Embaixadores por Ceuta a repetir fuas primeiras obfervações.

    Voltaraõ com a mefma felicidade
de viagem com que foraõ, e defembarcando em Lisboa à vifta de povo infini-
to, a quem chamara o formofo efpectaculo das galés, foraõ a Cintra, onde El-
Rey eftava com feus Filhos. Recebidos
com expectaçaõ, informaraõ publicamen-
te

*Chegaõ a Lisboa: recebe-os ElRey, e o informaõ de que podia ganharfe aquella Praça.*

te o feu Principe fobre o fucceffo da Embaixada ; e depois em fegredo lhe expo-
zeraõ miudamente o cftado, e fituaçaõ
de Ceuta. Delles foube ElRey, que por
hum lanço de muralha arruinado fe poderia ganhar aquella Praça, e que o porto capaz para o defembarque podia fer o
que ficava ao Poente pela parte de *Almina*, Ilha que ata com a Cidade por huma
ponta fobre hum foffo de agua, que a divide, e que tem capacidade naõ fó para
navios, quanto ao fundo, mas para o defembarque, e alojamento dos foldados.
Rematava Affonfo Furtado, que a Cidade era fua ; termos que repetia com muita fegurança, ou por mais experimentado, e temerario, ou por mais credulo,
dando fé às predicções, que em outro
tempo lhe fizera hum Mouro daquella
Praça, as quaes na fimplez palavra defta
teftemunha correm com piedade em noffas Hiftorias. Nós poupamos a penna
nefta parte, deixando taes vaticinios ao
juizo do Leitor.

Refoluto ElRey D. Joaõ a confa-
grar ao Senhor das Victorias as mefquitas

tas de Ceuta , fiando-fe para efta acçaõ mais do que no refpeito do feu nome, na juftiça da caufa , deu parte della à Rainha, que já a fahia por feu filho o Infante D. Henrique. Era Senhora em extremo virtuofa , e de efpiritos taõ heroicos, que honravaõ a Mageftade , e o fexo: vio que na empreza fe intereffava a Religiaõ , e o Reino em novas glorias, e com fanta vaidade fe alegrou de ter filhos , que mandaffe a facçaõ taõ illuftre. Para efte fim ella mefma os foy offerecer a feu Pay , levada , mais que dos rogos delles, da fua religiofa piedade. Mas percebendo pelo difcurfo , que ElRey na conquifta tambem empenharia a peffoa , esforçou-fe pelo diffuadir do intento com razões, que infpirava menos o amor de efpofa, que o zelo pela Monarquia, julgando-a em perigo fó com a aufencia de quem a fuftentava com braço victoriofo. Depois de longa falla, refpondendo-lhe ElRey com termos indifferentes, deixou a Rainha, fe naõ fatisfeita, confolada na incerteza de fuas palavras, que a lifongeavaõ com o vencimento em novo affalto.

*Communica ElRey à Rainha a empreza de Ceuta. offerece-lhe para ella os Infantes , e o diffuade de acompanhallos.*

C                    Era

*Confulta ElRey ao Condeftavel, e efte lhe louva o feu penfamento.*

Era ElRey politico, e prudente; quiz ultimamente proceder com confe-lho, por evitar aquelles difcurfos, que chamaõ temeridades às grandes empre-zas, quando a fortuna naõ as acompanha. Confultou ao grande Condeftavel, e ven-do, que efte lhe louvava o penfamento como Chriftaõ, e lho recommendava co-mo foldado, chamou Confelheiros, e propoz-lhes a materia, para que votaf-fem no melhor meyo de confeguir a conquifta, em que já affentara. Preftado juramento de fe guardar inviolavel fe-gredo, votou em primeiro lugar o Con-deftavel, e o fez com razões taõ religio-fas, e perfuafivas, que os outros tiveraõ por gloria da fua chriftandade, e por honra do feu juizo feguir o voto de hum tal Confelheiro.

*Manda ElRey re-colher a Lisboa o Infan-te D. Henrique, que fe achava no Porto.*

Como os apreftos para efta guerra levaraõ tres annos, e a relaçaõ do que nelles fe paffou, naõ deve fer materia do noffo argumento, por naõ ter nella parte o noffo Heróe, paffemo-la em filencio, deixando circunftancias cançadas, e miu-das para Efcritor mais efcrupulofo. Che-gado

gado o tempo da expedição , eſcreveo
ElRey ao Infante D. Henrique, que eſtava no Porto , mandando-lhe que vieſſe
para Lisboa conduzindo a ſua Armada.
Eſperado pelo Infante D. Pedro ſeu irmaõ na entrada da barra com oito galés
de ſua conſerva , entrou com vinte navios, e ſete galés, de que eraõ Capitães,
e Cabos Fidalgos de tanto valor, e experiencia, que o Infante olhava para cada
hum delles, como para Author da futura
victoria.

Por dias ſe eſperava a hora de deſ-
aferrar toda a Armada; porém o Ceo ainda quiz retardar mais ao Infante ſeu impaciente deſejo. Enfermou a Rainha, e
com doença, que os dias hiaõ aggravan-
do , chamou-a em fim Deos a mais alto
Imperio. Eſte golpe penetrou taõ vivamente o coraçaõ do Reino, que todos a
choraraõ com ternura de filhos; gratidaõ
neceſſaria a quem os amara como mãy.
Com eſta perda mudaraõ as couſas tanto
de ſemblante , que já corriaõ diſcurſos,
de que Deos moſtrava em taõ pezado
aviſo , que naõ queria a empreza : e o

*Morre a Rainha D. Filippa. Vaticinios do vulgo ſobre a empreza de Ceuta.*

C ii                        peyor

peyor era, que indo o ponto a confelho, houve fete votos, que deraõ pezo ao juizo do vulgo, fem que baftaffem, fe naõ a authoridade, as razões dos Infantes para os fazer vacilar em feus pareceres.

*Confirmaõ os contrarios os feus pareceres com a nova calamidade da pefte fobre a da morte da Rainha.*

Defta variedade de votos deu conta a feu Pay o Infante D. Henrique, e fendo o ponto·debatido por parte dos contrarios com razões, a que dava força a nova calamidade da pefte, fobre a da morte da Rainha; ElRey em fim infpirado de fuperior impulfo, mandou lançar pregaõ, avifando, que dalli a tres dias havia defaferrar a Armada. Paffou-fe o tempo em juizos pouco favoraveis a ElRey, a que dava mais liberdade em huns a publica dor do fallecimento da Rainha, em outros o alto fegredo da expediçaõ.

*Sabe de Lisboa a Armada, e nella ElRey D Joaõ, os Infantes feus filhos, e o Condeftavel.*

Amanheceo o dia prefixo de 25 de Julho de 1415, confagrado ao Apoftolo Santiago; e como ElRey era ainda mais piedofo, que foldado, determinou fegurar fua conquifta, levando por foccorro o Vencedor de Mouros. Em taõ faufto dia deitou fóra da·barra a Armada, que conftava de trinta e tres náos groffas, cen-

cento e vinte navios menores, e cincoenta e nove galés. Sobre o numero dos foldados houve filencio em noſſos Antigos:
he fama vaga em alguns Hiſtoriadores na-
cionaes, e eſtranhos, que depois eſcre-
veraõ, paſſar de cincoenta mil, em que
ſe contava quaſi toda a Nobreza do Reino, e milicia veterana. O que achamos
com verdade he, que alguns Fidalgos armaraõ navios à ſua cuſta, e que D. Pedro de Menezes levando cinco, ſe diſtinguira na expediçaõ. Como nella empenhava ElRey a peſſoa, e o ſeguiaõ ſeus
Filhos, faziaõ-ſe precifos eſtes lances de
ſerviços em huma Naçaõ generofa. Por
naõ ſermos prolixos, e irmos em demanda do noſſo principal argumento, naõ
formamos de taõ illuſtres foldados diſtincto catalogo. Em noſſas Hiſtorias vivem
ſeus nomes com honra, e em Africa a fama vay perpetuando ſuas façanhas em
tradiçaõ fucceſſiva. Baſta-nos dizer, que
levava a Armada a ElRey D Joaõ, e ſeus
Filhos, acompanhados do grande Con-
deſtavel.

*D. Pedro de Mene-
zes ſe diſtingue na ex-
pediçaõ.*

Serviaõ os ventos à formidavel expediçaõ,

pediçaõ; e no dia 26, dobrando ó Cabo
de S. Vicente, foy ElRey ancorar a Lagos, e no dia feguinte fahio a terra, ouvindo Miſſa na Cathedral. Como já era
precifo defcobrir aos feus o fegredo da
Acçaõ, mandou fubir ao pulpito o feu
Prégador Fr. Joaõ de Xira, para que
com a publicaçaõ da Bulla da Cruzada,
concedida aos que fe achaſſem na conquiſta, publicaſſe igualmente o myſterio
da Armada. Satisfez o Orador ao aſſumpto, e dizem que com efficacia, mas com
pouco fruto; porque muitos tenazes em
fuas primeiras imaginações, chamavaõ
ao Sermaõ novo artificio para menos fe
atinar no fegredo; outros mais piedofos,
e prudentes deraõ credito ao Miniſtro da
verdade.

*Dobraõ o Cabo de S. Vicente, daõ fundo em Lagos, e manda El-Rey publicar a Bulla da Cruzada pelo feu Prègador Fr. Joaõ de Xira.*

De Lagos partio ElRey para Faro,
onde, por carregar calmaria, eſteve até
7 de Agoſto; mas foprando o Poente,
vento benigno naquella Coſta, foy feguindo fua derrota, aſſuſtando as Praças
maritimas da Andaluzia, naõ fabemos,
fe com o efpanto do poder que levava,
fe com o de feu nome fatal a Caſtella.
Com

*Chegaõ a Barbaria, daõ fundo em Tarifa, e he ElRey vifitado pe-lo filho do Governador deſta Praça.*

Com quatro dias de viagem aviſtou terras de Barbaria, e embocando de noite
o Eſtreito, foy dar fundo em Tarifa, Cidade, que governava por ElRey de Caſtella Martim Fernandes Portocarrero.
Era o Governador Fidalgo Portuguez,
e tio do Conde D. Pedro de Menezes; e
vendo que ElRey honrava em peſſoa a
formidavel Armada, mandoulhe logo por
ſeu filho hum grande refreſco, que El-
Rey naõ aceitou, mas agradeceo com
joyas de valor, e com expreſſões ainda
mais precioſas no animo daquelles dous
Portuguezes.

Eſtava já Ceuta viſinha; mas ElRey
para naõ dar àquella Praça o bem fundado ſuſto, proſeguindo em ſua disfarçada
politica, mandou levar ferro, e pôr as
proas em Gibraltar. Aſſombraraõ-ſe os
Mouros, vendo ſemeado o mar de hum
poder tal, que à ſua barbaridade parecia
encantos magicos de gente inimiga: deſ-
animaraõ-ſe, obſervando, que a Armada
dava fundo nas Algeziras; mas aſſentaraõ, que curariaõ o medo, mandando-
lhe hum grandioſo refreſco, acompanhado

*Parte a Armada pa-*
*ra Gibraltar, dá fundo*
*nas Algeziras, e rece-*
*be hum grande refreſco*
*dos Mouros.*

do de exprefsões, que naõ pareceraõ de
barbaros, fazendo-as obfequiofas, e poli-
das a engenhofa neceffidade. Aceitou
ElRey o prefente, e comprou-o ao por-
tador com grandeza. He provavel, que
houvefle nos foldados da náo ociofo reparo, vendo, que aceitava em Gibraltar,
o que recufara em Tarifa : naõ difcorriaõ
politicos, porque recufar ao Portuguez
o prefente, foy fegurarlhe a fua amifade,
aceitallo ao Mouro, foy encobrirlhe feus
intentos.

*Encaminla´fe para*
*Ceuta, e os nares a le-*
*vaõ a Malaga.*
Alli paffou a Armada alguns dias, levados pelos foldados em divertimentos,
pelos vifinhos em fuftos : mas já as muralhas de Ceuta defafiavaõ o impaciente
coraçaõ de ElRey. Determinou em huma fegunda feira 12 de Agofto dar principio à victoria ; porém fobreveyo taõ
denfa cerraçaõ, e correraõ as aguas com
tanto impeto, que a corrente levou as
náos a Malaga ; o que fez refpirar os
Mouros, contando a tormenta como
annuncio de fuas felicidades. Efcapou
àquella furia dos mares a náo de Eftevaõ Soares de Mello, e com as galés,
fuftas,

fuſtas, e navios de ſua conferva, deu fundo junto da Cidade, à qual os Mouros
fecharaõ logo as portas, acautelados, mas
naõ temeroſos das poucas vélas, que ficaraõ. Ora em quanto deixamos a Armada combatendo com as ondas, ſerá proprio de noſſo argumento darmos breve
noticia da forte Cidade de Ceuta, aquelle grande theatro, em que o Infante D.
Henrique com milagres de valor abrio
as portas a novas glorias da ſua Naçaõ.

*A ndo de Eſtevaõ Soares de Mello dá fun-do junto de Ceuta.*

He Ceuta Cidade, e Fortaleza da
Provincia de Habat no Reino de Féz.
Fica em altura de trinta e cinco gráos, e
cincoenta e dous minutos de latitude, e
treze gráos, e treze minutos de longitude. Eſtá ſituada na boca do Eſtreito
de Gibraltar; ſete montes, a que os Geografos com Plinio chamaõ *Irmãos*, e tal·
vez lhe daõ o nome, [ ſe crermos a Pom-
ponio Mella ] lhe ſervem de defenſa ;
mas deixemos à contenda de varios Eſcritores a etymologia de ſeu nome, para fallarmos de ſuas forças, e opulencia.
Reſpeitada como cabeça da Mauritania
Tingitana, Regiaõ de Africa Citerior, lo-

*Deſcreve-ſe a For-taleza de Ceuta.*

*Suas forças, e opu-lencia.*

D                    go

go na fua fundaçaõ crefceo em commercio, e por confequencia em riquezas,
ajudando ao trafico os ares benignos.
Com o tempo tomou efte tanta força,
que toda Europa confiderava a Ceuta
como hum erario das preciofidades do
Oriente, indo a ella bufcar as drogas de
preço, que produzia, naõ fó Alexandria,
e Damafco, mas a Libia, e o Egypto.
Em armas podia tanto, como em commercio, e fobrará para prova o que der-

*Floreciaõ nella* *as* mos a ler nefta Hiftoria. Ao exercicio
*armas, e as letras.* das armas ajuntavaõ feus habitadores o
eftudo das letras, introduzidas pelos Ara-
bes, famofos fabios daquellas idades. Finalmente ajudava o formal de tanta grandeza a foberba multidaõ de feus edificios,
fervindo huns à vaidade, outros à Religiaõ. Tanta era a magnificencia de feus
palacios, e mefquitas, que até as mefmas
ruinas efpantaraõ aos noffos, quando fe
apoderaraõ da Cidade, admirando nas
injurias do tempo os altos efpiritos daquelles barbaros.

Governava efta Praça como fenhor
Zalá Benzala, unindo a efte fenhorio o

de

de Tangere, Arzilla, e outros Lugares. A
efte Mouro davaõ authoridade entre os
feus os Reys Benemerines, de quem def-
cendia, e as grandes provas de feu valor,
e talento nas guerras, e nos confelhos. *Zalá Benzalá feu*
*Covernador avifa a*
Vio o Barbaro as noffas galés ancoradas *Said, Rey de Féz, e*
defronte da Praça: naõ temco, prevenio *do as noffas galés.*
*lhe pede foccorro temen-*
algum infulto, refledtindo, que vinhaõ
nellas huns homens, que pareciaõ ter
nafcido fó para extincçaõ de Mouros.
Avifou logo a Said, Rey de Féz, e aos
Lugares vifinhos, para que o foccoref-
fem, e foy taõ prompto o auxilio, que
em pouco tempo contou com os feus
cem mil homens de armas. Repartio-os
pela Praça, e portos mais importantes,
refoluto a ver ou a Cidade arrafada, ou
a Armada deftruida, quando os mares
conjurados com ella de novo a trouxef-
fem à vifta daquellas muralhas.

Soberbo o Mouro com o poder, *Primeiro combate*
*entre os noffos, e os*
que o alentava, quiz ter a gloria de pri- *Mouros de Ceuta.*
meiro em acometter, mandando, que
fizeffem fogo às embarcações, que tinhaõ
à vifta. Sem ceffar fe atirava das muralhas; e como as forças eraõ taõ defiguaes,

D ii                    fof-

foffreraõ os noffos grave detrimento, efperando defcontallo a feu tempo com
golpe mais pezado. Sahiraõ a terra alguns das galés fem fim de acçaõ; e parecendo aos Mouros fer defafio a fahida,
vieraõ-lhes ao encontro com arrogancia
de quem pizava terra propria, e vencia
em numero. Travou-fe a contenda, e
de ambas as partes pelejando-fe com
brio, fe difputou o vencimento; até que
os Mouros cançados, e feridos fe re-
tiraraõ para a Praça, teftemunhando a
feu pezar o noffo valor, naõ menos no
fangue derramado, que na vergonhofa
fugida.

*Mandou ElRey unir toda a Armada, def-tinando-lhe o dia do defembarque.* Abrandada entre tanto a furia dos
mares, determinou ElRey D. Joaõ paf-
far para o porto de Barbaçote, que ficava a Levante de Ceuta, e era o mais feguro contra os Poentes, que entaõ corriaõ perigofos, e rijos. Porém fendo precifo unir toda a Armada, da qual muitos
vafos ainda andavaõ difperfos, mandou
ao Infante D. Henrique, que com algumas galés mais ligeiras os foffe bufcar, e
trazer para Barbaçote. Partio logo o Infante,

fante, e conduzio para o lugar deſtinado todas as embarcações, que a tormenta eſpalhara. Com grande goſto de ElRey, e alegria de todos, que ſe explicava por parabens correſpondidos, ſe incorporou toda a Armada aos 16 de Agoſto. A in-conſtancia daquelles mares dava por ar-riſcada toda a demora, e até os ſoldados ancioſos de provar as armas já tinhaõ a náo por carcere, e contavaõ por perdi-das as horas de deſcanço. Com eſtas con-ſiderações ordenou ElRey o deſembar-que para o dia ſeguinte, que era hum Sabbado, dia que a devoçaõ conſagra à Mãy de Deos, cujo nome ſempre em ſuas batalhas invocara com o fruto de vi-ctorias.

Eſtavaõ todos já promptos a ſaltar em terra; eiſque de novo ſe vem com o paſſado inimigo, revolvendo-ſe o mar em outra furioſa tormenta. Era o vento taõ rijo, e as ondas ťaõ cavadas, que to-dos ſe viraõ obrigados a levar ferro, ten-do por certo o naufragio no porto. En-tregues à diſcriçaõ dos bravos elemen-tos, as galés por ligeiras deraõ fundo nas Alge-

*Soffre ſegunda tor-menta, e aportaõ outra vez a Malaga.*

Algeziras, as náos por tardas tornaraõ para Malaga, arrojadas da corrente. Com
esta hospedagem do mar naõ se desani-
maraõ, vacilaraõ os nossos na felicidade
da empreza, e já as razões de huns què-

*Discursos varios*    brantavaõ os brios de outros.  Diziaõ:
*que se faziaõ.*  „ Que o Ceo sempre pareceo naõ appro-
„ var a Conquista; e fallando agora cla-
„ ramente por boca dos elementos, re-
„ petia o aviso, e que o terceiro poderia
„ ser fatal a todos.  Que contra as forças
„ de Deos naõ havia forcejarem os ho-
„ mens : estava o Senhor [ ao parecer ]
„ inclinado agora a seus inimigos; o mo-
„ tivo era hum segredo de seus incom-
„; prehensiveis juizos; se já naõ fosse ter
„ dado a victoria a mais venturosos sol-
„ dados.

*As tempestades, que*    Assim discorriaõ muitos, soltando
*padeceo a Armada, aju-*  os discursos às liberdades da imaginaçaõ.
*daraõ muito a empre-*  Mas que pouco alcançaõ os homens! A
*za.*  tormenta, que parecia infausto presagio,
foy hum dos soccorros, que nos mandou
o Ceo, ajudando a empreza; porque os
Mouros alegres com os nossos males, formaraõ hum errado juizo.  Viaõ que toda
a Ar-

a Armada eſtava diſperſa, e cançada de duas tempeſtades ; parecia-lhes impoſſi-vel, que em pouco tempo podeſſe reu-nirſe, e refazerſe, ajudando a eſte diſcur-ſo os ventos contrarios, que naquella Eſ-taçaõ naõ ſoffriaõ embarcações quietas em ſuas Coſtas. Por outra parte experi-mentavaõ grave detrimento, e ainda deſ-ordem na Cidade, em conſervarem o ſoc-corro, que os viſinhos lhes mandaraõ; e como a todo o tempo o tinhaõ-por cer-to, reſolveraõ-ſe a deſpedillo, e guarne-cer a Praça com o ſeu ordinario preſidio.

Acalmou o temporal, e ElRey, que eſtava nas Algeziras, tornou a man-dar ſeu filho o Infante D. Henrique a re-colher as náos ; o que fez com igual acti-vidade, e preſteza, conduzindo-as no dia ſeguinte. Neſta occaſiaõ ſe lhe offereceo hum encontro , em que ſalvou a muita gente de huma náo noſſa, que em noite tenebroſa eſtava a ſubmergirſe. Gover-nado da direcçaõ do ecco, que faziaõ os brados laſtimoſos, chegou o Infante a abordalla, e vendo, que era a náo de Joaõ Gonçalves Homem, que abrira to-

*Valeroſa acçaõ do Infante D. Henrique.*

*Perde-ſe a náo de Joaõ Gonçalves Ho-mem.*

pando

pando na tormenta com outra, falvou a
todos, trabalhando como vulgar foldado, e alijada da carga, a trouxe ao rebo-
que. Conte-fe efta náo como unica perda da Armada em dous temporaes grandes, e fucceffivos.

*Confulta ElRey os feus Confelheiros.*

Reunidas noffas forças no fitio das
Algeziras, e refoluto ElRey ao que huma vez emprendera, quiz dar principio à
Acçaõ ; mas naõ querendo como prudente obrar fem confelho fobre o melhor
modo, e lugar mais conveniente para a
começar, chamou feus Confelheiros. Fal-
lava-fe em fegredo com variedade fobre
a empreza ; e valendo-fe defta occafiaõ
os principaes Cabeças da Armada, pro-

*Propoftas, que lhe fizeraõ os principaes Cabeças da Armada.*

pozeraõ huns a ElRey: „ Que já com
„ certeza fe via, que pela infinita Mourif-
„ ma, que concorrera a Ceuta, naõ ti-
„ nhamos por inimiga fó aquella Praça,
„ mas a Africa inteira; e que affim, da-
„ do que os Mouros nos foffem inferiores
„ em valor, e difciplina, excediaõ-nos
„ muito em numero, e em commodida-
„ des, tendo foccorros frefcos nos vifi-
„ nhos, e abundantes mantimentos em
„ ca-

„ cafa : que a Cidade naõ era capaz de
„ cerco, nem havia gente, que baftaffe
„ para a fitiar, e que fohre tudo eftavaõ
„ em vefperas do Inverno, que na varie-
„ dade, e rigor de fua eftaçaõ moftraria
„ aos olhos a impoffibilidade da Acçaõ.
„ Mas que elles eraõ os primeiros, que
„ mais eftimadores de fua honra, que de
„ fuas vidas, fe naõ queriaõ recolher ao
„ Reino com ociofa viagem, expondo
„ fua fama à cortezia do povo; e que af-
„ fim propunhaõ a Conquifta de Gibral-
„ tar, que além de fer menos prefidiada,
„ já fegurava a victoria no medo de feus
„ habitadores, do que toda a Armada fo·
„ ra, havia pouco, vaidofa teftemunha.

Affim votaraõ huns, e outros em
termos mais fuccintos, e menos disfarça-
dos differaõ: „ Que Deos por meyo de
„ fucceffos adverfos mandava, que fe re-
„ colheffe a Portugal a Armada : que naõ
„ era vergonha, mas prudencia, e chrif-
„ tandade ceder aos avifos do Ceo; quan-
„ to mais, que ElRey, e feus foldados ti-
„ nhaõ já ganhado pelas armas fama tan-
„ to em fobejo, que ninguem diria, que

*Pareceres com que outros aconfelhavaõ a ElRey.*

E „ te-

„temera Mouros, quem vencera Cafte-
„lhanos. Ultimamente olhando para El-
Rey, concluiraõ: „Que fe o Ceo lhe def-
„viava aquella Conquifta , ou era para
„lhe dar em melhor occafiaõ mais glo-
„riofa victoria , ou para lhe confervar a
„honra de feus paffados triunfos ; pois
„era taõ incerta a fortuna das armas, que
„fama ganhada com fuores em dobradas
„batalhas, fe perdia em hum inftante.

*Voto do Infante D.*
*enrique.*
O Infante D. Henrique com feus
Irmãos, o Condeftavel , e alguns Fidalgos naõ podiaõ já ouvir huns difcurfos,
que pareceriaõ infpirados pela fraqueza ,
fe vieffem de outras bocas. E com afpecto grave, e pezado, que mudava a gen-
tileza de feus annos, correndo a todos
com os olhos, diffe: „Que o feu voto
„era , e fempre o feria, que naõ fe de-
„fiftiffe da empreza , em que Portugal
„ou vencedor, ou vencido dava a Deos
„tanta gloria ; vencedor com a Con-
„quifta , vencido com a juftiça da Ac-
„çaõ: que o Ceo naõ podia deixar de
„fer por huma caufa, que propoz ao en-
„tendimento de ElRey o zelo da reli-
„giaõ,

„ giaõ , e naõ a cubiça de dominios ; e
„ que fe a Armada tinha experimentado
„ contratempos , elle os tomava como
„ unico trabalho da victoria , e fe efpan-
„ tava , de que foldados coftumados a
„ foffrer revézes da fortuna em fuas ac-
„ ções militares , e experimentando, que
„ eftes fempre rematavaõ em fins glorio-
„ fos , agora por huns mares inquietos;
„ e que naõ enfraquecerão, nem dimi-
„ nuirão as forças da Armada , argumen-
„ taffem a infelicidade da empreza. E levantando aqui mais a voz , já com os
olhos, que moftravaõ a irritaçaõ de feu
animo , continuou : „ Emprehenda-fe o
„ fitio, ou affalto , defalojando a huma
„ infame Naçaõ , que deshonra a Deos
„ com o culto , e deshonraria aos Portu-
„ guezes , fe temeffem feu numero. Dê-
„ fe fatisfaçaõ , e inveja aos Eftranhos,
„ que com os olhos poftos nefta Armada ,
„ que traz naõ menos, que feu Rey, e a
„ valerofa flor de feu Reino, eftaõ efpe-
„ rando por noffas acções, para darem af-
„ fumpto ou à jufta murmuraçaõ , ou ao
„ merecido louvor. E quando haja efpi-
E ii               „ ritos

„ ritos amortecidos, que naõ ſe queiraõ
„ levar da gloria, levem-ſe do intereſſe,
„ reflectindo, em que ſe voltarmos para
„ o Reino com ocioſa expediçaõ, os
„ Mouros inſolentes com a noſſa retira-
„ da, a que elles chamaráõ victoria ſem
„ cuſto, infeſtaráõ noſſos mares, e viráõ
„ em noſſas terras deſafiar a quem moſ-
„ trara, que os temera nas ſuas, a pezar
„ de hum poder taõ premeditado, taõ
„ forte, e novo neſtes mares, como ſe o
„ tomar Ceuta fora conquiſtar o Mundo.

*Approva-o ElRey.*    Aſſim fallou o Infante, approvando
em tudo ſuas razões os poucos, que o ſe-
guiaõ. ElRey naõ dando repoſta à varie-
de de pareceres, quiz approvar com louvor mais nobre o voto do Filho, mandando, que a Armada déſſe logo à véla,
e foſſe ancorar na ponta do *Carneiro*, que
fica fóra daquella enſeada. Tendo alli
*Sabe ElRey à terra.* dado fundo, ſahio ElRey a terra; e para que os Conſelheiros, que havia pou-
co ouvira, naõ ficaſſem ſem repoſta, cha-
mando-os de novo lhes diſſe: *Ouvi os voſ-*
*ſos pareceres; pezey-os, e aſſentey hir ſobre*
*Ceuta*; e como eſtas ſuccintas palavras
hiaõ

hiaõ reveſtidas de hum ar de mageſtade
ſevera, ouviraõ-ſe com medo, e por conſequencia ſem contradiçaõ. Paſſando El-
Rey logo a outro ponto, mandou, que
votaſſem ſobre o lugar do deſembarque, *Manda votar ſobre*
dizendo, que ſe inclinava a que foſſe *o lugar do deſembarque.*
pela parte de Almina, por ſer Ilha qua-
ſi unida à Cidade, dividindo-ſe della ſó
por huma ponta. Houve oppoſiçaõ em
muitos a eſte parecer, ou foſſe ſinceridade do juizo, ou reſentimento pela repoſta. Differaõ: „ Que deſembarcando
„ em Almina ficariaõ quaſi ocioſas as ar-
„ mas, intentando embaraçar humas for-
„ ças, que os Mouros naõ tinhaõ, que
„ eraõ os ſoccorros do mar: que lhes pa-
„ recia mais neceſſario impedir os da ter-
„ ra, fortificando-nos em parte, em que
„ o inimigo naõ podeſſe ſoccorrer a Pra-
„ ça com lanças, quando ſe julgaſſe con-
„ veniente o batella.

Naõ ſe accommodou ElRey com
o voto, querendo antes enveſtir a Praça
por huma ſó parte, ainda que eſtiveſſe
guarnecida de infinitos Mouros, do que
divertir ſuas forças, e cuidados, combatendo

tendo por duas: e lembrado de que o Infante D. Henrique, como ambiciofo da
primazia em materias de valor, lhe pedira, quafi por premio anticipado, a mercê
de fer o primeiro a faltar em terra, e en-
veftir com o inimigo, lhe diffe, glorian-
do-fe de novo na petiçaõ: „ Que chega-
„ ra o tempo de deferir à fua fupplica;
„ que foffe o primeiro a pizar aquella ter-
„ ra, e a obrar nella aquellas acções, que
„ eraõ confequencia do briofo empenho;
„ porém que lhe dava a licença, naõ co-
„ mo a companheiro, mas como a Cabo
„ principal de taõ gloriofa Facçaõ, que
„ para credito de ambos negava a annos
„ adultos, e a Capitães de experimentada
„ fciencia. Que para efte fim foffe ancorar
„ junto a Almina, levando as embarca-
„ ções, que trouxera do Porto, e que elle
„ hiria dar fundo na parte oppofta ao Caf-
„ tello com o reftante da Armada. Que
„ efta traça enganaria os Mouros, perfua-
„ dindo-fe, que o defembarque era por
„ parte, onde viaõ mayor poder, e aco-
„ diriaõ à de Almina, ou com defprezo,
„ ou com pouco vigor. E que tanto que
elle

*E ao Infante Dom*
*Henrique, que foffe o*
*primeiro, que ancoraffe*
*em Almina.*

„ elle ouviſſe certo final [ declarou-lhe
„ qual era ] acompanhado dos ſeus, fal-
„ taſſe logo em terra, e ſeguraſſe a praya,
„ porque a Armada ao meſmo tempo hi-
„ ria incorporarſe com elle.

Com licença taõ honroſa já os muros de Ceuta pareciaõ ao Infante leve
Conquiſta: beijou agradecido a maõ ao *O Infante beija a*
Pay, que aſſim lhe eſtimulava os eſpiri- *maõ a ÉlRey em final*
tos, fiando de ſua actividade no primeiro *de agradecimento.*
riſco da empreza o preludio da victoria.
Executando a ordem, mandou logo levantar as ancoras; e como entre os ſoldados corria a noticia, de que a viagem
era para o Reino, a alegria fez trabalhar
a todos com preſſa, anciofos de aliviar
ſaudades da Patria, e dos parentes. Porém vendo poſtas as proas em Ceuta,
durou-lhes pouco o prazer. Ainda aſſim,
tanto era o empenho de malquiſtàr a
Conquiſta no animo dos ſoldados, que
alguns particulares com arrojo proteſta-
raõ ao Infante: „ Que ſe ElRey queria *Proteſto de alguns*
„ córar a ſua retirada, affectando tomar *ſoldados indiſcretos.*
„ Ceuta, iſſo ſeria huma reſoluçaõ, que
„ faria tibia a ſua obediencia, duvidando
„ com

„ com juſtiça ſacrificar ſuas vidas à vaida-
„ de alheya.

A eſtas vozes accreſcentavaõ outras
em dezar da obediencia cega, que manda a diſciplina da guerra. Ouvio-as o Infante ſem moſtrar no ſemblante aquella
alteraçaõ, que facilmente pedia o ardor
dos annos, a grandeza da peſſoa, e a novidade da propoſta. Grande ſenhorio nas
paixões, e que ſe tem por hum milagre
de almas grandes as poucas vezes, que ſe
lê nas vidas dos Heróes! Mas como era
preciſo explicar aos revoltoſos a ultima
reſoluçaõ de ElRey, que elles ignoravaõ,
inſtruío-os de tudo; e mudando para aſpecto ſevero, lhes diſſe em tom pezado :

*Reprehende-os o In-* „ Que elle à manhã hiria para Ceuta, e
*fante com ſeveridade.* „ elles para Lisboa, dando-lhes palavra,
„ de que ſeu Pay lhes naõ impediria a
„ viagem, tanto que ſoubeſſe, que ti-
„ nha ſoldados taõ poupadores da vida,
„ e em huma Acçaõ, onde elle arriſca-
„ va a ſua, e a de ſeus filhos. Sim, que
„ ſe foſſem em boa hora ; porque elle
„ para a ſua expediçaõ tinha em ſeus
„ criados companheiros de ſobejo, ou
„ olhaſ-

„ olhaſſe para o numero, ou para o va-
„ lor.

Se eſtas vozes foſſem ſettas, naõ fi- Deſculpaõ-ſe arre-<br>pendidos.
cariaõ mais traſpaſſados de dor os cora-
ções daquelles queixoſos, ao ouvir taõ
viva reprehenſaõ. Arrependidos hiaõ a
querer ſatisfazer o animo indignado de
hum Principe, de quem ſe julgavaõ obje-
éto, ſe antes do ſeu amor, agora do ſeu
odio, e o ſentimento os fazia desfallecer
de modo, que naõ atinavaõ a romper
em falla; mas a vergonha pintada em
ſeus roſtos fazia bem as vezes do mais
vivo diſcurſo. Em fim houve entre elles
quem excedendo ou em reſoluçaõ, ou
em amor, com geſto humilde, e ſincero repreſentou por todos: „ Que nelles
„ a moſtrada repugnancia naõ fora effei-
„ to de vileza em ſeus animos, e menos
„ de deſobediencia à diſciplina da guer-
„ ra, mas unicamente inſpiraçaõ de ſeu
„ amor, deſejoſos de conſervar humas vi-
„ das taõ precioſas, quaes eraõ as do ſeu
„ Rey, e de ſeus Principes, que elles ama-
„ vaõ com fé Portugueza. Que ſe o zelo
„ fora indiſcreto, elles queriaõ lavar ſua

F                    „ cul-

„ culpa no fangue daquelles inimigos, in-
„ do-os bufcar dentro de fuas mefmas ca-
„ fas; e que efperavaõ voltando merecer
„ a graça do feu Principe, e [ fe foffe pof-
„ fivel ] fazer gloriofo o feu nome.

A eftas fatisfações dobrava o Infante a feveridade, proteftando, que naõ ef-
peraffem mudança, no que huma vez dif-
fera. Confufos os foldados de tanta du-
reza, em todo aquelle dia naõ perderaõ
inftante em bufcar modo de lhe aplacar
a ira; mas vendo inuteis fuas diligencias,
e eftando o Infante já em ponto de partir, lançaraõ-fe de golpe em hum batel
do defembarque com tanto impeto, que

*Acçaõ valerofa de* o alagaraõ, mas fem perigo. Duarte Pe-
*Duarte Pereira.* reira, unico nome, que nos reftou deftes
briofos foldados, valendo-fe de hum aca-
fo, quiz em lance animofo obrigar à re-
conciliaçaõ a generofidade do Infante.
Eftando já em terra, foube que a efte lhe
cahira no mar hum traçado, em fitio,
em que a agua era da altura de huma
lança. Refoluto fe arrojou às ondas,
achou-o, e entregando-o, foy recebido
já com o credito de foldado, que obra-

ria

ria acções mais arriscadas nos lances da guerra.

Descobrirão os Mouros a Armada ancorada defronte de suas muralhas ; e sobrevindo a noite, fizerão vistosas luminarias, explicando nellas o desafogo, com que esperavão a tantos hospedes. Responderão os nossos com outros tantos faróes, olhando para todo aquelle espectaculo como para hum applauso anticipado de sua victoria. Passou-se a noite, levando-a huns em trabalho, outros em discursos, e amanheceo o dia 21 de Agosto, dia prefixo para o desembarque da Armada. Foy isto percebido pelos Mouros, e já nos desafiavão com desconcertada vozeria.

*O que fizerão os Mouros, vendo a nossa Armada defronte das suas muralhas.*

Entretanto mil cuidados a tropel opprimião o coração de Zalá Benzalá. Olhava para a Armada, e conhecia o erro, em que cahira, despedindo o soccorro : suspirava por elle, mas via, que era vaõ seu desejo. Este descuido lhe fazia medir suas forças com as do Inimigo, e muito mais o valor, e disciplina dos seus com a de huma Naçaõ, que naõ se-

*Temor que opprimia o coraçaõ de Zalá Benzalá.*

nhoreava

nhoreava terras, que naõ tiveſſe uſurpado
a ſeus antigos Monarcas.  Por outra parte reflectia nos publicos vaticinios, que
corriaõ, funeſtos à ſua defenſa, e recea-
va, que eſtiveſſe guardada para o fim de
ſeus dias , e com infamia de ſeu Governo, a perda de huma Cidade, que era
de Africa o mais rico theſouro.  Com tudo disfarçando com valor apparente o
medo, que lhe esfriava o coraçaõ, con-
vocou os Cabos principaes da Praça, e
fallou-lhes neſta ſubſtancia.

*Falla que fez aos
Cabos principaes da
Praça.*
„ Amigos , em fim ſatisfez o Ceo
„ noſſos deſejos.  Enfaſtiados do ocio ,
„ que gera a paz, appeteciamos occaſiões
„ de honra, em que deſpertaſſemos noſ-
„ ſo entorpecido valor.  Pois ahi temos
„ à viſta hum Inimigo, que ſoberbo com
„ os mimos da inconſtante fortuna , tem
„ a ouſadia de vir acommetternos em noſ-
„ ſas caſas, quaſi naõ cabendo ſua ambi-
„ çaõ, e atrévimento nos Reinos, que
„ uſurparaõ.  Eu creyo, que ſeus Avós,
„ aquelles fataes Inimigos da noſſa Na-
„ çaõ, lhes deixaraõ em herança o direi-
„ to a tudo o que pizaſſem Mouros , e
„ que

„ que os Netos agora credulos, e atrevi-
„ dos vem obrigarnos a que lhe reſtitua-
„ mos o ſeu. Pois naõ ſe gloriaráõ com
„ tanto eſſes ſoberbos uſurpadores, em
„ quanto eu tiver ſangue, e huns ſolda-
„ dos como vós: e agora eſtimo eu ter
„ deſpedido o ſoccorro de Féz, para que
„ a honra de acções glorioſas ſe naõ re-
„ partiſſe por tantos braços, ſobrando os
„ voſſos para defender eſtes muros. Baſ-
„ tariaõ ainda menos, onde ha tanta juſ-
„ tiça, e vereis como o Ceo, recto juiz
„ das acções humanas, nos compenſa o
„ inſulto, que ſoffremos, entregando-nos
„ toda eſſa Armada, para com ella refor-
„ çarmos as noſſas forças maritimas. Eya
„ pois, Companheiros, armados oceu-
„ pay os voſſos poſtos, e lembraivos, de
„ que cada pedra deſta Fortaleza ha de
„ ſer no juizo dos navegantes hum padraõ
„ de voſſa gloria. Olhay para aquellas
„ Meſquitas, que a riſco de ſer profana-
„ das, eſtaõ clamando pela voſſa religiaõ.
„ Ponde os olhos em voſſas mulheres, e
„ filhos, que eſtaõ chamando pelas obri-
„ gações do voſſo amor, e trazey à me-
„ moria

„ moria o cuſto , com que em longos an-
„ nos ajuntaſtes as riquezas , que agora
„ vos querem roubar. Niſto haveis de
„ pôr o penſamento , e naõ em huns ſo-
„ nhos vãos , que authoriſados pelos fra-
„ cos com o nome de aviſos do Ceo ,
„ tem amortecido em muitos ſeus valero-
„ ſos eſpiritos, crendo na perda vaticina-
„ da deſta Cidade : loucos , que naõ ad-
„ vertem , que com ella perderia o Pro-
„ feta ſeu antigo culto , e que elle naõ
„ pôde ſoffrer em ſua caſa taõ grande af-
„ fronta.

Aſſim disfarçava o Barbaro o juſto
medo, que lhe opprimia o animo, fazendo tudo o que cabia na eſtreiteza do tempo para a defenſa da Praça. Entretanto
ElRey D. Joaõ [ naõ obſtante terſe ferido gravemente em huma perna, ao ſaltar da ſua Galé em huma lancha] aviſava aos ſeus, que tiveſſem os bateis promptos para tomarem terra , tanto que o
Infante D. Henrique eſtiveſſe ſenhor da
praya.

Diſpoſto tudo , e já prompto o Infante à Acçaõ, mandou ao ſeu Capellaõ
mór

mór Martim Paes, que com a prefença do Senhor das victorias [ que trazia na fua Galé facramentado em publica expofiçaõ ] abfolveffe a todos na fórma da Bulla da Cruzada , e os animaffe a taõ fanta empreza. E naõ fe dando ainda por fatisfeita a fua religiaõ [ porque em pontos defta virtude naõ tinha igual ] ordenou ao dito Martim Paes , que com os outros Capellães eftiveffem falmeando na prefença do Sacramento, em quanto naõ levaffem em triunfo à Praça ao Deos dos exercitos. Edificaraõ a todos aquelles bons Sacerdotes , vendo , que nem os muitos tiros , que da Fortaleza fe dirigiaõ à Galé os apartavaõ do Altar , onde proftrados ajudavaõ a victoria com mais alto foccorro.

Fortalecidos todos com o Divino Paõ dos Fortes, he fama, que o Infante cheyo de hum novo esforço , infpirado pela religiaõ , os exhortara neftes termos fuccintos. „ Companheiros , dá-fe „ principio à gloriofa empreza , e tendes „ vós a honra de fer os primeiros. Quan- „ tos agora vos invejaõ a ventura , e „ quan-

*Manda ao feu Capellaõ , que abfolva todos na fórma da Bulla da Cruzada.*

*E que com os outr[os] Capellães falmeaffe na prefença do Sacramento , em quanto na ganhaffem a Praça.*

*Exhorta aos foldados.*

„ quantos depois vos haõ de invejar a fa-
„ ma! Bem vedes, que já mais pegaſtes
„ em armas para cauſa mais nobre : an-
„ tes pelejaſtes pelos intereſſes da voſſa
„ Patria , hoje pelos da voſſa Religiaõ.
„ He Deos quem ha de triunfar, e vós
„ naõ ſois mais, que huns inſtrumentos
„ eſcolhidos por elle para a victoriä. Deſ-
„ empenhay eſta eſcolha, vingando a ſan-
„ ta Fé afrontada na conquiſta de huma
„ Cidade , que he couto de blasfemias.
„ Com eſta obrigaçaõ vieſtes ao Mundo,
„ naſcendo Chriſtãos ; e muito mais Por-
„ tuguezes; e eu conſiderando-me ainda
„ em mayor divida , ſeguro-vos, que em
„ quanto tiver ſangue, naõ hey de expor
„ o voſſo. Feliz aquelle para o Ceo , e
„ para o Mundo , que primeiro ou arvo-
„ rar a bandeira do ſeu Rey naquellas
„ muralhas, ou teſtemunhar com a mor-
„ te o zelo por ſeu Deos. De qualquer
„ modo ſempre a Patria, e a Religiaõ em
„ ſuas Hiſtorias o contaráõ pelo primoge-
„ nito dos vencedores: vamos.

*Joaõ Fogaça impa-*
*ciente de gloria, man-*
*da remar a ſua lancha*
*para a praya.*
　　No tempo deſta falla Joaõ Fogaça,
Védor da Caſa do Senhor D. Affonſo,
naõ

naõ fabendo a caufa da breve demora do
Infante, impaciente de gloria, mandou
remar a fua lancha para a praya, fendo
o primeiro que faltou nella Ruy Gonçalves, Fidalgo, de quem os foldados a huma voz fallavaõ com inveja de feu valor.
O mefmo foy pôr o pé em terra, feguido de alguns, que arremeçarfe aos Mouros, que em grande numero correraõ a
impedir o defembarque; e o mefmo foy
inveftillos, que defalojallos da praya,
deixando-a defaffombrada para defembar-
carem feus companheiros Eftava hum
pouco afaftada da terra a prancha por
onde havia de fahir o Infante D. Henrique, e naõ lhe cabendo já no peito o defejo de fe incorporar com aquelles refolutos foldados, paffou-fe para hum batel,
que eftava perto, acompanhado do feu
Alferes mór Mem Rodrigues de Re-
foyos, e Eftevaõ Soares de Mello; e
mandando tocar as trombetas, final do *Toca-fe ao defem-*
defembarque, faltaraõ todos na praya *barque, e faltaõ todos na praya.*
com tanta alegria, como fe foffem re-
ceber honras de triunfo.

Travou-fe defefperada contenda, e

*Trava-se a peleja,*
*e nella se distingue Ruy*
*Gonçalves.*

os Mouros, quasi enxames, que cobriaõ toda a praya, pelejavaõ, como quem defendia o seu. Distinguia-se entre elles hum, naõ menos na valentia, que na corpulencia, e tanta era sua reputaçaõ entre os companheiros, que todos esperavaõ de seu braço o desaggravo do insulto; porém Ruy Gonçalves investindo com elle, correo-lhe huma lança, e cahio logo o Barbaro, exhalando a alma pela ferida. Já dos nossos se contavaõ cento e cincoenta em terra, e o Infante Dom Duarte, acompanhado de Martim Affonso de Mello, Vasco Annes Corte-Real, e outros, tinha sahido de sua Galé a ajudar a seu Irmaõ, que já trazia as armas tintas de sangue inimigo.

*Ganha o Infante D.*
*Henrique a porta de*
*Almina, acompanhado*
*do Infante D. Duarte,*
*e de Vasco Annes Corte-*
*Real.*

Com este novo soccorro accendeo-se mais a peleja; e vendo os Mouros, que o Infante D. Henrique fazia toda a força por buscar a porta de Almina, dobraraõ o animo, e combateraõ obstinados, disputando-lhe a entrada. Porém como o valor naõ consiste em numero de braços, foraõ rechaçados, e venceo-se a porta, sendo o primeiro que por ella en-

entrou, abrindo-lhe caminho os golpes
da efpada, Vafco Annes Corte-Real. A
gloria defta primazia foy entaõ invejada
das almas mais nobres, e ferá fenzpre ap-
plaudida, em quanto no Mundo houver
eftimadores do valor. Honremos ainda
mais a taõ illuftre Cavalleiro, dizendo,
que quem logo o feguira, fora o Infante
D. Duarte; e valha efta circunftancia por
hum longo elogio àquelle famofo foldado.

A eftes fe feguiraõ todos; e como
já eraõ trezentos, carregaraõ com tantos
golpes fobre o inimigo, que o foraõ le-
vando até às portas da Cidade, naõ po- *Entraõ por ella os*
dendo já refiftir a huns braços, que naõ *noffos foldados.*
lhe parecia de homens. Como eftava-
mos em fitio taõ vantajofo, formou-fe o
Infante D. Henrique em batalha, e quiz
efperar por feu Pay, que andava ordenando o defembarque da Armada. Porém reflectindo, [ por parecer de feu Irmaõ D. Duàrte ] em que a fortuna naõ
podia fer mais propicia, e que o aproveitar do terror dos Mouros, feria fazer
mais breve a victoria, refolveo-fe a ir em

G ii　　　　feu

feu alcance, efperando entrar com elles
na Praça. Para ifto com fundamento o
lifonjeava a confideraçaõ, de que eraõ
os mefmos, [ainda que foffem mais] que
defenderaõ a porta de Almina, os que
lhe haviaõ impedir a entrada.

*E inveftem outra*
*vez o inimigo.*

Lia o Infante no femblante dos
feus a approvaçaõ do juizo, e refoluto
tornou a inveftir o inimigo com golpes
mais pezados. Obraraõ-fe nefta occafiaõ
extremos de valor, e entre os mais esforçados naõ conta a Hiftoria ao Infante
D. Henrique em fegundo lugar. Humas
vezes mandando, outras combatendo,
e fempre abrindo o caminho, perfeguia
os defenfores, que agora amparados das
muralhas pelejavaõ com defefperaçaõ,
temendo com a perda da honra a de fuas

*Deftreza com que*
*hum Mouro jogava as*
*pedras por armas.*

riquezas. Entre todos levantava a cabeça hum Mouro de enorme eftatura, e de
afpecto mais enorme, porque fobre fer
negro, vinha todo defpido, quafi bruto
habitador daquelles defertos. As fuas armas eraõ pedras, que defpedia com tanta força, como certeza. Choviaõ fobre
nós os tiros da nova artilharia; e como
o Bar-

o Barbaro naõ fó era de braço deſtro,
mas eſtava em diſtancia opportuna para
jogar ſuas armas, nem lhe podiamos evitar os golpes, nem caſtigar a deſtreza.
Armou hum tiro a Vaſco Martins de
Albergaria, ſoldado, a quem naõ cabia
pouca parte do ſangue, que derramavaõ os Mouros, e vinha deſpedida a pedra com tanta força, que levando-lhe
fóra a viſeira do capacete, lhe fez huma
grande contuſaõ. Mas foy eſte o ulti·
mo tiro, porque correndo a elle o bravo Portuguez, o atraveſſou com huma
lança taõ repentinamente, que eſtando o Mouro já com o braço feito para
emendar com ſegunda pedrada o erro
da primeira, vendo que naõ fora mortal, eſcumando em ira, e forcejando
por vingança, morreo com a pedra na
maõ.

*Vaſco Martins de Albergaria o atraveſſa com huma lança.*

Eſta morte cauſou nos outros hum
medo tal, que ſe acolheraõ à Cidade
em deſordenada fugida, como ſe o Negro lhes empreſtaſſe o valor. Aprovei·
tou-ſe logo o Infante deſta generoſida·
de da fortuna, e de tropel entrou com

os

*Entra o Infante na Cidade.* os feus na Cidade, naõ poupando na efpada o caſtigo àquelles Mouros brio-fos, que voltavaõ a cara para nova refif-tencia. Vaſco Martins, de quem agora fizemos honrofa memoria, creyo que naõ fe fatisfazendo ainda de feu defag-gravo, quiz paſſar a vingarſe do Negro em feus companheiros, e empenhou-ſe em naõ ſer o fegundo a entrar pela pri-

*Vafco Martins ga-nha a primeira porta.* meira pórta da Cidade. Confeguio-o à cuſta do fangue de quem lhe refiſtia; e foy eſta acçaõ avaliada por taõ gloriofa, que a emulaçaõ entrou logo a efcure-cella, e ainda a difputalla, pretenden-do alguns a honra deſta primazia. Mas a verdade venceo a inveja, e goza eſte foldado em paz de fua illuſtre fama nos efcritos de noſſos Antigos.

*Arvoraõ os noſſos na Cidade a bandeira do Infante D. Henrique feu Commandante.* Ganhada eſta porta, e chegando já os noſſos ao numero de quinhentos, quaſi todos foldados da flor da Nobreza, e muitos da comitiva dos Infantes, ar-voraraõ na Cidade a bandeira do feu Commandante o Infante D. Henrique, entre tantas acclamações de feu valor, e difciplina, que fó as virtudes daquella

gran-

grande Alma poderiaõ refiſtir às tentações da vaidade. Entre tanto Zalá Benzalá ignorava o que paſſara, poſto que
diſtribuira gente por toda a parte, para
o aviſarem do que ſuccedeſſe; porém os
noſſos foraõ mais rápidos em vencer,
do que os Mouros em aviſar. Por outra parte via elle do Caſtello em que eſtava, que a mayor força da Armada naõ
fazia algum movimento, e ſendo natural o entender, que por alli ſe tenta-
ria o deſembarque, eſtava deſcança-
do, obſervando a inacçaõ do Inimigo,
e já o julgava arrependido da empreza.
Mas eiſque de repente vê a Armada levar ferro; aſſuſta-ſe, e revolve mil cuidados no penſamento. Neſte tempo
chegaõ-lhe repetidos aviſos, huns com
a noticia, de que tinhamos deſembarca-
do pela parte de Almina, e que eſtavamos ſenhores de ſuas portas; outros, de
que já tinhamos ganhado a Cidade, e
que eſtavamos nella bem fortificados, e
tudo obrado com hum curſo taõ rápido
de fortuna, que parecia fora tudo hum
tempo, deſembarcar, inveſtir, e vencer.
Com

*Pretende Zalá Ben-*
*zalá foccorrer a Cida-*
*de, reforçando a gente.*
Com vergonha de feus annos, e de fuas longas experienciās conheceo o Mouro em noſſo eſtratagema feu erra- do juizo, e ficou com os aviſos, como fe perto delle cahira hum rayo. Com tu- do forcejando pelo animo, tratou de fe- gurar o Caſtello, e de acudir à Cidade. Em ambas as partes reforçou a gente, eſtimulando o brio de huns, envergo- nhando o de outros. Entretanto o In- fante D. Henrique cuidava em defen- der as portas ganhadas, vendo que nel- las conſiſtia o feliz complemento da Ac- çaõ; pois aſſim facilitava a entrada ao foccorro de ElRey, e impedia o poder- mos fer fechados dentro da Cidade. Cuſ- tava fangue a defenfa, porque os Mou- ros, olhando para fuas perdas, a todo o cuſto a impediaõ. Pelejava-fe de ambas as partes já com defefperaçaõ, huns em- penhados a defender, outros a recupe- rar. Por vezes eſteve duvidoſo o ven- cimento no juizo das armas; mas em fim os noſſos, vaidoſos dos paſſados ſuc- ceſſos, ſouberaõ fegurar feus póſtos com obſtinado valor. Chegou entretanto

mais

mais foccorro; e podendo entrar pela porta já ganhada, naõ quiz Vafco Fernandes de Ataide, julgando dezar de feu brio, naõ entrar a tanto cufto, como feus companheiros. Acompanhado de feu tio Gonçalo Vafques Coutinho, e de alguns, mas poucos, inveftio à fegunda porta; defenderaõ-a os Mouros com mais esforço, que a primeira, mas naõ com melhor fortuna; porque a ganhou o novo foldado depois de difputado combate. Houve da nofla parte perda de algumas vidas, mas ficou taõ refarcida, e bem vingada, que os Mouros naõ fe haviaõ de hir gabar de proeza, que lhes dava em rofto com a covardia de fua fugida.

*Vafco Fernandes de Ataide, e Gonçalo Vafques Coutinho inveftem a fegunda porta.*

Como os noflos já eraõ em numero, que podiaõ defender as portas, e a Cidade, mandou o Infante D. Henrique repartillos pelas ruas, a limpallas de Mouros, dando a feu irmaõ o Conde de Barcellos o governo de huns, e a Martim Affonfo de Mello o de outros. O Infante, feguido de feu irmaõ D. Duarte, bufcou trabalho mais arrifca-

*Manda o Infante D. Henrique repartir pelas ruas os noflos foldados para limpallas dos Mouros.*

H                    do,

*E com o Infante D.*
*Duarte fóbe a ganhar*
*huns oiteiros, por onde*
*os Mouros podiaõ aco-*
*metternos.*

do , indo a ganhar huns poſtos altos ,
por onde os Mouros nos poderiaõ fazer
grande força , ſe os tomaſſem. Era o Sol
ardente, a ſubida ingreme, e o caminho
fragoſo; tudo cançaria as forças, e fruſ-
traria o intento, levando-ſe mais certo
o perigo , que a felicidade do ſucceſſo.
Porém os eſpiritos dos Infantes, como
eraõ para emprehender , o que outros
temeriaõ, deſpindo parte das armas, ïn-
veſtiraõ com a ſubida. Vencida ſua aſpereza , venceraõ tambem os poſtos ,
ajuntando à proeza da difficuldade , a
gloria de fazerem fugir os defenſores ,
depois de valeroſa oppoſiçaõ.

Já novos cuidados chamavaõ pelo
Infante D. Henrique, deſejando acudir
aos da Cidade ; e deixando a ſeu Irmaõ
a defenſa dos poſtos ganhados, deſceo
a tomar outros , e já a proſperidade do
ſucceſſo lhe naõ fazia ſentir o mayor perigo na deſcida.

Incorporado com os ſeus, naõ tardou a enſanguentar a eſpada, carregan-
do ſobre os Barbaros com força, que logo elles perceberaõ ſer nova. Era o eſ-
forço

forço de todos quem agora os fazia gemer, novamente animados do valerofo
exemplo do feu Capitaõ, que fempre
ajudando-os com o braço, queria ter
parte em fuas glorias. Era para ver os
noffos inveftindo os Mouros no principio das ruas, e eftes andarem por ellas como ondeando, impellindo a huns
o medo de outros. Mas era mais para
admirar ver, que huma multidaõ innumeravel, que trazia no numero o vencimento, cedia a poucos homens, e
lhes deixava abertas as ruas, encom-
mendando fuas vidas à ligeireza dos
pés.

Em quanto o Infante D. Henrique *Refoluçaõ do Infan-*
pizava na terra o fangue de tantos Bar- *te D. Duarte.*
baros, naõ lhe cedia em proezas o In-
fante D. Duarte; porque de forte foube
ganhar a altura, em que o deixámos,
que fe fez fenhor de todos aquelles oiteiros; e para dar claro teftemunho,
de que em materias de valor era prodigo da vida, chegou até ao *Cefto*, cume
inacceffivel, que coroava os oiteiros; o
que os mefmos Inimigos efpantados

H ii con-

confeſſaraõ por hum milagre da reſoluçaõ.

*Manda ElRey ar-*
*vorar a Bandeira Real,*
*e tocar a deſembarque.* Neſte tempo ElRey , que ainda
eſtava ocioſo no mar , e ſó acometten-
do ao Governador da Praça com ſeu
bem logrado eſtratagema , vendo que
os Mouros concorriaõ para a parte de
Almina , formou juizo , de que alli ſe
ateara hum grande fogo de combate ; e
ajudava eſte diſcurſo o naõ ter appare-
cido algum dos ſoldados , que acompanharaõ no deſembarque ao Infante D.
Henrique. Neſta conſideraçaõ mandou
ao ſeu Alferes mór Diogo de Ceabra ,
que arvoraſſe a Bandeira Real , e tocaſ-
ſe a deſembarcar. O meſmo foy dizer ,
que obrar ; porque já todos tocados da
nobre inveja , do que contava hum
menſageiro do Infante D. Henrique ,
que no meſmo inſtante chegara , queriaõ tambem ter que contar na Patria ,
ſe era que ainda lhes reſtava alguma
porçaõ de gloria.

O Infante D. Pedro confundia nó
ſemblante os affectos de alegria , e de
ſentimento , invejando as acções de ſeus
Ir-

Irmãos, em quanto naõ lhas ajudara a obrar. Só em ElRey fe naõ conheceo prazer, ao ouvir de feus filhos, e foldados taõ illuftres feitos: tinha hum mefmo femblante para todos os fucceffos. Antes fe moftrou algum affecto, foy de defprazer, quando foube nefta occafiaõ, que o Infante D. Duarte fem licença fua acompanhara a feu Irmaõ ; porém logo com difciplina menos rigorofa, da que lera em hum Romano, disfarçou a defobediencia em obfequio do valor, naõ tendo pejo, de que lhe apparecefle hum filho reo de taõ gloriofo crime.

*Moftra defprazer, de que feu filho D. Duarte fem licença fua acompanhaffe ao Infante D. Henrique.*

Defembarcados todos, e difpoftos em fórma, bufcaraõ as portas da Cidade. Aqui fe deteve ElRey, dizem, que obrigado da moleftia da perna, que com o trabalho fe tinha aggravado. Creyo, que foy pretexto, julgando, que fó lhe convinha à authoridade empenhar a peffoa na expugnaçaõ do Caftello, de que os Mouros ainda eftavaõ fenhores: e he de prefumir, que com efte penfamento he que mandou ao Infante D. Pedro, e a alguns Fidalgos, que foffem,

*Acomettem todos as portas da Cidade.*

fcc-

foccorridos da gente, que lhes parecef-
fe, ajudar aos Infantes, dos quaes corria voz, que entranhados pela Cidade,
já cançavaõ em derramar fangue inimigo.

*Entraõ na Cidade.* Com efta ordem entraraõ logo na
Cidade, e como naõ fabiaõ do fitio, em
que andava mais acceza a peleja, o Infante, o Condeftavel, D. Lopo Dias de
Soufa, Meftre da Ordem de Chrifto, e
outros, cada hum tomou por fua parte,
efperando, que os guiaffe a forte, onde
provaffem as armas em venturofo en-
*Encontro, que teve* contro. Achou-o, o mais feliz, que po-
*Ruy de Soufa com os* dia efperar feu valor, Ruy de Soufa, fo-
*Mouros : defende-fe*
*delles com valor.* brinho do Meftre, encontrando logo
hum tropel de Mouros bem armados, e
ao parecer briofos. Vio-fe fó, e podendo
fem dezar retirarfe a bufcar os companheiros, eftimou occafiaõ, em que naõ
tinha com quem repartir, ou talvez dif-
putar a gloria da proeza. Inveftio-os
com tanto defembaraço, e esforço, que
a golpes os foy levando por huma rua;
e pofto que em hum fitio junto a huma
porta, fe viffe cercado de muitos, naõ
esfria-

esfriaraõ feus efpiritos, antes chamando
por todo o feu valor à vifla do certo
perigo, fe defendeo de todos por longo
tempo, até fer foccorrido. Tardou taõ
illuftre foldado em entrar na Cidade ;
mas a gloria ganhada nefte encontro o
igualou aos primeiros. Tanta foy, que
a porta, onde o apertaraõ, ficou defde
entaõ tomando o feu nome, confeguin-
do defte modo a acçaõ dobrada victoria,
do Inimigo, e do tempo.

Naõ fejamos avaros em louvores,
quando os merecimentos clamaõ por elles. A muitos Fidalgos fez mais illuftres
efte dia. De todos quizeramos fazer honrada mençaõ ; mas a feus defcendentes
tem muito, que reftituir o defcuido de
noffos Antigos. Envolveraõ em ingrato
efquecimento a homens dignos daquella
valerofa idade ; apagou o tempo feus
nomes, vivem feus illuftres feitos na efcuridade de huma tradiçaõ confufa ; e
affim naõ podemos honrar fua fama, fenaõ com o fentimento defta ingratidaõ.
Com tudo houve alguns, cujas acções
acharaõ ventura nas pennas daquelle feculo ;

*Defcuido dos noffos Efcritores em naõ fazerem memoria dos Fidalgos, que fe diftinguiraõ nefta acçaõ.*

culo; e nós lhe ajudaremos agora a merecida fortuna, renovando fuas memo-

rias. Demos o primeiro lugar a Nuno
Martins da Silveira, que fendo dos ultimos a defembarcar, foube adiantarfe
tanto em gloria, enfanguentando por
vezes as armas em infinitos Mouros,
que o Infante Dom Duarte, querendo
premiarlhe o valor, com fuas proprias
mãos o armou Cavalleiro, e lhe fez
outras mercês, fe naõ mais gloriofas,

mais uteis. Alvaro Gonçalves de Fi-
gueiredo, aliviando-lhe o brio o pezo
de noventa annos, veftio as armas, e
todo o dia incorporado com os moços,
parecia hum delles, a quem olhava para fua valentia, e conftancia : naõ quiz
premios, fatisfeito da vaidade, com que
a velhice o tornara ao ardor dos annos
em ferviço do feu Principe. Imitou a

efte no defintereffe Gonçalo Lourenço,
Efcrivaõ da Puridade; porque merecendo por feus grandes feitos naquelle dia
affinalados premios, contentou-fe, de
que ElRey o defpachaffe com o armar
Cavalleiro ; que naquella idade eftas
hon-

honras avaliavaõ-fe pelas melhores Com-
mendas. Fez-lhe ElRey a mercê, e levando nella a mais honrada fé de ferviços, voltou o generofo foldado a bufcar
no Inimigo outras acções de valor. Mas
já novo eftrondo de armas nos torna a
chamar às ruas da Cidade, para defcre-
vermos a porfiada refiftencia, com que
agora os Mouros fe oppoem à velocida-
de de noffas victorias.

De huns para outros poftos hiaõ os *Pelejaõ os Barbaros*
noffos crefcendo em terreno, os Inimi- *com defefperaçaõ.*
gos contando eftragos; e vendo eftes,
que já fuas riquezas eftavaõ em perigo,
arrojavaõ-fe a pelejar com tanta defefperaçaõ, como quem naõ queria fer teftemunha laftimofa de fuas cafas affolladas.
Havia taes, que já propondofe-lhe a
morte de fuas mulheres, e filhos, fe ar-
remeçavaõ aos perigos fem mais armas,
que huma furia infpirada pelo amor. Parece encarecimento, e he verdade, que
authorifa a fé de noffos Efcritores. Outros ardendo em vingança, davaõ alegres
as vidas, fe viaõ de fuas lanças bem logrado hum fó tiro. Outros em fim arma-

I                    dos

dos às fuas portas, promettiaõ com todo
o fangue defender os feus bens.  Ifto fazia com que aquelles Barbaros acometteffem já com furor taõ conftante, que
nos cuftava bem caro qualquer defpojo.

*Determina o Infan-*
*te D. Henrique affal-*
*tar o Cáftello.*   Naõ enchia o coraçaõ do Infante
D. Henrique a gloria, que naquelle dia
ganhara o feu braço; olhava para o Caftello da Cidade, e lá parava a fatisfaçaõ
de feus defejos.  Refoluto correo a bufcar nelle a coroa da victoria; mas vendo
no caminho, que alguns dos noffos fe vinhaõ retirando dos Mouros, naõ podendo refiftir ao pezo das armas, com que
os opprimia a multidaõ, lançou-fe aos
Barbaros com tanta violencia, que os
fez dar coftas; e carregando-os entaõ
com mais impeto, os foy levando até a
*Aduana*, lugar onde fe recolhiaõ as fazendas, que ferviaõ ao negocio.  Aqui com
leve arajem affoprou aos inimigos a fortuna; porque foccorridos de muitos, que
voaraõ a defender o preciofo lugar, nos
fizeraõ rofto, e nos forçaraõ a huma retirada pouco briofa.  Vio-a o Infante (que
embaraçado com outro tropel de Mou-
                                    ros,

ros, ficara mais atraz) e tornando a ajudallos, fez retroceder a immenſa multidaõ, depois de porfiada reſiſtencia.

Aqui já os noſſos eraõ menos, e di- *Deſamparaõ-no os*
gamos embora, que deſappareceraõ al- *noſſos.*
guns por fraqueza; porque ſerve a verdade à gloria do valeroſo Principe. Vio-
ſe o Infante ſó com dezaſete companheiros; e enfurecido com a vil acçaõ, chamou ao braço todos os eſpiritos, e cer-
rando-ſe com os Mouros, os foy levando até aos muros do Caſtello, vencendo
terra ſempre regada de ſangue inimigo.
Como o lugar era favoravel aos contrarios, ſahiraõ logo muitos da Fortaleza a
ſoccorrellos. Aqui ſe accendeo mais forte combate, porque o ſoccorro era de
ſoldados de provada diſciplina, e esforço. Conheceraõ os noſſos nas novas armas novo vigor de oppoſiçaõ. Quaſi que
naõ perdiaõ golpe, e hum que aprovei-
taraõ na cabeça de Fernaõ Chamorro, *Fernaõ Chamorro,*
Eſcudeiro do Infante, fez com que logo *ferido gravemente na*
cabiſſe em terra, ſem uſo dos ſentidos. *cabeça.*
Julgaraõ-no morto, e pozeraõ toda a força por ſe fazerem ſenhores do corpo,

creyo

creyo que para alegrarem feu Governador com efpectaculo taõ grato. Porém
o esforço do Infante zombou do empenho ; pofto diante do corpo naõ fó valerofamente o defendeo, mas por fim obrigou aos Mouros, que por vezes fe reve-
zaraõ, a bufcar as portas de huma Villa
pegada com o Caftello, junto à porta de
Féz.

*Perigo, em que fe vio
o Infante : livra-fe del-
le com valor, acompa-
nhado fó de quatro fol-
dados.*
Entraraõ, e com elles o Infante,
abrindo caminho às lançadas. Já o naõ
acompanhavaõ, fenaõ quatro foldados;
os outros naõ poderaõ refiftir a taõ difputado combate, fazendo-lhes as forças
desfalecidas inutil o valor. Nefta entrada foy grande o perigo ; porque a Villa
era toda murada, e eftava bem guarnecida de armas, e gente ; porém os mefmos Inimigos, com que o Infante com-
batia, a feu pezar o falvaraõ. Como elles eraõ infinitos, e os noffos cinco, re-
ceavaõ juftamente os da guarniçaõ perder o acerto dos tiros , e que a morte
de hum Portuguez envolto em tanta
multidaõ, lhes cuftaffe primeiro as vidas
de muitos Mouros. Já a peleja durava
duas

duas horas, e agora levou outras duas a nova contenda fobre o fechar da porta, que facilitava muito a entrada no Caftello. Sirvamos à verdade nos louvores defte Principe, confeffando, que naõ temos exprefsões, que igualem fua gloria nefte famofo dia; e contentamo-nos crendo, que confeffaria a mefma pobreza o Efcritor mais digno.

Como havia quatro horas, que o Infante naõ apparecia entre os feus, efpalhou-fe a funefta noticia, de que era morto. De huns a outros chegou aos ouvidos de ElRey, e foy efta a primeira vez, que em feu femblante, fempre inalteravel, fe deu a conhecer a dor: amava efte filho em extremo pelas razões da femelhança. Dava credito à nova, olhando para os efpiritos do Infante, e confirmava-fe nella, reflectindo nos perigos, a que fe expozera. Combatido de diverfos affectos [porque a verdade naõ defenganava feus penfamentos] quiz faber a certeza; mas como o lugar da peleja, fobre diftante, era bem defendido, oppunhaõ-fe mil perigos ao defejo. Todos

*Divulga-fe fer morto o Infante, e com efta noticia fe affufta ElRey.*

creyo que para alegrarem feu Governador com efpectaculo taõ grato. Porém
o esforço do Infante zombou do empenho; pofto diante do corpo naõ fó valerofamente o defendeo, mas por fim obrigou aos Mouros, que por vezes fe reve-
zaraõ, a bufcar as portas de huma Villa
pegada com o Caftello, junto à porta de
Féz.

*Perigo, em que fe vio o Infante: livra-fe delle com valor, acompanhado fó de quatro foldados.*

Entraraõ, e com elles o Infante,
abrindo caminho às lançadas. Já o naõ
acompanhavaõ, fenaõ quatro foldados;
os outros naõ poderaõ refiftir a taõ difputado combate, fazendo-lhes as forças
desfalecidas inutil o valor. Nefta entrada foy grande o perigo; porque a Villa
era toda murada, e eftava bem guarnecida de armas, e gente; porém os mefmos Inimigos, com que o Infante com-
batia, a feu pezar o falvaraõ. Como elles eraõ infinitos, e os noffos cinco, re-
ceavaõ juftamente os da guarniçaõ perder o acerto dos tiros, e que a morte
de hum Portuguez envolto em tanta
multidaõ, lhes cuftaffe primeiro as vidas
de muitos Mouros. Já a peleja durava
duas

duas horas, e agora levou outras duas a
nova contenda ſobre o fechar da porta,
que facilitava muito a entrada no Caſtello. Sirvamos à verdade nos louvores
deſte Principe, confeſſando, que naõ
temos expreſsões, que igualem ſua gloria neſte famoſo dia; e contentamo-nos
crendo, que confeſſaria a meſma pobreza o Eſcritor mais digno.

Como havia quatro horas, que o
Infante naõ apparecia entre os ſeus, eſ-
palhou-ſe a funeſta noticia, de que era
morto. De huns a outros chegou aos
ouvidos de ElRey, e foy eſta a primeira
vez, que em ſeu ſemblante, ſempre inalteravel, ſe deu a conhecer a dor: amava eſte filho em extremo pelas razões
da ſemelhança. Dava credito à nova,
olhando para os eſpiritos do Infante, e
confirmava-ſe nella, reflectindo nos perigos, a que ſe expozera. Combatido de
diverſos affectos [porque a verdade naõ
deſenganava ſeus penſamentos] quiz ſaber a certeza; mas como o lugar da peleja, ſohre diſtante, era bem defendido,
oppunhaõ-ſe mil perigos ao deſejo. Todos

*Manda examinar a certeza por Vasco Fernandes.*

dos desprezou Vasco Fernandes de Ataide, e à vista de muitos, que pranteavaõ
a noticia com ociofo fentimento, correo
a bufcar as portas da Villa, onde diziaõ,
que acabara o Infante. Merecia hum
foldado taõ deftemido, que nefte lance
o favoreceffe a fortuna; mas foy-lhe contraria, porque apenas fe arremeçou às

*Morte de Vasco Fernandes.*

portas, hum penedo lançado do muro
lhe tirou a vida, teftemunhando com ella a qualidade de perigos, que cercavaõ
ao Infante. Ja defte foldado fizemos
honrada memoria ; agora celebramos
fua morte, por fer illuftre coroa de fuas
proezas.

*Offerece-fe Garcia Moniz a ir procurar o Infante.*

Soube ElRey a defgraça, e fentio-a
naõ menos como valerofo, que agradecido ; e eftando entaõ em fua prefença
Garcia Moniz, Criado do Infante, levado do amor a hum Principe a quem criara, fe expoz ao mefmo perigo. Igualou
ao primeiro no valor, mas excedeo-o na
fortuna ; porque vencendo mil embaraços, chegou onde elle eftava ; e achan-
do-o ainda entranhado em huma multidaõ de Barbaros, com a liberdade que
lhe

lhe davaõ feus annos, e feu amor, lhe
eftranhou tanto exceffo , e pedio-lhe,
que fe retiraffe, fenaõ perderia huma gloria taõ cuftofa com a nota de temerario.
Cedeo o Infante , e retirou-fe com o
Criado; mas a retirada naõ fe fez fenfivel ao feu valor , porque na volta lhe
deraõ outros Mouros novas occafiões de
tingir as armas em feu fangue , e tornar
para os feus com honra mais avultada.

    Chegou aos noffos a faufta noticia, *Recolhem-fe ambos, e*
de que a Providencia no meyo de tantos *faõ recebidos com gran-*
*de jubilo.*
perigos guardara huma vida taõ preciofa : encheraõ-fe todos de hum jubilo ex-
ceffivo , efpecialmente ElRey, que antes proporcionara os extremos de fua an-
guftia com os de feu amor. Os Infantes
feus Irmáos lhe mandaraõ os parabens
ao caminho , acompanhados do avifo ,
de que elles eftavaõ na mayor Mefquita
dos Mouros , e que nella o efperavaõ ,
para que ajudaffe com feu braço a felicidade da nova empreza. No mefmo tempo recebeo o Infante outro avifo , de
que a fua bandeira, e a do Infante D.
Pedro hiaõ ganhar outra porta da Villa,

a

a cuja defenſa eſtava hum numero infini-
to de Mouros, que eraõ a flor de ſua
milicia.

*Parte logo o Infante a ſoccorrer a ſeus Ir-mãos na tomada de ou-tra porta da Villa.*
Ouvio a noticia, e como ſe naquel-
le dia naõ houvera deſembainhado a eſpada, infatigavel, e reſoluto partio para
o lugar do conflicto. Feſtejaraõ ſua vinda, como hum ſoccorro de muitas lanças, ſabendo já por experiencia, que o
Ceo liberalmente abençoara as armas
deſte Principe. Na força do combate,
em que os Inimigos defendiaõ a porta
com obſtinado esforço, repetia o Infante D. Duarte os recados chamando-o à
Meſquita, e reſpondendo-lhe, que hum
dia taõ propicio para a tomada do Caſtello, naõ era bem perdello, inſtaraõ os
aviſos de modo, que ſeu animo apertado da violencia, cedeo em fim à vontade alheya. Retirou-ſe, mas de maneira,
que naõ ficaſſe com dezar a reputaçaõ
de humas armas até alli triunfantes. Naõ
ſeria encarecido, quem diſſeſſe, que a
retirada igualara a huma victoria, ſe naõ
na utilidade, certamente nas leys da
guerra, e ainda nas do valor, moſtran-
do

do o Infante aos Inimigos em diverſos encontros, que taõ pezado lhes era ao retirarſe, como ao vencellos. No caminho teve couſa, que lhe adoçaſſe o diſſabor de voltar ſem triunfo, e foy ver o ſeu Eſcudeiro Fernaõ Chamorro, de quem já fallámos, naõ ſó vivo, mas levantado, poſto que ferido no roſto. Cauſou-lhe ſumma alegria ver eſpectaculo, que lhe parecia reſurreiçaõ; e agora dava por mais bem empregada toda a força, com que o defendera, para que a vaidade dos Mouros naõ podeſſe contar nelle hum prizioneiro.

Foy o Infante recebido de ſeus Irmãos com aquelle contentamento, que pedia a grandeza do paſſado ſuſto; e entrando logo a diſcorrer todos no importante ponto da tomada do Caſtello, conferiaõ ſeus diſcurſos, e deſcançavaõ do grande trabalho do dia. Ainda naõ tinha o Infante bem depoſto as armas, quando o mandou chamar ElRey, que eſtava em outra Meſquita. Obedeceo, e ElRey com vaidade de Pay Conquiſtador entre alegre alvoroço encheo a

*Aviſta-ſe o Infante D. Henrique com ſeus Irmãos.*

K hum

hum filho de vinte e hum annos daquelles louvores, que fó guardava para
Capitães provectos: julgava que os merecia, e a fer liberal, mais que a natureza, o obrigava a juſtiça. Das palavras
paſſou às obras, querendo-o alli logo
*ElRey os arma Ca-* armar Cavalleiro, honra, que naquella
*valleiros.* idade era como huma canonizaçaõ do
valor. Agradeceo-lhe o Infante a mercê, e pedio-lhe outra, que foy, houveſ-
fe por bem naõ o diſtinguir, fem primeiro honrar a feus Irmãos com a meſma graça. Naõ efperava ElRey por
hum lance taõ politico em Mancebo
taõ ambiciofo de gloria: admirou-fe, e
repetio os louvores, fe antes aos triunfos do valor, agora aos da modeſtia.
*Zald Benzalá, con-* Entretanto Zalá Benzalá efpanta-
*ſuſo, e perplexo.* va-fe de hum curfo taõ arrebatado de
profperidades em feus Inimigos. Paſſa-
va as horas attonito em fua defgraça,
recebendo a cada inſtante em funeſtos
avifos outras tantas lançadas. Via-fe
em huma Cidade de infinitos habitado-
·res, olhava para as muralhas, e via-fe
.fortificado de fobejo; abria feus thefouros,

ros, e com premios accendia os animos de huns, fallava, e defpertava em outros os eftimulos da gloria; mas hia a opporfe, e via-fe fempre vencido. Affentou comfigo, que ou pelejava com homens de outra efpecie, ou que vinha de mais alto o valor de feus braços. Confirmou-fe de todo nefte difcurfo, quando recebeo o golpe mortal de eftar ganhada a Cidade; e entaõ com ambiçaõ de velho à vida, e às riquezas, fazendo-as tranfportar com as mulheres, e filhos a terra remota, encommendou *Foge da Cidade.* fua liberdade a hum veloz cavallo. Foy confequencia fazerem todos o mefmo, chamando à fraqueza de feu Governador prudencia em lhes confervar as vidas.

Como ElRey ignorava hum fucceffo, que punha inteiro fim à Conquifta, depois de ordenar com o Infante D. Henrique a guarda, que naquella noite havia de ter a Cidade, confultou igualmente com elle o modo de tomar o Caftello. Depois de largo difcurfo, conformando-fe com as idéas do filho, *Difcorre ElRey co o Infante D. Henriqu fobre a tomada do Ca ſtello.*

K ii                 man-

mandou chámar a João Vasques de Almada, soldado de fama antiga, e capaz de se lhe entregar toda a facção de perigo. Disse-lhe, que fosse ao Castello inquirir se havia nelle alguma novidade; e que se podesse, arvorasse a todo o custo na mais alta torre aquella Bandeira, que lhe dava. Era a chamada de *Lisboa*, e trazia pintada a Imagem de S. Vicente, seu Protector antigo. Armado o Explorador da gente precisa para todo o successo, foy reconhecer o Castello. Achou as portas fechadas; resoluto mandou, que se arrombassem; mas acodindo aos golpes dous homens, hum Biscainho, e outro Genovez, disseraõ-lhe do muro : *Que parasse com o trabalho, que elles lhe hiaõ abrir as portas, pois eraõ os unicos, que se achavaõ dentro, escondendo-se dos Mouros, quando desampararaõ o Castello.* Entrou João Vasques acautelado, julgando silada a reposta; mas achou ser verdade, o que affirmavaõ aquelles Christãos.

*João Vasques arvora a Bandeira no Castello.*

Arvorou logo a Bandeira, e avisou a ElRey. Os Infantes D. Duarte, e D.
Pe-

Pedro, tanto que fouberaõ a noticia, foraõ para o Caftello, e feguio-os feu Irmaõ o Conde de Barcellos com muitos Fidalgos, dos quaes huma grande parte quiz ficar com Joaõ Vafques. Naõ o confentio ElRey, mandando pelo Infante D. Henrique, que até alli o acompanhara, que fahiffem todos, e deixaffem ao Explorador, e aos feus o facco do Caftello. Foy efte de fumma importancia; porque os Mouros fiando-fe da fegurança do lugar, para lá tinhaõ amontoado as fuas preciofidades. Encheraõ-fe os foldados tanto, que faciaraõ fua antiga pobreza. Viraõ-fe ricos, e deraõ-fe entaõ por victoriofos, naõ lhe popondo feu humilde eftado outra gloria, fenaõ o intereffe.

*Da-fe o facco aos feus companheiros.*

O Infante Dom Duarte mandou igualmente ao feu Alferes mór, que foffe arvorar outra Bandeira na torre de Féz, que ficava fóra do Caftello. Ainda os Mouros naõ tinhaõ defamparado de todo efte pofto, antes fazendo-fe nelle fortes, difputaraõ valerofamente a entrada, accendendo-lhes hum defefperado

*Manda o Infante Duarte arvorar outr Bandeira na torre Féz, e os Mouros lhe oppoem.*

rado furor a affronta de fuas perdas. De
parte a parte fe enfanguentaraõ as armas, e hum Alferes de D. Henrique de
Noronha, cahindo atraveffado de huma
lança inimiga, defpertou com fua morte nos Mouros dobrado esforço, efperando cada hum gloriarfe de outro igual
golpe. Porém impoffivel era às fuas forças vencer foldados já taõ ufanos, que
ambiciofos de facçóes mais proporcionadas ao feu valor, quafi que defpreza-
vaõ feus paffados feitos. Levantou-fe
em fim à Bandeira, e defendeo-fe toda
a noite, a pezar da oppofiçaõ inimiga.

*Fidalgos, que fe dif-* Aqui fe diftinguiraõ muitos Fidalgos
*tinguiraõ nefta acçaõ.* claros por fangue, e mais illuftres em
fama; delles formaremos o mais digno
elogio, fó com publicarmos feus nomes.
D. Henrique de Noronha, D. Joaõ de
Noronha feu irmaõ, Pedro Vaz de Almada, Alvaro Mendes Cerveira, Mendo Affonfo feu irmaõ, Alvaro Noguei-
ra, Nuno Martins da Silveira, Vafco
Martins do Carvalhal, Gonçalo Vaz de
Caftellobranco, Gonçalo Nunes Barreto, Gil Vafques, Joaõ de Ataide, Alvaro

varo da Cunha, Nuno Vaz de Caſtello-
branco com cinco Irmãos, Diogo Fernandes de Almeida, e outros muitos,
cujos nomes nos encobre hum ingrato
eſquecimento dos tempos. Igual injuria eſtá padecendo a fama de hum Ba-
raõ de Alemanha, que com outros de
ſua Naçaõ veyo merecer gloria a eſta
Conquiſta, e ganhou-a de modo, que
ſe a podeſſe repartir, com ella formaria
muitos Capitães illuſtres.

Deſta acçaõ paſſaraõ a deſpejar de *Largaõ os Mouros*
todo a Cidade, que ſeus habitadores *de todo a Cidade.*
naõ queriaõ largar, afferrados a ſuas riquezas. Mas em fim conſtrangidos de
huns braços, que nunca poderaõ abater, com ſuſpiros de mortal ſaudade ſe
deſpediraõ da deſgraçada terra, e deixaraõ ſeus theſouros à rapina dos que
já eraõ uſurpadores de ſua gloria. As
pennas daquella idade contaõ a D. Fernando de Caſtro, e a D. Joaõ ſeu irmaõ
por principaes inſtrumentos deſte ultimo triunfo, dizendo, que com valeroſa
conſtancia expulſaraõ pela porta chamada de *Alvaro Mendes* a hum grande numero

mero de Mouros, que ainda fe naõ davaõ por defenganados com a fugida de
feus companheiros.

*He faqueada pelos* Alimpada de todo a Cidade, fe-
*offos foldados.* guio-fe o facco: foy taõ importante pelas infinitas preciofidades, que parecia
faquearfe em huma Cidade as riquezas
do Mundo. Ha de fe julgar por encare-.
recimento tudo o que nefte ponto referem as Hiftorias, fe naõ fe olhar para
Ceuta, como para o Emporio do Commercio. Aproveitaraõ-fe muito os vencedores, mas naõ defperdiçaraõ menos.
Ou foffe effeito do furor, ou juizo de
que naõ fe poderia fuftentar a Praça
na obediencia de ElRey, para inteira
deftruiçaõ de feus Inimigos, efpalhavaõ
pelas ruas as efpeciarias, e drogas mais
preciofas, defpedaçavaõ as fazendas de
mayor cufto, e derramavaõ os licores
mais raros, como fe naõ foffem pobres,
fendo foldados Mas depreffa choraraõ
taõ furiofo eftrago, esfriando o fangue,
e vendo a Cidade defendida com o neceffario prefidio. Com tudo como o
thefouro era immenfo, fe naõ fe faciou
a cu-

naõ da-
ɩgida de

ade, fe-
:ante pe-
parecia
riquezas
 encare-
ɩto refe-
har para
ɩo Com-
os ven-
menos.
ɩuizo de
a Praça
inteira
ɩlhavaõ
as mais
ɩdas de
licores
pobres,
horaraõ
fangue,
n o ne-
omo o
faciou
a cu-

a cúbiça , remio-fe a pobreza. Muitos
dos Inimigos , que naõ poderaõ fugir,
fazendo-os fracos ou a idade, ou o fexo,
aliviavaõ o pezo da efcravidaõ com o
gofto de pizar huma terra, que amavaõ.

Triunfante ElRey D. Joaõ de Ceuta em hum fó dia, qual outro Scipiaõ de
Cartago, concorreo logo toda a Nobreza a darlhe, e a receber os parabens da
victoria. As galas eraõ as mais viftofas;
porque eraõ as mefmas armas ainda tintas de fangue Africano; e na alegria dos
femblantes reluzindo huma jufta vaidade, acompanhavaõ o contentamento de
ElRey. Como ferviaõ a hum Principe,
que fabia avaliar ferviços, logo delle ouviraõ louvores, naõ com palavras taxa-
das [ ao vulgar coftume dos Soberanos )
mas com longas, e repetidas exprefsões
de honra, confeffando a Conquifta, como
hum prefente do feu valor. Reftituíaõ-
lhe os louvados os elogios, fazendo-o o
primeiro mobil da victoria ; e aqui lhe
engrandeceraõ o alto fegredo na expediçaõ, a conftancia em tantas contrarieda-
des dos homens, e da fortuna; e paffan-
L                    do

*A Nobreza dá ElRey os parabens d victoria.*

do a louvores mais agradaveis, celebravaõ o Pay nas proezas dos filhos, fem
recearem declinar em lifonja.

*Inimigos mortos , e cativos.* Quererá com razaõ o Leitor, que
o informemos ao certo do numero dos
Inimigos mortos, e cativos : naõ o podemos fatisfazer, e queixe-fe de noffos
Antigos. Contentaraõ-fe com deixarnos
efcrito, que foraõ fem numero os prizioneiros remettidos para as Náos ; e que
os mortos impediaõ as ruas, e alaftravaõ
as praças. Alguns querendo determinar
numero, huns efcreveraõ dous mil mortos, outros dez mil : de differença taõ
notavel fó fe vem a colher, que a verdade naõ aclarou efte ponto. Dos noffos he que ha certeza ; morreraõ oito,
cinco na porta, que venceo Vafco Fernandes de Ataide, e tres dentro da Cidade. Alguns houve, mas poucos, que fal-
vando fuas vidas nos combates mais perigofos, vieraõ a perdellas em doenças.

*Confulta ElRey a feus filhos no modo de fegurar a Conquifta.* Difcorria ElRey fobre o melhor
modo de fegurar a Conquifta, e quiz ou-
vir a feus filhos, e em particular ao Infante D. Henrique, vendo, que a elle a
de-

celebra.
)s, fem

or, que
ero dos
ió o po-
: noffos
ixarnos
s prizio-
; e que
altravaõ
erminar
iil mor-
nça taõ
e a ver-
)os nof-
ó oito,
:o Fer-
la Cida-
que fal-
nais pe-
loenças.
melhor
quiz ou-
r ao In-
a elle a
de-

devia, ou olhaffe para o feu principio, ou para a fua execuçaõ. E ouvindo feu parecer, determinou propor a materia aos Cabos principaes, efperando, que apontaffem meyos feguros, com que na confervaçaõ da Praça quizeffem perpetuar a memoria de fuas acções. Depois pareceo-lhe precifo avifar da profperidade de fuas armas em Africa aos Reys, e Vifinhos amigos. O primeiro que teve efta noticia, foy o Governador de Tarifa, merecendo como Portuguez a primazia em applaudir as glorias da fua Naçaõ. Póde fer, que o motivo foffe mais politico, querendo ElRey por efte modo, que Caftella foffe a primeira a invejar a Conquifta. Levou a nova Joaõ Rodrigues Comitre, e foy recebido do Governador com extremos de honra, eftimando no menfageiro a fingular diftincçaõ, com que o tratava hum Principe victoriofo. Mas para dar toda a demonftraçaõ, que nelle cabia, affim de feu contentamento pelas razões do fangue, como de fua vaidade pelas do cargo, mandou a feu filho a expreffar a ElRey o quan-

*Avifa ao Governador de Tarifa do feli fucceffo das fuas arma em Africa.*

L ii to

to eſtimava ſeus felices ſucceſſos, e a hon-
·ra de lhe adiantar taõ importante noticia.

E a ElRey de Ara-
gaõ D. Fernando.

Cóm igual incumbencia deſpachou
ElRey para a Corte de Aragaõ a outro
Criado ſeu, chamado Joaõ Eſcudeiro;
e paſſados poucos dias, a Alvaro Gonçalves da Maya, Védor da ſua Fazenda
na Cidade do Porto, para que inſinuaſſe
àquelle Soberano: [ era ElRey D. Fer-
nando] *Que em Ceuta eſtava já aberta a*
*porta para Granada, e que pelo deſejo, que*
*tinha de o ajudar naquella Conquiſta, he que*
*ſe reſolvera a franquearlhe a entrada.* El-
·Rey com expreſsões de agradecimento,
e com ricos donativos aos portadores,
moſtrou, que eſtimava, naõ menos a importancia da noticia, que o lance politi-

E a ElRey de Caſ-
tella.

co, com que lha mandava. Aviſaõ-nos
as Memorias antigas, de que para El-
·Rey de Caſtella fora depois outro menſageiro; mas quem eſte foſſe, e as demais circunſtancias, logo no principio
apagou o deſcuido.

Tornaõ os Mouros a
acommetternos.

Contavaõ os noſſos dous dias de
applauſo à victoria: huns deſcançavaõ
no goſtoſo trabalho do ſacco, outros na
re-

, e a hon-
noticia.
:fpachou
5 a outro
fcudeiro;
aro Gon-
Fazenda
infinuaffe
r D. Fer-
i aberta a
lejejo, que
'a, he que
·ada. El-
:cimento,
rtadores,
nos a im-
:e politi-
viſaõ-nos
para El-
itro men-
e as de-
principio

; dias de
cançaraõ
outros na
re-

recreacaõ de difcurfos fohre a felicidade
da empreza; quando os Mouros defcen-
do das montanhas, que bufcaraõ por
afylo, tentaraõ acommetternos de novo
com diverfas efcaramuças. Enfurecidos
com fua defgraça, olhavaõ para fuas cafas, e naõ podiaõ apartar os olhos, donde tinhaõ o coraçaõ. Eraõ muitos em
numero, e todos apoftados a vingarfe,
nos defafiavaõ ao campo. Soube-o o
Infante D. Henrique; fubio a huma torre a obfervar a multidaõ, e mandando
bufcar hum cavallo para os ir caftigar, o
Infante D. Duarte, que vinha ao mef- *Sahe a caftigallos Infante D. Duarte.*
mo, montou nelle, e acompanhado de
alguns, foy fatisfazer os defejos daquelles Barbaros. Toda a gloria do Infante
confiftio na promptidaõ da ida; porque
os Mouros tanto que o viraõ formado
em batalha, naõ fe moveraõ do lugar,
em que eftavaõ, aconfelhando-lhes o
temor, a lhe negarem huma vinda, que
foffe feftejada como novo triunfo.

Por onze dias continuaraõ os Bar- *Prohibe ElRey o fahir da Praça fem fi licença.*
baros a fazer as mefmas fahidas, e fem-
pre na retirada levavaõ novos motivos
pa-

para prantearem os revezes de fua fortuna. A huma deftas efcaramuças quiz outra vez apparecer o Infante D. Duarte,
para contentar fua efpada, que voltara
fem fangue da primeira occafiaõ; mas fa-
bendo-o ElRey, e julgando naõ fer decorofo, nem util efcaramuçar com Mouros aquelles mefmos que já os obrigaraõ
a vergonhofa fugida, mandou que fem
licença fua ninguem fahiffe da Praça.
Obedeceo-fe, e de entaõ em diante, como os Mouros já naõ viaõ oppofitores
no campo, paffaraõ a atroar aquellas
montanhas com porfiados lamentos. As
mulheres, e filhos os ajudavaõ com tanta ternura, que faziaõ hum ecco de laf-
tima nos coraçóes dos vencedores.

*Erige-fe a Mefqui-*
*ta mayor dos Mouros*
*em Templo dedicado ao*
*myfterio da Affumpçaõ*
*da Senhora.*
Mas já era tempo, que a victoria
da Religiaõ recebeffe o feu triunfo. Ti-
nha-o ElRey determinado para o dia 25
de Agofto, dando ordem, que nelle eftiveffe. tudo preparado para a purificaçaõ
da Mefquita mayor. Foy efte dia o mais
gloriofo para a antiga piedade dos Portuguezes; porque elles em feus Faftos
fó contaõ eftas acções por illuftres. Pu-
rificado

ue.

ua fortu-
quiz ou-
Duarte,
voltara
; mas fa-
ó fer de-
m Mou-
brigaraõ
que fem
la Praça.
ante, co-
pofitores
aquellas
ntos. As
com tan-
o de laf-
es.

victoria
nfo. Ti-
o dia 25
elle efti-
rificaçaõ
ia o mais
dos Por-
s Faftos
tres. Pu-
rificado

rificado aquelle infame lugar, confagrando-fe ao Nome fantiffimo da grande Virgem, no Myfterio da fua Affumpçaõ, era para enternecer a devota alegria, com que ElRey acompanhado de feus filhos, de toda a Nobreza, e de infinita multidaõ de foldados, todos com tochas nas mãos triunfantes, ouviraõ no *Te Deum* cantado o triunfo ao Senhor das Victorias. Soube o Infante D. Henrique, que os Mouros haviaõ levado de Lagos alguns finos, e fazendo-fe toda a diligencia por elles, mandou-os levantar em huma torre, e ferviraõ feus repiques alternados com charamellas, e trombetas, à devoçaõ, e alegria do Acto.

Subio ao pulpito o M. Fr. Joaõ Xira; he fama, que era eloquente, e em hum Difcurfo de Miniftro Evangelico engrandeceo as mifericordias do Senhor nas acções da fua Naçaõ. Entrou-fe à Miffa, e foy ouvida com lagrimas, vendo-fe, que fe offerecia a Deos o mayor Sacrificio em hum lugar, em que havia feculos, que hum culto abominavel affrontava o feu Nome. Deu fim a folemnidade,

*Celebra-fe nella Sacrificio da Miffa.*

nidade, concorrendo a devoçaõ com as riquezas dos deſpojos para a fazer magni-

*ElRey arma Ca-*
*valleiros aos Infantes*
*ſeus filhos.*

fica; e como ElRey determinara concluilla, armando Cavalleiros a ſeus filhos, paſſou-ſe a eſta funçaõ, e foy o primeiro a receber o premio o Infante D. Duarte; ſeguioſe-lhe o Infante D. Pedro, e a eſte ſeu irmaõ D. Henrique, acabando a ceremonia com o Conde de Barcellos. Seguio ElRey no conferir deſta honra a ordem da Natureza, e naõ a da Cavallaria: ſe contemplaſſe ſerviços, ſoffrendo-lho a modeſtia do noſſo Infante, levaria a gloria da primazia o primogenito do valor.

*E eſtes aos ſeus Cria-*
*dos, e outros Fidalgos.*

Paſſaraõ depois eſtes Principes a conferir a meſma preeminencia aos ſeus Criados, e peſſoas principaes da comitiva, que traziaõ em ſeus ſerviços o facil deſpacho para a graça. A Hiſtoria daquella idade, de quem ſempre nos queixaremos, nomeando huns, confiaraõ outros da tradiçaõ de ſeus Deſcendentes, ſuppondo perpetuada ſempre nelles huma honra, que fizera a ſeus Avós mais illuſtres. Dos ſoldados, que armara o

In-

ó com as
er magni-
lara con-
a feus fi-
foy o pri-
nfante D.
te D. Pe-
fenrique,
Conde de
) conferir
za, e naõ
lle ferri-
do noffo
imazia o

incipes a
aos feus
a comiti-
s o facil
toria da-
nos quei-
fiaraõ ou-
endentes,
nelles ha-
vós mais
armara o
In-

Infante D. Henrique, fó podemos fazer memoria gloriofa de D. Fernando, Senhor de Bragança, Gil Vaz da Cunha, Alvaro da Cunha, Alvaro Pereira, Diogo Gomes da Silva, Vafco Martins de Albergaria, Alvaro Fernandes Mafcarenhas, e Joaõ Gonçalves Zarco, de quem em feu lũgar fallaremos, dando liberdade à penna em feus juftos louvores.

Revolvia ElRey no penfamento a cada inftante a alta obra da confervaçaõ da Conquifta; porque fó affim eftabeleceria a gloria de Deos, e a reputaçaõ de fuas armas. Porém obfervava em alguns defejo impaciente de voltarem para a Patria, talvez temendo naõ perder o ganhado, ou foffe em fama, ou em defpojos. Confultava o importante ponto com feu filho D. Henrique, e achava nelle hum parecer infpirado pelo zelo da Religiaõ, e do Reino: claro era, que fe haviaõ de unir no voto, os que tanto fe affemelhavaõ nos efpiritos. Determinou propor ao Confelho materia taõ pezada, e affinado o dia, que

*Confulta ElRey a Infante D. Henriqu fobre o modo de confer var a Conquifta.*

M       foy

foy o feguinte à purificaçaõ da Mefquita, fallou nefta fubftancia.

*Propofta delRey ao*
*onfelho.*

„ Chamey-vos para vos propor hum
„ negocio taõ importante, que invol-
„ vendo-fe nelle a reputaçaõ da minha
„ Coroa, naõ he efta grave circunftan-
„ cia quem lhe dá todo o pezo: nelle
„ fe interefla naõ menos, que o credito
„ da Religiaõ. Já vedes, que o ponto
„ he efta Conquifta. Depois que Deos
„ por inftrumento de voffos braços quiz
„ com ella accrefcentar meus dominios,
„ affentey, que eftava obrigado a fazer
„ permanente o triunfo da Fé, confer-
„ vando a honra da primeira victoria; e
„ que ao proporvos efta obrigaçaõ, vós
„ mefmos defpertados por voffo fangue,
„ e por voffa Religiaõ, me defcobririeis
„ novos motivos, que mais me fundaf-
„ fem em taõ jufto intento. O ponto
„ tem-me levado longas meditaçóes; e
„ depois de pezar todas as difficuldades,
„ venci-as no juizo, e hey de vencellas
„ nas obras; porque me parece a confer-
„ vaçaõ defta Praça naõ fó precifa, mas
„ proveitofa. E deixando por ora de
„ pon-

„ ponderar o motivo mais importante,
„ porque fallo com homens de Fé anti-
„ ga, e robufta, que nafceraõ para fol-
„ dados da Religiaõ; vós bem vedes,
„ que Ceuta he a mina mais rica, don-
„ de extrahireis aquellas riquezas, que
„ fó cubiça o voffo valor. Nella vos abre
„ a fama hum theatro de novas glorias
„ para exercicio de voffos efpiritos ; e
„ poupareis de hoje em diante o traba-
„ lho de ir ganhar por climas eftranhos
„ nome fem fruto. Agora com menos
„ defpezas, e mayor reputaçaõ tereis,
„ que teftar para voffos netos nos pre-
„ mios de voffos futuros ferviços. Eu pe-
„ lo menos deixo Ceuta aos meus, co-
„ mo huma herança, que lhes dá a toda
„ a Africa gloriofo Direito. Nefta Pra-
„ ça lhes abri a porta para a grande Con-
„ quifta; elles a configaõ com voffos def-
„ cendentes; que com efta obrigaçaõ os
„ fez Deos vaffallos do feu Imperio. E
„ he jufto, quando naõ lhes podermos
„ dilatar o terreno, ao menos confervar-
„ lhes, o que regou voffo fangue; que
„ para ifto fobejais vós, vós para quem

„ defde hoje fica olhando o Mundo in-
„ vejofo , a ver fe fois taõ infenfiveis na
„ honra , que perdeis a fama de muitos
„ feculos ganhada em hum fó dia.

*Diverfidade dos vo-*
*os nefta materia.*

A eftas razões accrefcentava El-
Rey outras de igual utilidade, já confiderando a confervaçaõ da Conquifta, como remedio de affugentar o ocio, eftra-
gador da mocidade, e do brio, já como
caftigo aos criminofos, e meyo de poderem apagar feus delictos com honradas acções. Mas como ElRey fobre a
materia ainda pedia confelho, huns votos concordaraõ, outros fe oppozeraõ.
Os fundamentos dos impugnadores eraõ
bufcados na politica, fem attenderem
àquella alta Providencia, que empenhada por noffas armas, ganhara vifivel-
mente a victoria. Diziaõ: „ Que o no-
„ vo braço daquella Conquifta eftava taõ
„ feparado do corpo do Reino, que naõ
„ podendo efte communicarlhe efpiri-
„ tos, era forçofo o entorpecer. Por ou-
„ tra parte, que o numero dos habitado-
„ res daquella vafta Regiaõ era o que fo-
„ brava para fe contarem pelos dias feus
„ no-

„ novos exercitos; e que o fegredo de
„ noffas forças viria a eftragarfe, logo
„ que os Mouros viffem a pobreza irre-
„ mediavel da noffa guarniçaõ. Mas da-
„ do, que teimaffemos em naõ lha mof-
„ trar, pelo brio da confervaçaõ de hu-
„ ma Praça confumiriamos a fubftancia
„ de hum Reino; e que ifto feria, fe El-
„ Rey de Caftella fe naõ quizeffe valer
„ do noffo poder dividido; porque a
„ querer quebrar as pazes com o pretex-
„ to, de que fe ajuftaraõ na fua minori-
„ dade, entaõ feria força largar Ceuta
„ com vergonha, e pôr nas mãos da for-
„ tuna a huma Monarquia triunfante.

Hiaõ a crefcer eftes difcurfos, de
que os Confelheiros coftumaõ fer abundantes, talvez por lifonja à madureza de
feus annos; mas ElRey, que já pezara
aquellas difficuldades em mais fiel balan-
ça, deu por acabado o Confelho, con-
cluindo: „ Que elle naõ viera em peffoa *Ultima refoluçaõ del-*
„ a Africa com feus filhos fó para banhar *Rey.*
„ fuas armas em fangue barbaro, nem
„ para enfinar aos Mouros a reedifica-
„ rem mais forte Cidade; pois iffo nem
„ pe-

„ pedia tanto empenho, nem tantas deſ-
„ pezas : viera exterminar o Alcoraõ, e
„ extender os dominios do Evangelho;
„ e como conſeguiria taõ ſantos inten-
„ tos, ſe agora embainhaſſe a eſpada ?
„ Que as emprezas do Ceo naõ ſe diri-
„ giaõ pela politica da terra; e que diſto
„ tinhaõ ſeus Conſelheiros a olhos viſtos
„ hum forte exemplo, ſe reflectiſſem em
„ ſeus votos ſohre a preſente Conquiſta,
„ e na felicidade, com que ſe conſeguira,
„ a pezar de ſeus juizos: e que aſſim co-
„ mo Deos lhe abençoara a victoria, lhe
„ abençoaria a conſervaçaõ ; pois era
„ unico inveſtigador do coraçaõ dos
„ mortaes. Em ſumma, que a Praça ha-
„ via conſervarſe, que aſſim o pedia a
„ honra daquelle Senhor, que já nella
„ ſe adorava ; e que para iſto naõ poria
„ outros baluartes, ſenaõ as Meſquitas,
„ que todas converteria em Igrejas, de-
„ ſejando agora ter hum poder fraco, pa-
„ ra que ſe viſſem no empenho da con-
„ ſervaçaõ por modo mais viſivel as for-
„ ças do Ceo.

Fallou ElRey, e emmudeceraõ os
diſ-

difcurfos, ou já convencidos das razões,
ou affombrados da Mageftade. Paffou-
fe logo a confultar a peffoa, que tiveffe
forças proporcionadas para o pezo daquelle Governo; e dado, que houvef-
fe muitos, que tinhão envelhecido em
guerras, e no eftudo da Milicia, lemos,
que o Infante D. Henrique apontara a
feu Pay, ou o Condeftavel, ou Gonçalo Vafques Coutinho. Foy feguido o
voto; mas os providos naõ aceitaraõ a
eleiçaõ: hum fe defculpou com feus annos, que os achaques quafi faziaõ decre-
pitos, outro com a refoluçaõ, que tomara, de fervir em melhor milicia, recolhendo-fe ao Convento, que havia fundado em Lisboa. Tanto defagradou a
ElRey a defculpa de Gonçalo Vafques,
que fem confultar outro, mandou chamar a Martim Affonfo de Mello, e na
prefença de todos lhe entregou o Governo da Praça com exprefsões taõ honrofas, que nellas já lhe adiantava o melhor premio aos ferviços futuros. Agradeceo Martim Affonfo a mercê do pofto, e beijando fegunda vez a maõ. a El-
Rey

*Confulta fobre a pef-*
*foa, que havia de go-*
*vernar a Praça.*

*Entrega o Governo*
*della a Martim Affon-*
*fo de Mello.*

Rey pela do publico elogio, pedio com modeftia, e prudencia tempo para fe refolver em materia, que trazia comfigo a honra de hum Reino. A concef-faõ da efpera fervio ao Eleito de fe ef-cufar do Governo.

*Recufa-o Martim Affonfo, e ElRey caf-tiga aos authores da efcufa.*

Sentio-o ElRey vivamente, ou porque já era o terceiro, que recufava, ou porque em feu juizo ninguem empa-relhava com Martim Affonfo no valor, e na fciencia da guerra. Mas veyo a ce-der a fuas razões; pôde fer, que por juftas, ou pelas perceber affectadas: por qualquer deftes principios naõ quiz conftrangello, para naõ ficar em obri-gaçaõ, por coufa que elle fó dava por mercê. Porém fabendo, que os autho-res da excufa foraõ dous Criados do pro-vîdo, temendo ficar em Ceuta no fervi-ço do Amo, mandou, que ambos en-traffem no numero do prefidio; caftigo leve para huns homens, que foraõ inf-trumento, de que hum Fidalgo taõ il-luftre por armas defceffe entaõ daquelle ponto de gloria, a que o elevaraõ feus feitos.

Sou-

Soube do que paſſava, o Conde D. Pedro de Menezes, e foy offerecerſe a ElRey. O modo corre com variedade nas Hiſtorias; humas dizem, que por meyo do Infante D. Duarte repreſentara a ElRey a ſua promptidaõ em aceitar o Governo; outras referem o offerecimento, dando-lhe mais valor com a generoſidade de hum lance, dizendo, que eſtando na preſença de muitos Capitães velhos, levantara a voz, e diſſera: *Que elle ſó, e ſem mais armas, que aquelle páo de Azambujeiro, que trazia na maõ, baſtava para defender de todo o poder de Mouros a nova Conquiſta.* De qualquer modo que foſſe, tudo he glorioſo para o heroico Conde; e quando ſe lhe negue a brioſa generoſidade das palavras, ſempre lhe fica a do offerecimento, igualado por elle, naõ menos que ao grande Scipiaõ em lance ſemelhante.

*Offerece-ſe para o Governo o Conde D. Pedro de Menezes.*

Agradeceo ElRey a acçaõ com aquellas expreſsões, que por exceſſivas, lembraõ poucas vezes aos Soberanos: e porque Ruy de Souſa, aquelle a quem já demos neſta Hiſtoria lugar diſtincto,

*E Ruy de Souſa para ficar na Praça com quarenta homens.*

N                    ſe

fe lhe offereceo com quarenta homens,
que à fua cufta trouxera do Reino, para ficar na Praça, goftou ElRey de tornar a fer liberal em agradecimentos, e
mercês. A efte deu a defenfa da mefma
Porta, que delle [como já efcrevemos]
tomara o nome, e prometteo-lhe todo
o adiantamento, fegurando-lhe, que os
feus ferviços nunca fe queixariaõ das
femrazões da juftiça. Ao Conde nomeou Governador, e Capitaõ da Cidade, e naõ quiz, que lhe preftaffe home-
nagem, moftrando a todos nefta fingular honra, que lhe fobrava para fegurança da fidelidade o fer Menezes.

*Ficaõ de prefidio na Praça dous mil e fete-centos homens.* Nomeado o Governador, feparou
ElRey para prefidio trezentos homens
dos feus, à ordem do feu Monteiro mór
Lopo Vaz de Caftellobranco, e mandou a feus filhos, que igualmente dos
feus fizeffem a feparaçaõ, que lhes pa-
receffe conveniente. Efcolheo o Infante Dom Henrique outros trezentos, a
cargo de Joaõ Pereira, *o Agoftim,* e lhe
encommendou a torre de Santa Maria
de Africa. Poupemos a penna no elogio
def-

deſte ſoldado, dizendo, que com eſta eleiçaõ bem celebrados ficaõ aqui ſeus grandes ſerviços. Entre todos ſommava o preſidio dous mil e ſetecentos homens. De muitos vivem ſeus nomes, e memoria nas eſcrituras daquella idade, de outros ſó vive a fama, glorioſa, mas inutil a ſeus deſcendentes na ignorancia dos appellidos. Faltava nomear Prelado para a Cidade; e ſendo natural haver repetidas eſcuſas na aceitaçaõ de taõ pezado officio, aceitou·o logo Fr. Aymaro, Confeſſor, que fora da Rainha D. Filippa, e Biſpo Titular de Marrocos; porque havia nelle, ſobre hum̃ zelo Apoſtolico, deſejo ardente de exercitar ſuas virtudes no trabalho da nova vinha.

*E para Prelado da Cidade Fr. Aymaro, Biſpo Titular de Marrocos.*

Diſpoſto aſſim tudo, e animado o Governador à conſtancia, os ſoldados à obediencia, determinou ElRey voltar para o Reino. Entrava Setembro, tempo amoroſo naquelles mares, e a 2 do dito mez, doze dias depois da victoria, dcſaferrou a Armada, e às vozes de inſtrumentos bellicos vinha como repetindo às ondas ſeu grande triunfo. Com os

*Volta ElRey para o Reino, e dá fundo em Tavira.*

N ii      olhos

olhos na Patria remava-fe com mais ancia, e os ventos favoraveis lifonjeavaõ
o defejo. Deu fundo em Tavira, e alli
mandou ElRey para Lisboa todos os
Navios. Os foldados Eftrangeiros, que
ambiciofos de gloria vieraõ offerecerfe
para a empreza, tambem daqui voltaraõ
· para fuas terras, cheyos de fama, que
lhes dera feu valor, e de riquezas, que
acharaõ na agradecida generofidade do
Principe, a quem ferviraõ.

*Preméa ElRey a*
*feus filhos os ferviços,*
*que haviaõ feito na*
*Conquifta de Ceuta.*
Conhecia-fe ElRey muito indivi-
dado, olhando para os ferviços de feus
filhos, e toda a demora no reconhecimento fazia grande pezo em fua gratidaõ. Chamou logo a todos, e depois
de lhes accrefcentar nos louvores repetidos o primeiro premio, fez folemne-
mente Duque de Coimbra ao Infante D.
Pedro, de Vifeu ao Infante D. Henrique, accrefcentando a efte: *E porque*
*vós na Empreza tiveftes mayor trabalho,*
*que os outros, e para ella concorreftes com*
*mais groffas defpezas, tambem vos ƒfaço Se-*
*nhor da Covilhã.* O Infante D. Duarte
naõ tinha cabimento neftas mercês; porque

que a Natureza, fazendo-o Primogenito, fe adiantara a premiallo com a herança do Reino. Paffou de huns filhos a
outros, dos do fangue aos do amor; e
querendo remunerar os Fidalgos à me- *E aos Fidalgos com*
dida de feus defejos, a todos diffe, que *generofa liberalidade*
lhe fizeffem feus requerimentos, apon- *lhes ordenou, que re-*
tando o que queriaõ; e que fe a coufa *quereffem.*
naõ obftaffe à razaõ, já fe podiaõ fuppor
de poffe, do que lhe pediffem. O defpacho foy taõ generofo, como politico;
porque medindo-fe pelo defejo dos pretendentes, nunca fe poderia accufar a
Mageftade ou de avarenta, oũ de ingrata.

Refoluto ElRey a fazer por terra a *Chega ElRey por*
jornada, mandou também para Lisboa *terra à Cidade de Evo-*
as Galés, e mais embarcações, com a *ra, e nella o recebe o*
gente que traziaõ. Acompanhado de *Senado com grande pra-*
feus Filhos, e Criados da fua Cafa, par- *zer.*
tio para Evora, onde o efperava numerofo concurfo de Nobreza, e Povo, ardendo em defejo de ver hum Rey taõ
formidavel na guerra, que para lhes trazer Conquifta taõ famofa, quafi naõ fez
mais, que partir, e voltar. Com o corpo

po do Senado fahiraõ-lhe às portas da
Cidade córos ordenados de ambos os fe-
xos, e de todas as idades, entoando-lhe

*Applaude-ſe com feſ-
tas, e luminarias a ſua
chegada, e a dos Infan-
tes.*

o triunfo com cantigas, que enſinava o
prazer, e ſingeleza daquelles tempos.
Houve por dias feſtas, e luminarias, eſ-
pectaculos, que ſerviaõ à victoria, ou à
ocioſidade do povo, exprimindo todos
pela medida de ſuas poſſes a grandeza de
ſeu contentamento. Os Infantes [ eſpecialmente o que he Objecto deſta Hiſ-
toria] levavaõ grande parte dos louvores
publicos; queriaõ elogiar o Pay, e toma-
vaõ por aſſumpto os Filhos. Mas já he
tempo, de que com o fim dos feitos do
Infante D. Henrique, obrados na famoſa
Conquiſta de Ceuta, ponhamos termo a
eſte Livro; e para aviſo aos que negoceaõ com a gloria humana, demos neſte
Principe hum claro exemplo da inconſ-
tancia da fortuna, moſtrando-a com elle,
ora indignada, ora riſonha. Mas ainda
aſſim, ſempre à luz da verdade appare-
cerá luminoſa a ſua fama, naõ podendo as deſgraças eſcurecer ſeu valor.

## VIDA

# VIDA
## DO INFANTE
# D. HENRIQUE.

## LIVRO II.

REPOSTAS as armas, *Applica-ſe o Infante* como os eſpiritos do *D. Henrique ao eſtudo* Infante Dom Henri- *da Mathematica.* que naturalmente o levavaõ àquelle alto ponto de gloria, que o faria na poſteridade o exemplar de hum Principe perfeito, elles o apartaraõ da- quelles paſſatempos, que lhe aconſelha- ria

ria o verdor dos annos, e o ocio da paz.
Propozeraõ-lhe nova Conquiſta, mais
glorioſa, porque ſervia a enriquecerlhe
o entendimento, inſpirando-lhe o amor
aos eſtudos proprios de quem ſe formava para Heróe. Como o nobre appeti-
te de huma gloria ſolida ſe conſpirava
com o ſeu genio, deu-ſe a muitas ſcien-
cias com tanta applicaçaõ, como ſe por
ellas quizeſſe merecer fortuna; mas as
Mathematicas foraõ as que lhe deveraõ
mais ſevero eſtudo. Lia, meditava, converſava com os ſabios, e eſtes foraõ ſeus
principaes exercicios pelo longo eſpaço
de dezoito annos, até que ſeu grande
Pay foy triunfar por ſuas virtudes em
mais alto Imperio. Mas na força deſtas
eſtudioſas applicações vio-ſe obrigado a
veſtir as armas, tornando a chamar Ceuta pelo ſeu valor.

*Aviſa o Conde D.*
*Pedro, de que os Mou-*
*ros tornavaõ a cercar a*
*Praça, e partem a ſoc-*
*corrella os Infantes D.*
*Henrique, e D. Joaõ.*

O famoſo Conde D. Pedro de Menezes, que com milagres de esforço ſe-
gurara aquella Praça na obediencia do
ſeu Principe, vendo-a em fim cercada de
huma innumeravel multidaõ de Barbaros, vio-ſe preciſado a aviſar a ElRey
de

de feu grande aperto. Chegou o avifo, e logo fe preparou o foccorro, receben-do o Infante D. Henrique ordem de feu Pay, para ir defaffombrar a Ceuta de hum apertado fitio, e que levaffe em fua companhia a feu Irmaõ D. Joaõ, que ambiciofo de gloria, invejava defde me-nino o que lhe contavaõ de feus Irmãos na famofa Conquifta. Embarcaraõ os Infantes com o foccorro neceffario, e chegando ao Cabo de S. Vicente, logo a Providencia lhes quiz moftrar, que hia em feu feguimento. Encontraraõ huma grande embarcaçaõ carregada de trigo, e de Mouros; tomaraõ-na, e crefceo o foccorro no novo cafco, e na abundan-cia do provimento.

O Conde Governador vendo-fe a cada inftante mais apertado, e duvidan-do, fe o avifo chegara a ElRey, refolveo-fe a expedir outro por Affonfo Garcia de Queirós, mandando-o em huma Fuf-ta. Partio o menfageiro; mas ao defem-bocar o Eftreito, logo deu vifta de ban-deiras Portuguezas, que naõ podiaõ en-trar nelle, porque os tempos corriaõ

*Encontraõ-fe no Ef- treito com Affonfo Gar- cia de Queirós, que vi- nha com fegundo avifo.*

O                    con-

contrarios. Conheceo, que era a Efquadra, e abordando a ella, referio ao Infante D. Henrique o perigofo eftado,
em que eftava a Praça, pela nunca vifta
multidaõ de Inimigos, mandados por
ElRey de Granada, querendo à força
de gente abafarnos o valor. Fez o Infante confelho, e affentou-fe na fórma
do defembarque, convindo todos, que
naõ foffe de noite; porque em qualquer
dos portos feria o rifco evidente.

*Paffaõ por Tarifa, ve-os ElRey de Grana-da, e com fogos avifa aos fitiadores.*

Os ventos contrarios fizeraõ, com
que a Efquadra paffaffe à vifta de Tarifa, e vendo-a de Gibraltar ElRey de
Granada, onde eftava já prompto a embarcar para Ceuta, empenhando no cerco della, com a peffoa, as forças de feu
Reino, fentio muito o foccorro, e logo temeo, que com elle fe embarcaffe
tambem aquella felicidade, à qual naõ
podia refiftir todo o poder Africano.
Mandou accender muitos fogos, para
affim avifar da novidade aos fitiadores;
mas eftes interpretando o final como
indicio da fua vinda, dobraraõ o valor,
lifonjeados com a certeza da victoria.

Re-

Repetiaõ-fe por todas as partes os mefmos finaes, e entaõ entraraõ em duvida, do que quereriaõ fignificar. Mandaraõ, que do Caftello de *Almina*, donde
fe defcobria o Eftreito, fe obfervaffe, fe
nelle havia algum Navio. O Explorador
vio alguns; contou até doze, e já entaõ
allucinado do medo accrefcentava mayor numero. Correo aos feus com a noticia, de que todo o Eftreito eftava cuberto de vélas, e que elle entendia, que
para tanto poder feria Africa inteira leve
Conquifta. Affombraraõ-fe os Mouros
com a repofta, e o defacordo naõ lhes
propoz outro arbitrio, fenaõ a retirada.
Executaraõ-no, fugindo, como quem
fentia já fobre as cabeças o pezo de hum
caftigo igual a feus infultos. Os noffos
fem faberem da caufa, vendo-os fugir,
foraõ-lhe no alcance, e fizeraõ nelles
mortandade horrorofa.

*Avifaõ os Mouros as noffas vélas: fogem largando o cerco.*

Defembarcou o Infante, e foy recebido em triunfo por victoria, que elle
naõ fabia. Informado do fuccedido, quizera feu valor fentir a occafiaõ perdida;
mas impedio-lho o amor a feus foldados,

*Defembarca o In-fante, e o informaõ do fuccedido.*

O ii
e

e o zelo pelos intereſſes da 'ſua Patria; querendo, que a gloria cedeſſe à utili-dade. Com alegria ſe applaudio o ſuc-ceſſo, que a liſonja attribuía ao nome do Infante, já temido daquelles Barbaros ; mas elle vendo os campos ſemeados de innumeraveis cadaveres, e a Praça cheya de novecentos oitenta e ſeis pri-zioneiros, fez extremos de honras, e de applauſos a taõ illuſtres defenſores. E paſſando das palavras às obras, mandou, que aſſim do deſpojo, como dos prizio-neiros, cada hum ficaſſe com o que ha-via tomado; o que o Conde Governa-dor com mais economia queria repartir igualmente por todos, para que a inve-ja naõ tiveſſe lugar em huns, nem a ſo-berba em outros.

*Determina tomar Gibraltar, e naõ ap-prova o Ceo eſta em-preza.*   Tres mezes ſe demoraraõ os Infan-tes em Ceuta, eſperando, que os Mou-ros tentaſſem recuperar ſua fama ; até que vendo-os inſenſiveis, determinaraõ voltar para o Reino. Naõ ſoffria o ani-mo intrepido do Infante D. Henrique conſiderar, que havia apparecer na pre-ſença de ſeu Pay ſem algum feito glo-rioſo;

riofo ; e revolvendo no penfamento
idéas de Conquiftas, determinou tomar
Gibraltar. Propoz o intento em Confelho; naõ teve votos: ainda affim, aconfelhado fó de feus ardentes efpiritos,
mandou pôr as proas naquella Praça. O
Ceo naõ approvou a empreza, e em final levantou huma tormenta taõ rija,
que a Efquadra foy dar ao Cabo de Ga-
ta, onde efteve quinze dias, e quando
pode tornar para Ceuta, já lá os Infantes
acharaõ Carta de feu Pay, mandando-
lhes, que voltaffem para o Reino. Obe- *Recolhe-fe para o*
deceraõ logo, e com huma viagem taõ *Reino com perda de*
infeliz, que fe perdeo hum Navio, e mui-
ta gente, fundindo-fe os bateis, em que
hiaõ a falvarfe da tormenta, demandan-
do terra inimiga, onde podeffem acabar
com morte mais gloriofa.

Recolhido ao Reino, tornou o Infante D. Henrique a continuar o amado
exercicio de feus eftudos, achando fó
nelles o divertimento, porque fó nelles
encontrava a utilidade. Mas como as
emprezas bellicofas eraõ a paixaõ, que
mais o dominavaõ, naõ tardou muito

a

a depor os livros para empunhar de novo a eſpada.    Subira ao Throno ſeu Irmaõ o Infante D. Duarte, e vendo-ſe eſte
todos os dias importunado do Infante
D. Fernando, que lhe pedia licença para ſahir do Reino, a ganhar aquelle nome, de que ſeus Irmãos gozavaõ na Patria, conſultou com o Infante D. Henrique o modo de diſſuadir o ardente
Mancebo.    Como a antiga inclinaçaõ
deſte Infante ao exercicio da guerra era
nelle taõ dominante, approvou no alentado Principe o meſmo, que ſentia em
ſeu animo.    Perſuadio a ElRey, que
com a licença premiaſſe os brios de ſeu
Irmaõ; pois naõ era juſto, que a eſte,
por vir mais tarde, ſe negaſſe huma mercê, que em outro tempo pediraõ ſeus Irmãos com tantas inſtancias.    Propoz-lhe
a tomada da Praça de Tangere, e como
a Conquiſta era taõ glorioſa, e util, logo
alli lhe pedio licença para acompanhar
a ſeu Irmaõ, querendo, que a Patria
tambem o contaſſe por inſtrumento de
ſeus novos dominios.    Agradeceo ElRey
o deſejo, mas naõ approvou o conſelho,

*Pede o Infante D. Fernando licença a El-Rey D. Duarte para ſahir do Reino a militar.*

*Perſuade o Infante D. Henrique a ElRey, que lhe conceda a licença.*

*Propoem-lhe a tomada de Tangere.*

lho, porque affim o pedia o eftado prefente do Reino. Inftaraõ os Infantes,
interpondo por valia a authoridade da
Rainha; e para mais facilitarem a licença, até chegaraõ a prometter fazer doaçaõ por fua morte de todos os feus bens
a feu Sobrinho o Infante D. Fernando.
Cedeo em fim ElRey, dando mais affen-
fo ao feu valor, que ao feu juizo.

Obftaraõ à determinaçaõ os Infantes D. Pedro, e D. Joaõ; fizeraõ com
elles corpo os votos mais maduros da
Corte, e vacilou ElRey, ouvindo as razões deftes zelofos Confelheiros. Mas
finalmente, a pezar de mil pareceres
contrarios, a licença dada prevaleceo,
e dizem, que efta confirmaçaõ tornara
a deverfe à Rainha, interceffora, que
tudo podia no amor de ElRey. Man-
dou-fe aliftar gente, até encher o numero de quatorze mil foldados, e logo aqui
começou a guerra nas vexações ao povo, arrancando-lhe com os filhos pezados tributos. Em fim defaferrou a Armada aos 22 de Agofto de 1437; e chegando os Infantes a Ceuta aos 27 do mef-

*Permitte-lhe ElRey a licença, e alifta-fe gente para a nova Conquifta.*

*Parte a Armada, e chegaõ os Infantes a Ceuta.*

mo

mo mez , fizeraõ revifta da gente ; e
acharaõ pouco mais de feis mil homens;
porque os Navios naõ eraõ os que baftavaõ para alojar o numero, que fe havia determinado. Tambem fugio huma
grande parte ; e daqui fe colherá , qual
fora a violencia defta Expediçaõ, fugindo della homens de huma Idade , em
que o naõ ir à guerra fe tinha por def-
honra.

    Fez ecco eftrondofo na marinha
Africana a vinda de huma gente , que
amava a guerra como hum novo comer-
cio; pois fempre fe recolhia alegre a fuas
terras com os lucros de defpojos, e dominios. Aconfelhados do temor os Mouros de Henamede , quizeraõ voluntaria-
mente comprar feu defcanço , offerecen-
do hùm tributo em final de fua vaffallagem à Coroa Portugueza. Aceitaraõ-no
os Infantes, e tiveraõ o fucceffo como
prefagio de futuras victorias. Por iffo
defprezados os confelhos de Capitães
experimentados nos perigos de Ceuta,
que aconfelharaõ fe mandaffe pedir mais
gente ao Reino , determinaraõ dar principio

*Offerecem tributo os
Mouros de Henamede
em final de vaffallagem.*

cipio à Acçaõ, julgando a falta como circunſtancia, que no juizo do Mundo daria mayor valor à Conquiſta.

Mandou logo o Infante D. Henrique a Joaõ Pereira, homem habil para emprezas arriſcadas, que com mil foldados foſſe tentar, ſe para ſubir a Alcacer, ſe poderia vencer a aſpereza do caminho, e inveſtir por aquella parte a Tangere. Obedeceo o Explorador; montou a fragoſa ſubida de *Ximera*, e logo a fortuna junto da porta de *Almeria* lhe offereceo hum encontro, em que podeſſe eſtrear as armas, e voltar com mais provas, naõ menos de ouſado, que de valente. Veyo recebello hum exercito de Mouros, apoſtados a caſtigar tanto atrevimento: accendeo-ſe de ambas as partes hum furiofo combate, e os Inimigos pelejavaõ com tanto brio, que chegaraõ a igualarnos no valor. Creſcia a reſiſtencia, naõ enfraquecia com o tempo; antes animando a hum partido a obſtinaçaõ do outro, corria já o ſangue pela terra, e ninguem fraqueava. Cabio morto hum dos noſſos; vio-o

Joaõ

*Manda o Infante D. Henrique a Joaõ Pereira explorar a parte por onde ſe poderia inveſtir Tangere.*

*Encontro, que teve com os Mouros: obriga-os a fugir, e mata ao ſeu principal Capitaõ.*

Joaõ Pereira, e arremeſſou-ſe aos Mouros com hum impeto taõ eſtranho, que
os fez retirar. Naõ fugiraõ todos; porque muitos ficaraõ no campo teſtemu-
nhando com a morte a juſta razaõ para
a fugida dos outros. Entre os mortos
contavaõ os Inimigos com laſtima ao
ſeu principal Capitaõ, a quem Joaõ Pereira de hum revéz levou a cabeça.

*Publica-ſe , que os
noſſos ficaraõ deſtrui-
dos , e parte o Infante
a ſoccorrellos.*

A fama, que nos ſucceſſos da guerra tarda em fallar verdade, publicou a
noticia, de que ficaramos deſtruidos.
Ouvio-a o Infante D. Henrique, e partio logo a ſoccorrer os ſeus na vingança
da affronta; porém ao chegar, os cadaveres, deſmentindo a fama, lhe teſtifica-
raõ a victoria; e o quanto eſta fora glorioſa, lhe moſtrou aos olhos hum ſó
Portuguez morto. Com eſta occaſiaõ
vio, que era impraticavel a paſſagem
por aquella parte, obſtando naõ ſó a aſpereza do fragoſo caminho, mas a multidaõ de Mouros, que o defendiaõ. Aſſentou em marchar por Tetuaõ; e como o Infante D. Fernando o naõ podia
acompanhar, por eſtar de huma perna
gra-

gravemente enfermo, foy embarcado
efperallo nas prayas de Tangere.

Prompto o exercito à marcha, *Marcha o exercito para Tetuaõ.*
mandou o Infante adiante a Ruy de
Soufa com trezentos cavallos para defcobrir campo. Com tres dias de jornada defcançaraõ junto a Tetuaõ, cujos
habitadores poucos, e pobres ficaraõ entaõ temendo fua ultima ruina; mas a
mefma fraqueza de fuas forças lhes fal-
vou as vidas. Chegaraõ em fim em 14 *Chegaõ a Tangere.*
de Setembro a Tangere, cançados de
deixar affolladas muitas Villas, e Lugares, fem que as mortes de naõ poucos
Mouros nos cuftaffem huma fó vida. Já
os efperava o Infante D. Fernando, e
aquartelando-fe todos, defcançaraõ da
prolixa marcha. Ainda bem naõ tinhaõ *Aftucia com que os Mouros quizeraõ enga-nar aos noffos.*
encoftado as armas, quando correo voz
vaga, derramada pela aftucia dos Mouros, de que a Cidade toda eftava aberta,
defamparando-a defordenadamente feus
foldados, e habitadores; piedofos com
fuas vidas, que tinhaõ por certo perder
às mãos de Portuguezes. O fuceffo do
Caftello de Ceuta fez crer ao Infante D.

P ii                    Hen-

Henrique a noticia ; marchou logo às
portas, acompanhado dos que lhe pareceraõ precifos, e vendo-as fechadas, conheceo, mas naõ fentio, o engano, efperando, que vieffe a cuftar bem caro
aos mefmos, que o urdiraõ.

*Invefte o Infante D.*
*Henrique as portas da*
*Cidade.*
Inveftio com as portas, e quebrou
duas; mas a terceira, fendo forrada de
groffas pranchas de ferro, refiftio à violencia dos golpes, e ainda do fogo. Naõ
defiftiriaõ os esforçados combatentes, a
naõ fobrevir a noite; porque para caftigar aquelles Barbaros, já o engano era
leve motivo, accendendo a ira do Infante caufa mais fenfivel, qual eraõ as mortes de alguns foldados de efperanças, e
huma grave ferida, que recebera feu Sobrinho D. Fernando, Conde de Arrayolos, que no exercito fuftentava com o
valor dos do feu fangue a Dignidade de
Condeftavel. Como na guerra os agou-
ros naõ faõ defprezados, tomaraõ-fe eftas
mortes por infaufto prefagio: appareceò
logo outra circunftancia, que foy, quebrar o vento a afte da bandeira do Infante D. Henrique nas mãos de feu Alferes:

ogo às
e pare.
as, co-
no, ef.
m caro

quebrou
rada de
o à vio-
o. Naõ
ntes, a
ra cafti-
no era
o Infan-
as mor-
ncas, e
feu So-
Arrayo-
com o
dade de
os agou-
-fe eftas
pareceo
y, que-
o Infan-
u Alfe-
res:

res : tomou corpo a crença , e teve-fe
por certa a defgraça da empreza. Se os
agoureiros naõ fiaffem tanto de feu va-
lor , finaes mais funeftos eraõ fete mil *Era guarnecida d*
homens de armas, que guarneciaõ a Tan- *fete mil homens.*
gere , milicia veterana , e toda à ordem
de Zalá Benzalá , que agora apoftava lavar em fangue Portuguez a feya mancha
de fua fraqueza em Ceuta.

A pouca felicidade defta acçaõ ex- *Da-fe affalto à Pra*
citou ao Infante D. Henrique a dar à *ça ; mas com pouco fe*
Praça hum formal affalto. Diftribuidos *liz fucceffo.*
os poftos, tocou ao Infante D. Fernan-
do a porta de Féz , e D. Henrique tomou para fi o mayor perigo, efcolhendo
combater o Caftello, que fuppunha defendido da melhor fubftancia das forças
inimigas. Deraõ final as trombetas, e entrou-fe à Acçaõ. Logo aqui o Ceo moftrou , que naõ militava por noffas ban-
deiras : hiamos a inveftir as portas, e já
as achavamos fechadas de huma groffa
parede de grandes pedras; arrimava-mos
efcadas, e achavaõ-fe curtas ; erro indef-
cu!pavel, nafcido da foberba confiança
em noffo valor. Com effeito moftraraõ
naõ

naõ fer mal fundada fua confiança, pelejando com esforço taõ novo, que vendo-fe precifados a retirarfe , o fizeraõ
com aquella mefma honra, com que en-
trariaõ triunfantes na Praça. Como, pelo que deixamos efcrito, já fe ha de ter
conhecido, qual era o coftume do Infante D. Henrique em apertos femelhantes, temos por inutil referir aqui a conftancia de feu animo, e os prodigios de
fua efpada.

*Efcaramuças entre os noſſos, e os Barbaros.*

Expedio logo hum avifo a Ceuta ,
para que lhe mandaſſem efcadas mais altas : entretanto accenderaõ-fe de ambas
as partes diverfas efcaramuças , em que
com hum furor cego fe provavaõ as lanças. No principio ajudou-nos a forte ;
porque os Mouros, vendo logo de feus
companheiros muitos mortos , e muitos
mais mortalmente feridos , eftavaõ em
ponto de dar coftas, como era feu coftume, quafi fempre que nos difputavaõ o

*Fidalgos, que nellas morreraõ.*

valor. Porém concorreo em feu auxilio
huma multidaõ incrivel, e lograraõ depois conhecida vantagem , fendo a principal matarem-nos a feis foldados, taes
co-

como Joaõ de Caſtro , Fernaõ Vaz da Cunha , Gomes Noġueira , Fernaõ de Souſa , Martim Lopes de Azevedo , e Joaõ Rodrigues Coutinho , homens todos de valor taõ conhecido, que ao parecer, naõ ſeria temeridade fiar ſó delles aquella Conquiſta , ſe para ella ſó baſtaſſe o esforço.

Porém pouco durou aos Mouros a vaidade deſtas mortes, mandando o Infante D. Henrique a vingallas quatro ſoldados, capazes de lhe ſatisfazer todo o deſejo. Eraõ eſtes D. Alvaro de Caſtro , Alvaro Vaz de Almada, Gonçalo Rodrigues de Souſa, e Fernaõ Lopes de Azevedo. Partiraõ com ſetenta cavallos , e logo encontraraõ com o que buſcavaõ. Sahio-lhes ao encontro hum grande numero de Inimigos, e travado o combate, delles mataraõ a quarenta, ſem que da noſſa parte houveſſe morte , nem ainda conſideravel damno. Neſte genero de peleja ſe paſſaraõ alguns dias , ſem que podeſſemos ganhar algum poſto, que nos foſſe proveitoſo : ainda aſſim os Mouros temiaõ-nos, e ſendo muitos em numero, pa-

*Sahem a vingall quatro Fidalgos.*

para nos refiftirem, julgavaõ-fe poucos.

*Acodem a reforçar a Praça noventa mil Infantes, e dez mil Cavallos.*

Pediraõ, que lhe reforçaffem a Praça, e eifque apparecem inundados os campos, naõ menos, que de noventa mil Infantes, e dez mil Cavallos. Efcritores ha, que augmentaõ a tanto exceffo efte numero, que poem a rifco o credito da Hiftoria; como fe naõ baftaffem os cem mil homens do novo foccorro para fe opporem a quatro mil Portuguezes.

*Convida-os à batalha o Infante D. Henrique.*

Com eftes, dos quaes mil e quinhentos formavaõ a Cavallaria, fahio o Infante D. Henrique a convidallos a batalha, fem que o affuftaffe taõ notavel defigualdade: baftava fó efte lance de valor, para lhe efcurecer todas as infelicidades, que contra elle fe conjuraraõ nefta Acçaõ. Olhaõ os Mouros para as noffas forças, e naõ daõ paffo; efpera-os o Infante tres horas, e vendo, que ainda affim naõ fe movem, toma como defprezo daquelles Barbaros, o que nelles era medo, e invefte com os immenfos

*Fogem os Barbaros, e fechaõ-fe na Praça.*

efquadrões. Ha de fe ter por incrivel, efcrevermos, que todo aquelle immenfo volume de homens armados lhe voltara

as

as coſtas, e que ſó ſe deraõ por ſeguros, huns fechando-ſe na Praça, outros refugiando-ſe na aſpereza de hum monte; pois lea a noſſos antigos Eſcritores, quem duvidar de noſſa verdade, e verá como della ſaõ fiadoras aquellas pennas ſinceras.

Paſſados tres dias tornaraõ os fugidos a apparecer no campo; e como vinhaõ ainda com forças mais engroſſadas, promettiaõ à noſſa ſoberba hum pezado caſtigo; mas ſuccedeo o meſmo, que na primeira vez; appareceo o Infante, e fugiraõ: cuido, que ao olhar para elle, ſe lembravaõ de Ceuta, e naõ ſe achavaõ com animo de reſiſtir a quem deixara em Africa horroroſa memoria. Terceira vez deſceraõ do monte, já envergonhados de tanta fraqueza; e para que eſta naõ tornaſſe a affrontarlhes o nome de ſoldados, ſeguraraõ-ſe bem, trazendo tanta gente, que as Memorias, a que nos vamos encoſtando, já contaõ com eſpanto cento e trinta mil homens. Apreſentaõ-ſe, mas nem ainda hum poder, que parecia invencivel, pode fortale-

*Tornaõ a apparec no campo reforçad com cento e trinta m homens.*

Q

talecerlhes o coraçaõ; porque poſſuidos do medo, nem provocaõ aos noſſos,

*Acomette-os o Conde de Arrayolos, e lhes faz perder o poſto, em que ſe refugiavaõ.*

nem provocados os inveſtem. Irritado de tanta inacçaõ o Conde de Arrayolos, acometteo-os com tal fortuna, que os obrigou a deixarlhe o monte. Com a perda deſte poſto importante, entaõ he que os Mouros conheceraõ bem ſua fraqueza, e empenharaõ-ſe em recuperar o perdido.

*Retira-ſe o Infante D. Fernando, deixando o campo aos Mouros.*

Inveſtiraõ com animo taõ intrepido, como ſe nelle nunca entrara o medo: ateou-ſe hum fogo de peleja, que a cada inſtante hia lavrando mais em ſeus eſpiritos, dando forças ao incendio a multidaõ infinita. Naõ lhe pôde reſiſtir o Infante D. Fernando, que era quem entaõ mandava, e teve por prudencia o retirarſe, deixando o poſto a quem [ ſe olhara para ſuas forças deſmedidas] facilmente podera emprehender huma Acçaõ, que por huma vez deſaſſombraſſe a Tangere do medo de qualquer inſulto.

*Sahe a rechaçallos o Conde de Arrayollos, e os desbarata, e poem em fugida.*

Vio a reſoluçaõ o Conde de Arrayolos, e atalhou-a, acommettendo aquelles immenſos eſquadrões, já ſoberbos com a

noſ-

noſſa retirada. Aqui moſtrou taõ afor-
tunado valor , que para ſer tido por
hum milagre da guerra, baſtava o inveſtir aquelle alluviaõ, quanto mais desha-
ratallo , e reduzillo a deſordenada fugida. Aproveitando-ſe de occaſiaõ taõ favoravel, foy-os perſeguindo o alentado
Conde, querendo, ſohre a ſegurança do
poſto , ſegurar com mortes toda a grandeza deſta Acçaõ. Conſeguio-o , deixando ſemeado o monte de cento e ſetenta
Mouros, mortos com hum ſeu Capitaõ
de nome , ſem que tanta mortandade
nos cuſtaſſe, o que ſe pudera eſperar de
noſſo limitado poder : ſendo facil per-
dermos muitos, ſó nos morreraõ cinco.

Como os Barbaros eraõ taõ prom-
ptos em fugir, como em voltar, naõ tar- *em matar, e prizionar*
daraõ em apparecer, e ainda tinhaõ gen- *Inimigos.*
te, com que ſe fizeſſem mais numeroſos. *Proſeguem os noſſos*
Para naõ perderem ſeu coſtume, ſeguia-
ſe ao acometter o fugir : aſſim o fizeraõ;
porém de tantas fugidas, eſta foy, a que
compraraõ mais cara; porque os noſſos,
perſeguindo-os no alcance por eſpaço
de legoa e meya, com muitos mortos ,

Q ii　　　　　　　e

e prizioneiros ſe recolheraõ ricos de gloria, e de deſpojos. Aqui tornou a nova
victoria a cuſtarnos outros cinco ſoldados ; conſolámo-nos , porque de Inimigos mortos ainda eſta nos rendera mais ,
que a paſſada. Mas naõ era ſó por eſta
parte, que os Mouros nos enriqueciaõ
de fama ; tambem os da Cidade, a ſeu
pezar , concorriaõ para a noſſa gloria.
Sahiraõ a acommetternos com o melhor do
exercito ; tiveraõ na peleja mais valentia,
e conſtancia, ſendo menor o numero ;
mas naõ tiveraõ mais fortuna, indo re-
gando com o ſangue a terra, que pizavaõ em vergonhoſa fugida.

*Soccorrem a Praça os Reys de Féz , e Mar-rocos com cem mil ca-vallos, que com os ſolda-dos de pé faziaõ o nu-mero de oitocentos mil homens.*

Eraõ já principios de Outubro, e
reſolveo-ſe o Infante D. Henrique a dar
ſegundo aſſalto à Cidade. Podia deſani-
mallo ver, que das eſcadas, que mandara buſcar a Ceuta, ſó huma viera ; mas
julgou , que em lugar deſtas ſerviriaõ
huns engenhos de madeira , que trazia
nas Náos para o meſmo intento. Quando eſtes ſe conduziaõ, os noſſos prende-
raõ dous Mouros , que ſendo bem per-
guntados, diſſeraõ, que em ſoccorro da
Pra-

Praça já marchavaõ cem mil cavallos, mandados pelos Reys de Féz, Marrocos, e outros vifinhos; e que os foldados de pé eraõ tantos, que naõ lhes podiaõ dar facil paffagem aquelles vaftos Defertos. Pareceo a noticia a huns encarecimento de forças, a outros idéas da guerra; mas o dia feguinte teftemunhou a fingeleza dos prezos. As Memorias antigas nefte paffo, receando a crença, logo nos previnem com finceras proteftações, de que naõ faõ encarecidas. Affirmaõ-nos, que era taõ efpantofa a multidaõ do novo foccorro, que chegava a efgotar os rios, e de todo a encobrir a terra por muitas legoas. Quem lhe quer determinar o numero, naõ lhe dá menos de oitocentos mil homens.

Se baftaffe fó o valor, para igualar em partido o noffo limitado poder a efta inundaçaõ de Inimigos, tanto fiava dos feus o magnanimo Infante, que quafi podia lifonjearfe com a Conquifta de toda a Africa; mas cabendo a cada Portuguez quafi hum exercito de Mouros, bem via, que era forçofo darfe à multidaõ a victoria.

ria. Com tudo, como o darlha fem cufto, feria medo defcoberto, e infame
para humas armas gloriofas, que elle
commandava, com animo mais que hu-
mano difpoz-fe para o affalto. Mandou
à gente do mar, que fe recolheffe às
Náos, a de guerra ao feu acampamen-
to : entregou a guarda da artilharia a
Vafco Fernandes Coutinho, e Alvaro
Vaz de Almada, e elle com a Cavallaria plantou-fe em huma eminencia, onde animou a todos com huma falla, que
nós reduziremos a efta fubftancia.

*Difpoem-fe o Infan-*
*te para o affalto.*

*Anima os foldados.*

 ,, Filhos, e Companheiros; effes
,, Barbaros, que eftais vendo, faõ do
,, mefmo fangue daquelles, a quem vós,
,, ou voffos Pays mataraõ em Ceuta; e
,, porque haõ de fer elles mais valerofos,
,, fe intimidados ainda choraõ a extrema
,, fatalidade de fuas defgraças naquella
,, primeira Conquifta? He certo, que
,, faõ muitos; mas naõ faõ elles dos mef-
,, mos brios daquelles, que vós ha pouco
,, neffes famofos encontros desbarataftes,
,, e reduziftes a huma fugida, que vós
,, mefmos, olhando para o voffo limitado
        ,, po-

„ poder, naõ efperaveis do exceffo do
„ feu numero ? E porque chamaõ elles
„ tantos padrinhos ao defafio, fenaõ por
„ iffo mefmo, que temem voffos braços,
„ doendo-lhes ainda as frefcas feridas.
„ Elles fiaõ-fe na multidaõ, e nós em
„ Deos; aquelle Deos, que elles ul-
„ trajaõ com feus cultos abominaveis;
„ aquelle Deos, a quem fervimos, co-
„ mo foldados da fua milicia. Effa infi-
„ gnia de Cavalleiros, que trazeis ao
„ peito, eftá-vos lembrando o juramen-
„ to, que déftes: por elle deveis comba-
„ ter com os inimigos do nome Chriftaõ,
„ até teftemunhar com a morte a verda-
„ de de voffo zelo. Animo, que a victo-
„ ria em vós he certa: ou vencedores, ou
„ vencidos, fempre triunfais para Deos;
„ fe vencerdes, honrareis feu nome com
„ o triunfo, fe naõ, defempenhareis vof-
„ fa obrigaçaõ com o fangue. Se efperais
„ por meu exemplo, para eftimulo de
„ voffos efpiritos, fazey o que me virdes
„ obrar, e ponde embora na minha maõ
„ todo o credito de voffo nome, que [ fe
„ o Ceo he comigo ] eu vo lo entregarey
„ com

„ com avanços. Vamos; efperemos em
„ Deos, como fe em nós naõ houvera
„ valor, e confiemos em noffas armas,
„ como fe naõ houvera Providencia.

*Affaltaõ os noffos a Praça. Sahem os Mouros a acometternos ao campo, e nos fazem retroceder.* Invocado o todo Poderofo, entrou-fe ao affalto. Com mais temerida-
de, que valor fe arrimou à muralha huma unica efcada, que tinhamos. Subi-
raõ muitos foldados com animo taõ intrepido, como fe a Praça eftiveffe deferta; mas foraõ infelices, porque logo
queimou a efcada o muito fogo, que os
Inimigos arrojavaõ, de que foy confequencia perderem as vidas, os que por
ella fubiaõ. Os Mouros foberbos já com
a certeza da victoria, naõ a quizeraõ demorar, e fahiraõ a acometternos ao campo: oppozemo-nos com animo imper-
turbavel; mas como elles tinhaõ para op-
primir dobrados esforços, à maneira de
rio defpenhado, que leva na corrente
tudo o que encontra, fizeraõ-nos retroceder, e deixarlhes com a artilharia os
mais petrechos, que ainda eftavaõ na
praya.

Intentou o Infante já arrependido
tor-

tornar a inveſtir, querendo, que lhe ti-
raſſem a vida as meſmas mãos, que lhe
tiravaõ a victoria. Oppozeraõ-ſe os Cabos principaes, propondo-lhe: „ Que já
„ ſeu valor paſſava a temeridade culpa-
„ vel, ſacrificando ſeus ſoldados a huma
„ morte certa. Que ſe até alli fora gran-
„ de em ſeus triunfos, ſoubeſſe agora ſer
„ mayor em ſua deſgraça, trocando o va-
„ lor em prudencia. Que o Ceo por ſeus
„ altos fins naõ o queria agora vencedor,
„ talvez reſervando-o para mayores fac-
„ ções ; e que ſempre era ſerviço, [ e
„ grande ] que lhe fazia, abater as ar-
„ mas, adorando as ſuas impenetraveis
„ diſpoſições.

Rendeo-ſe o Infante à prudencia
do conſelho, e eſtava já para retirarſe
da empreza, quando de repente ſe vio
aſſaltado de hum numeroſo eſquadraõ
de Mouros, que pretendiaõ com a vida
delle fazer precioſa a victoria. Accen-
deo-o em ira tanto atrevimento, e lançando-ſe a elles, pelejou com valor taõ
novo, que os foy levando em deſcon-
certo até às portas da Cidade. Tambem

R                    ao

ao voltar naõ veyo com a efpada ociofa; porque fe encontrou com outro tropel de Mouros, e mais avultado em numero. Alli lhe mataraõ o cavallo, e alli entenderaõ os Barbaros, que defafron-
tavaõ fua fraqueza, rendendo-fe ao poder de fuas lanças o defamparado Principe; mas elle criando novos efpiritos da
nova defigualdade de feu partido, naõ
fe contentava com defenderfe : paſſava
a provocallos, naõ defcarregando golpe, que naõ lhe correfpondeſſe com fan-

*Soccorre-o hum fol-* gue. Soccorreo-o com hum cavallo hum
*dado com hum cavallo.* Pagem do Infante feu Irmaõ, e monta-
do nelle, obrou coufas, que ainda hoje
confirmadas por tantas pennas, parecem
incriveis. Aſſim fe falvou, humas vezes
ferindo, outras matando, fem que em
taõ vifto perigo recebeſſe a mais leve ferida; mas nefte cafo defefperado já o
milagre fe naõ dava ao valor, attribuía-
fe à Providencia. Parecia impoſſivel,
que as forças naturaes já cançadas com
tantos encontros, e foccorridas de poucos Companheiros, podeſſem falvarlhe
a vida, onde a deixaraõ vinte e quatro
dos

da ocio-
tro tro-
em nu-
o, e al-
esafron-
: ao po-
o Princi-
iritos da
lo, naõ
passava
ido col-
om lan-
lo hum
: monta-
ida hoje
tarecem
s vezes
que em
leve fe-
lo já o
ttribuia-
ollirel,
las com
de pou-
alrazlhe
quatro
dos

dos que o seguiaõ. Deftes naõ nos ef-
queça honrar a memoria de Fernando *Ferrando Alvar* *Cabral morto nesta a-* *ção.*
Alvares Cabral, Guarda mór do Infan-
te, que fe diftinguio como hum Heróe,
defendendo-fe com braço, que igualava
ao do feu Principe, até acabar com huma morte, que naõ feria mais gloriofa
huma vida triunfante.

Recolheo-fe o Infante à fua tenda; *Acommettem nova-* *mente os Inimigos* *Infante.*
mas eifque improvifamente o affaltaõ os
Inimigos; já fe vê, que em numero mais
formidavel, enfinando-os a experiencia
dos paffados encontros. Nós já vamos
com medo efcrevendo femelhantes acções, receando, que ellas por fingulares
naõ achem facil crença no juizo do leitor. Mas continuemos em fervir à verdade, e às glorias do Infante, contentando-nos da fé fucceffiva, com que a An-
tiguidade fempre lhe confeffou os mila-
gres do feu valor. Sahio logo o Infante a *Sahe a castigarh* *o atrevimento.*
caftigar o atrevimento do infulto. Achou
nos Barbaros a refiftencia, que pedia a
multidaõ: mas dobrou o esforço, e arre-
meçou-fe a elles com golpes taõ pezados,
que [ao parecer] fó hum rayo faria entaõ
R ii                    def-

deftroço igual ao da fua efpada. Aqui tinhaõ alguns dos noffos [e dizem que dos
principaes em tudo] de cometter a vil covardia de fugir, para que os Mouros ficaf-
fem de todo affombrados com a prodigiofa refiftencia do Infante. Os covardes
*Salta em terra a foc-* bufcaraõ as Náos por afylo: D. Pedro de
*corrello D. Pedro de* Caftro, que tinha à fua conta o guardar
*Caftro.* a Armada, via, e naõ cria a vergonho-
fa acçaõ. Para a caftigar com lance op-
pofto, faltou logo em terra a bufcar o
temido perigo, e naõ lhe faltaraõ honrados Companheiros, que tambem fe quizeffem aproveitar da gloria, que a outros fizera perder a fraqueza.

Pafmaõ os Barbaros ao ver taõ generofa oufadia, e temendo della effeitos
correfpondentes, chamaõ por todos os
feus efpiritos, e cercaõ-nos de maneira,
que nos reduzem a hum eftreitiffimo ef-
*Perigo em que fe vi-* paço. Aqui já o perigo era por mil par-
*raõ eu quatro horas,* tes, e o efcapar delle tinha-fe por impof-
*que durou o combate.* fivel. Entrou em alguns aquelle medo,
que já naõ era para eftranhar em folda-
dos valentes, vendo-fe cingidos por todos os lados de lanças infinitas. Porém
re-

recobrando o animo à vifta do que obrava o famofo Caftro, e o incançavel Infante, pelejaraõ com tanta obftinaçaõ,
que por quatro horas fuftentaraõ fortiffi-
mos combates, fem que nelles perdeffem mais do que cinco companheiros;
numero, em que já os noffos achavaõ
naõ fey que myfterio, vendo-o terceira
vez repetido em acçoes femelhantes.
Dos Mouros morreraõ muitos; naõ lhe
fabemos a conta; poucos que foffem,
feriaõ de fobejo para a pobreza, e fituaçaõ de noffas forças.

Affim fe oppunhaõ quatro Portuguezes a huma corrente taõ impetuofa
de Barbaros, que para defenderem fuas
cafas, quafi que chamaraõ a Africa toda: mas alli viraõ os Mouros, que fe a
conftancia fuftentada pelo brio, naõ baf-
tara à Conquifta, fobrara para a fama,
de quem a emprehendera. Confiderava
o Infante D. Henrique, que já nos feus
naõ podia perfeverar a gloria da defenfa, e que no cafo, que podeffem a milagres do valor, della fe naõ feguiriaõ effeitos proveitofos, vifto fer impoffivel

a

*Pretende o Infante voltar para Ceuta.* a tomada da Praça. Quiz com a fua pou-ca gente recolherfe às Náos, e voltar para Ceuta, obedecendo às claras difpo-fições do Ceo; e pofto que o caminho eftava impedido pelo Inimigo, refolveo naquella noite abrir com a efpada cam-po largo ao embarque de todos. Soube defta determinaçaõ hum Capellaõ feu: para fua perpetua infamia efcrevamos-lhe o nome; chamava-fe Martim Vieira. Poffuida, pôde fer que do intereffe, hu-ma alma taõ vil, paffou aos Mouros o penfamento do feu Principe, e fruftrou taõ prudente defignio.

*Cercaõ-nos os Mou-ros, e o Infante torna a acommettellos.* Daqui fe feguio dobrar o Inimigo as fuas forças, e paffarmos nós de fitia-dores a fitiados. Crefcia o aperto, e com elle o perigo; e já os noffos fe ef-pantavaõ de ver em fi tanta conftancia, parecendo-lhes, que mais fuperiores ef-piritos regiaõ feus braços. Era para af-fombrar ver huns poucos homens, que cercados por toda a parte de Barbaros, naõ podiaõ mudar de pofto, nem já pa-ra inveftirem, nem para retrocederem; e ainda affim opporem-fe valerofamente à

for-

formidavel multidaõ. De novo tornou
efta a acomettellos, repetindo por oito
vezes o affalto , e outras tantas foy re-
chaçada por elles, fem perderem hum
fó foldado, antes fendo inftrumentos de
muitas mortes. Tantas foraõ as deftes
ultimos combates, que juntas com as dos
antecedentes, paffaraõ de quatro mil na
fomma dos mefmos Inimigos , fendo verofimil , que para encobrir feus damnos
erraffem a conta.

Tornamos a repetir, que quem naõ
eftiver pela fé de noffa Hiftoria , ha de
ter por encarecido o que efcrevemos; e
crefcerá a incredulidade fabendo , que
obravaõ os Portuguezes eftes prodigios
de valor a tempo, que eftavaõ reduzi-
dos a huma extrema penuria de mantimentos. Para comer matavaõ os cavallos , e queimavaõ as fellas para cozinhar
a comida. Augmentava efte mal a falta
de agua : fecos, e quafi fem alento com
o tormento infoffrivel da fede , já naõ
podiaõ formar palavra. Achamos, que
huns refrigeravaõ a boca , enganando a
fecura com a frialdade dos ferros, e que
ou-

*Trabalhos , que pa-
deceraõ no cerco os nof-
fos foldados.*

outros, fe topavaõ com alguma hervá,
fem recear damno, tinhaõ por delicia o
amargofo do feu çumo. Tanta era efta
neceffidade, que fe o Ceo os naõ foc-
correffe com huma branda chuva, a fede pouparia de huma vez aos Inimigos
o trabalho da completa victoria.

Neftes ultimos combates naõ houve Portuguez, que naõ fe diftinguiffe:
o agradecimento de Roma ( a antiga )
certamente a cada hum delles levantara
huma eftatua. Grande gloria he para o
Infante D. Fernando, para Ruy Gomes
da Silva, D. Fernando, e D. Pedro de
Caftro o diftinguillos a fama entre taõ
valerofos foldados; e mayor credito he
para o famofo nome de D. Alvaro de
Abreu, Bifpo de Evora, contallo a Hiftoria pelo primeiro entre todos. He fingular a fua gloria nos Faftos da fua Igreja; porque além de exercitar com zelo
extremofo o officio de Prelado, ora confeffando, ora exhortando, até foy foldado daquelles, a quem coube mayor
numero de mortos, ficando em duvida
gloriofa fe defempenhava melhor

*D Alvaro de Abreu, Bifpo de Evora, obra-*
*va como Prelado, e pe-*
*lejava como foldado.*

obras

obrigações do cajado, fe as da efpada.

Para abaterem de huma vez a nof-fa obftinada refiftencia , refolveraõ os Mouros dar fogo às eftacadas, que nos ferviaõ de reparo. Ateou-fe o incendio, e aqui foy maravilhofa a actividade , e diligencia do Infante D. Henrique em o atalhar, confeguindo-o à força de duro trabalho , em que he fama, que excede-ra a todos os que o ajudaraõ. Naõ obf-tante o feliz fucceffo, com que fahiamos de todos os ataques inimigos , era verda-deiramente já inevitavel a noffa perdi-çaõ , e cada inftante que paffava , era hum novo defengano. Sabia o Infante, que os Mouros haviaõ affentado em con-felho deixarnos o caminho livre para o embarque, fe lhes reftituiffemos Ceuta com todos os feus prizioneiros. Aperta-diffimo lance para o coraçaõ do grande D. Henrique ! Queria falvar os feus de huma morte certa, mas igualmente que-ria confervar em Ceuta a honra de Por-tugal ; porém obrigado de clamores , e do perigo imminente , houve de concor-dar com os Barbaros.

*Poem fogo os Mou ros à eftacada, que ne fervia de reparo.*

*Prefentem , que perfiftua Ceuta co todos os prizioneiros.*

S

Pa-

*Fidalgos nomeados pe-
lo Infante para tratar
efte ajufte.*

Para o ajufte mandou a D. Fernando de Menezes, a Ruy Gomes da Silva, Fernando de Andrade, e Joaõ Fernandes d'Arca; porém os Mouros foher-
bos com huma propofta, que nunca
ouviraõ de Portuguezes, detiveraõ os
Embaixadores, e para fe oftentarem victoriofos, novamente nos inveftiraõ.
Nefte tempo já naõ tinhamos, fe naõ
tres mil homens, e effes cortados da fome, e do infopportavel trabalho. Ainda affim, os Barbaros naõ ganharaõ na
acçaõ; porque aquelles mefmos, que
em tantos encontros lhes moftraraõ com
que gente combatiaõ, agora lhes repe-
tiraõ o caftigo, matando a muitos, e fazendo fugir a todos. Mas depreffa tornaraõ, jurando vingar de huma vez taõ
*Conclue-fe o ajufte.* fucceffivas affrontas. Aprefentaraõ-nos
na praya hum horror de gente armada;
tomaraõ-na, e renderaõ-nos por blo-
queo, ajuftando-fe naõ fó a entrega de
Ceuta, e de feus prizioneiros, mas todo
o trem, e bagagem, que traziamos; re-
matando o ajufte com a claufula, de que
por cem annos lhes naõ fariamos guerra.
Pa-

Para ficar em refens, offereceo-fe o
Infante D. Henrique ; mas naõ fe lhe
confentio huma acçaõ, que coroaria de
nova gloria feu nome illuftre. Coube efta ao Infante D. Fernando, que a foube
merecer de maneira , que defde entaõ
começou juftamente a pronunciarfe feu
nome com o epiteto de *Santo*. Para noffa fegurança Zalá Benzalá , que agora
governava Tangere com melhor fortuna, do que Ceuta em outro tempo , entregou feu filho a Ruy Gomes da Silva,
recebendo por certeza da reftituiçaõ a
Joaõ Gomes do Avelar, Pedro de Ataide, Ayres da Cunha , e Gomes da Silva,
Fidalgos, a quem feu esforço dera entre
aquelles Barbaros hum nome diftinĉto.

Durou muito a fé Africana, duran-
do horas : quebraraõ os Mouros os paĉtos, e tornaraõ a acommetternos, receando ainda de nós , que, pofto que fogo
amortecido , affoprado do valor, levan-
taffemos novas chammas; e naõ fe en-
ganaraõ , depois que nos inveftiraõ. Irritados de taõ infame procedimento, fizemos rofto à multidaõ , e cada hum fe

em-

*Offerece-fe o Infan
te a ficar em refens ,
naõ fe lhe confente.*

*Fica o Infante D
Fernando.*

*Quebraõ os Mouro
os paĉtos.*

empenhou em caſtigar huma vileza, que

nem entre Barbaros eſperavaõ. As noſſas eſpadas naõ perdiaõ golpe, e entre
todas [ como rayo em eſpeſſo arvoredo ]
ſe diſtinguia no deſtroço a do Infante
D. Henrique. Aſſim os foy rebatendo,
até chegar à praya, onde o combate,
por ſer mais arriſcado, nos foy mais glorioſo. Pelejava da noſſa parte huma extrema deſeſperaçaõ: os Mouros por deſpedida empenhados em naõ ſe recolherem com affronta, carregavaõ com mayor porfia: de ambas as partes corria
ſangue, e ſe contavaõ mortes, e já a
fortuna fazia bem duvidoſa a honra do
noſſo embarque. Mas por ultimo a conſtancia dando as mãos ao valor, tanto
obrou, que fez retirar a multidaõ, e
abrio-nos caminho para tomarmos as
Náos.

Eſte foy o fim malogrado da empreza de Tangere: o Mundo, que eſ-
pera pelo ſucceſſo das acçôes, para lhes
dar o valor, chamou-lhe infauſto para a
fama do Infante D. Henrique. Nós pelo contrario reflectindo nos prodigios,

que

que obrara o ſeu braço em vinte e cin- co dias de ſitiador, e doze de ſitiado, e olhando para mais de cinco mil mortos, que deixara no campo Inimigo o fraco poder de quatro mil Portuguezes, pare- ce-nos, que ſó a reſoluçaõ de inveſtir o Infante huma multidaõ nunca viſta [ quanto mais o vencella em repetidos encontros ] he para o ſeu nome huma nova eſpecie de mais nobre triunfo. Mas lá julguem os Capitães experimentados, ſe neſtas circunſtancias anda mal enten- dido na linguagem da guerra iſſo, a que chamaõ victoria.

*Soldados mortos neſ- ta acçaõ.*

Deſembarcou o Infante em Ceuta, e ou foſſe paixaõ do animo, ou effeito de taõ duro trabalho, logo o acommetteo perigoſa enfermidade. Soube-o o Infan- te D. Joaõ, que eſtava no Algarve para o ſoccorrer na empreza, e partio logo a viſitallo. Aqui ajuſtaraõ ambos o meyo para a liberdade de ſeu irmaõ D. Fernan- do, e aſſentaraõ mandar offerecer por elle o filho de Zalá Benzalá, viſto ter quebrantado os pactos a perfidia inimiga com taõ feya hoſtilidade: e que quando eſte

*Deſembarca o Infan- te em Ceuta, e adoe- gravemente.*

*Trata com o Infan. D. Joaõ a liberdade D. Fernando, offer- cendo por elle o filho Zalá Benzalá.*

efte partido fe naõ aceitaffe, comettiaõ a juftiça da caufa ao juizo das armas. Eftava para defaferrar do porto o menfageiro de taõ grave negocio, quando veyo hum temporal, que o impedio; mas naõ foy ifto baftante, para que a Zalá Benzalá naõ chegaffe a negociaçaõ por outra via.

*Avifa o Infante a ElRey feu ~~pay~~ dos effeitos defta negociaçaõ.* Ouvio o Barbaro a propofta, e como confervava altamente no coraçaõ a lembrança de fua defgraça em Ceuta, para recuperar feu nome, quiz facrificar o amor de Pay ao de Cidadaõ, e refpondeo, que por aquella Praça dera todos feus filhos. Com efta repofta defenganado o Infante, mandou os prizioneiros para o Algarve, e por feu Irmaõ efcreveo a ElRey huma Carta, em que lhe referia o fucceffo da negociaçaõ, e de fuas armas, prevenindo-lhe o fentimento com a fiel relaçaõ do valor de feus foldos, a quem a victoria poderia fer de mais proveito, mas naõ de mais honra.

*Chama ElRey o Infante à Corte.* Refpondeo ElRey com palavras encaminhadas a curar a trifteza do Irmaõ, e receando, que a efte remedio naõ déffe to-

toda a efficacia ó conhecido brio de ſeu animo, mandou-o chamar, para que os vivos agrados da Mageſtade ſerviſſem à ferida de balſamo poderoſo. Devia o Infante obedecer; mas ſoube bem deſculparſe, reſpondendo: „Que ſem ſeu Irmaõ, „companheiro na empreza, e agora na „deſgraça, naõ ſe atrevia a voltar para o „Reino ; e que ſe elle havia tornar a „Africa para a negociaçaõ da liberdade, „a eſte fim mais perto ficava em Ceuta.

Neſta eſperança ſe demorou o Infante cinco mezes naquella Praça ; mas vendo, que eraõ inuteis todas as ſuas diligencias, e que ſó ElRey lhes poderia dar calor, reſolveo-ſe a vir ao Algarve para lhe fallar; e ſabendo, que de Evora tinha chegado a Portel, foy buſcallo, e achou nelle aquelle recebimento, que naõ eſperava a ſua melancolia. Conferiraõ logo os meyos mais efficazes de comprar a liberdade do Irmaõ, e achamos, que o Infante dera eſte voto, pouco approvado dos Politicos daquella idade; os modernos daraõ ſua ſentença: „Senhor: „[ diſſe D. Henrique ] Combatem meu

„ co-

*Chega ao Algarve confere com ElRey n modo de livi oo Infante D. Fernando.*

*Voto do Infante D Henrique.*

„ coraçaõ dous fortes affectos, ambos de
„ amor, mas fobre diverfos fujeitos. He
„ o amor da Patria, ora vencedor, ora
„ vencido do amor do meu fangue, quem
„ ha tempos traz em tumulto meus pen-
„ famentos. Defejo com ancia a liberda-
„ de de hum Irmaõ, e por ella finto n'al-
„ ma naõ poder obrar, quanto me pede
„ a obrigaçaõ; porém muito mais finto,
„ que Ceuta feja o preço defta compra; e
„ fe o mefmo prezo foffe quem agora fal-
„ laffe, teria eu o prazer de me ver ex-
„ cedido no fentimento. Eu, Senhor,
„ já naõ confidero aquella Praça, como
„ huma Conquifta, em que vós ganhaf-
„ tes por acções huma Coroa ainda mais
„ refpeitada, do que effa, que vos cinge
„ a cabeça: huma Praça, que ha tantos
„ annos eftá cuftando fangue à voffa No-
„ breza, obrando feitos, que por mila-
„ grofos, já o Mundo os naõ crê. Con-
„ fidero Ceuta como porta aberta, para
„ em algum tempo vir a Africa rendida
„ beijar voffos pés, ou de voffos Suc-
„ ceffores, fe elles com o Sceptro vos
„ herdarem o zelo. Mas fendo grande
„ efte

„ eſte intereſſe , a gloria da Religiaõ o
„ faz leve. Eſtá Deos adorado em Ceu-
„ ta, as Meſquitas já ſaõ Igrejas , creſce
„ a nova ſeara do Evangelho, e ha de ſe
„ ver cortada ao naſcer a nova ſementei-
„ ra ? Diraõ, que eu fuy quem puz neſte
„ perigo a meſma cauſa , que advogo :
„ Deos me he teſtemunha do quanto
„ fuy violentado , e que em aperto taõ
„ extremo elle meſmo me obrigava a naõ
„ expor ao certo matadouro as vidas de
„ tantos vaſſallos voſſos : mas huma vez
„ que os Barbaros por ventura noſſa, que-
„ brando logo os paƈtos com repetidas
„ hoſtilidades, nos deſobrigaraõ da pala-
„ vra, torna a eſtar em pé o direito da
„ Religiaõ ; e tanta cauſa ha preſente-
„ mente para conſervarmos a Conquiſta,
„ como havia antes para a ceder; entaõ
„ arraſtrados pela neceſſidade propria ,
„ agora deſobrigados pela perfidia alheya.
„ E aſſim, como o voſſo valor , e mui-
„ to mais a voſſa piedade ha de appro-
„ var minhas razões , parece-me, que pe-
„ la liberdade de voſſo Irmaõ deis todos
„ os prizioneiros, que tendes, e todos os

T                „ que

*[margem esquerda:]*

ue,
ambos de
itos. He
lor, ora
e, quem
ſeus pen-
a liberda-
ſinto n'al-
me pede
ais ſinto,
ompra; e
agora fal-
rer ex-
Senhor,
a, como
s ganhaſ-
nda mais
os cinge
tantos
oſſa No-
or mila-
. Con-
ta, para
rendida
ſos Suc-
ɔtro vos
grande
„eſte

„ que poderdes haver por outros Reiños.
„ Abri os voffos thefouros, e offerecey-os
„ por elle ; e fe os Barbaros o confenti-
„ rem, aqui eftou eu, que de boa vonta-
„ de hirey occupar o feu lugar, como já
„ quiz com inftancia, quando delle fe fez
„ a entrega. E fe naõ baftar todo efte
„ preço para a ambiçaõ Africana, daime,
„ Senhor, vinte e quatro mil homens,
„ que eu vos dou efta cabeça por fiado-
„ ra, fe naõ vos fizer Monarca pacifico
„ de toda a Africa; mas entregar Ceuta,
„ iffo nunca o poderá foffrer nem o meu
„ amor pela Patria, nem o meu zelo pe-
„ la Religiaõ.

*Falece ElRey em Thomar : fica o Infante affiftindo nos Confelhos fobre o Governo do Reino.* Deu ElRey a efta falla a merecida repofta, dizendo, que logo tratava de libertar a feu Irmaõ; mas durou-lhe pouco a vida ; porque paffados mezes faleceo em Thomar. Naõ affiftio a efta morte o Infante D. Henrique, porque vivia em Lagos, para onde o levara fua melancolia, fugindo às murmuraçóes da Corte. Com tudo fendo avifado, veyo affiftir às exequias, e por ordem da Rainha ficou affiftindo nos Confelhos, que

se

s Reinos.
recey-os
confenti-
)a vonta-
como já
elle fe fez
:odo efte
a, daime,
homens,
por fiado-
à pacifico
r Ceuta,
n o meu
à zelo pe-

nerecida
ra de li-
lhe pou-
:zes fale-
efta mor-
que vivia
à fua me-
icões da
lo, vevo
à da Rai-
ios, que
fe

fe fazião fobre o governo do Reino na menoridade do novo Rey. As difcordias da Rainha com o Infante D. Pedro levarão mais depreſſa o noſſo Infante para o feu retiro do Algarve, prevendo a tempeſtade, em que havia desfechar o nublado, que caufava na Corte o odio defcoberto à Regencia. Algumas vezes, fendo chamado, veyo a confelho; porém percebendo o grande empenho da Rainha em o malquiftar com feu Irmaõ D. Pedro, retirava-fe, quanto podia, da Corte; e como nefte tempo da menoridade de feu Sobrinho, naõ temos coufa importante, em que exercitar a penna, deixamos alguns factos de leve confideraçaõ para quem efcrever a Hiftoria daquella Regencia.

Tornando o Infante ao amado focego de feus eftudos mathematicos, revolvia no penfameuto as altas idéas de feus defcobrimentos. E fomos entrados na parte mais gloriofa do noſſo aſſumpto, para a qual neceſſitavamos bem daquelle eftylo, e força de palavras, com que fe exprimiaõ os velhos Efcritores do

*Entra na idéa e novos defcobrimentos.*

T ii                    nof-

noffo bom feculo. Já eftamos prevendo,
que aquelles, que naõ querem dar paffo
na Hiftoria fem o arrimo da Chronologia, haõ de fe tornar contra nós, por
tratarmos ainda agora dos defcobrimentos do Infante D. Henrique; fendo certo, que annos antes da acçaõ de Tangere já elle havia lançado os alicerces a efte grande edificio. Com medo dos efcrupulofos eftivemos para evitar o reparo, feguindo a ordem dos tempos; porém teimámos na idéa contraria, perfua-
didos, que fendo os defcobrimentos do
noffo Infante o corpo mais formofo de
fua Hiftoria, viriamos a desfigurar a bel-
leza do compofto com a feparaçaõ de
feus membros. Pelo contrario, obfervada a noffa ordem, fem fe refrefcar a memoria, folheando coufas paffadas, vem-
fe logo a faber o principio, os progreffos, e os fins de taõ famofa empreza ;
e mais affentavamos na bondade defta
idéa, quando reflectiamos, que para a
defender, fe nos offereciaõ do partido
dos Antigos advogados de boas forças.

Confiderava o Infante D. Henrique,

que, que com o titulo, que feu Pay tomara de Senhor de Ceuta, ficavaõ em
razaõ defta Conquifta metidos na Coroa
defte Reino os Mouros de Fez, e Marrocos ; e que os netos de taõ grande
Rey com a poffe, que elle lhes deixara,
deviaõ naõ defcançar em extender por
Africa os feus juftos dominios. Affim difcorria o Infante, e accendia-lhe o animo
para eftas Conquiftas a forte razaõ de
Governador da Ordem da Cavallaria
de Chrifto, Milicia, que inftituira feu
terceiro Avô ElRey D. Diniz, para deftruiçaõ de Infieis. Mas como huma tal
guerra, naõ obftante canonizalla a juftiça da caufa, nem fempre achava approvaçaõ na vontade de quem governava,
entrou o Infante a rifcar no penfamento
nova Conquifta, abalando-o feus altos
efpiritos a bufcalla muito além de Féz, e
Marrocos. E para que a emulaçaõ dif-
farçada em politica naõ lhe eftorvaffe a
idéa, com as fabidas razões da pobreza do Reino em dinheiros, e foldados,
determinou fazella à fua cufta, e aju- *Determina fazer a*
darfe dos thefouros da fua Ordem, dos *defpezas à fua cufta*
quaes

quaes podia, como Senhor, difpender.

Amava o Infante muito a fua gloria, como filho de hum Heróe; e con-
feffemos, que nefta idéa hia emparelha-
do com o zelo o defejo de eftabelecer
na pofteridade hum nome fem competidor em Hefpanha. Fama taõ nova fó fe
confeguia com os defcobrimentos de terras defconhecidas, enriquecendo com ellas a illuftre Milicia, de que era Cabeça;
pois juftamente naõ foy outro o alvo, a
que dirigio fuas profundas meditações.

*Deveo-lhe grande* Para as reduzir a effeito, já o eftudo da
*applicaçaõ o eftudo da* Geografia lhe havia levado longa appli-
*Geografia, de que ad-* caçaõ, e das vezes, que paffou à Africa,
*quirio noticias para os* naõ ceffava de inquirir dos Mouros noti-
*feus defcobrimentos.* cias das partes, com que confinavaõ os
Reinos daquelle Continente. Refpon-
deo o effeito à diligencia; porque delles
foube, naõ fó das terras vifinhas aos certões de Africa, mas da regiaõ de Guiné,
e de outras vaftas povoações.

*Pretende defcobrir o* Conferidas eftas noticias com pef-
*Cabo de* Nam, *man-* foas de fé, que podiaõ dellas dar tefte-
*dando cada anno dous,* munho, e vendo, que confrontavaõ,
*e tres navios à fua cuf-* resolveo-fe o Infante a dar principio à
*ta.*
gran-

grande obra, que tendo em fi tantas difficuldades, as mayores eraõ nos juizos dos que fe prezavaõ de entendidos. Mandava em cada anno dous, e tres Navios à fua cufta, quafi entregues à difcrição dos mares; porque levavaõ ordem aquelles oufados mareantes de tentarem o defcobrimento da Cofta além do Cabo de *Nam*, coufa que até àquelles tempos excedia os termos da temeridade, fendo o paffar efte Cabo hum medo herdado de todos os navegantes de Hefpanha. Partiaõ os Exploradores promettendo atrevimentos; mas voltavaõ fem acçaõ, que os honraffe, naõ fe animando a paffar do Cabo *Bojador*, feffenta legoas a diante do de *Nam*. Alli paravaõ, efpantados de hum novo movimento das aguas, parecendo-lhes, que ferviaõ; e a caufa era hum baixo de feis legoas, medonho à vifta, e impoffivel a vencerfe por quem naõ fabia navegar, fenaõ de Levante a Poente. Se os Pilotos daquella idade foubeffem cortar mais largo, e afaftarfe do Cabo as legoas, que occupava o baixo, paffariaõ a diante;

po-

porém como aquella Cofta era a unica
agulha, de que fe ferviaõ, ou foffe ignorancia, ou medo, naõ fe arrojavaõ a
apartarfe do feu rumo.

*Funda a Villa de Sa-
gres, de donde expedia
s Exploradores.* Eftava o Infante na fua Villa, a
que dera o nome de *Terça Nabal*, e depois lho trocaraõ pelo de *Sagres*, fundada por elle na enfeada do Promontorio
Sacro, como fitio mais accommodado
para fuas obfervaçõés, facilitando-lhas a
defmedida eminencia daquelle Cabo, ao
qual já entaõ fantificava o nome de S.
Vicente. Dalli expedia os repetidos Exploradores, que quafi envergonhados de
naõ defempenharem a expeétaçaõ, vinhaõ pela Cofta de Barbaria até o Eftreito fazendo muitas hoftilidades nos
Mouros, perfuadindo-fe, que apparecendo ao Infante com a relaçaõ de fuas
viétorias, ficaria em feu animo bellicofo
bem contrapezado o pouco fucceffo da
principal diligencia. Mas naõ eraõ eftas
as noticias, que podiaõ entaõ lifonjear
aquelle magnanimo coraçaõ, todo occupado na gloria de feus defcobrimentos.
Quizera o Infante na execuçaõ delles
occu-

occupar todo o tempo; mas oppunhaõ-
se a seus defejos, ou negocios do Reino,
ou paffagens a Africa, e com eftes eftor-
vos foffria ver ociofas as illuftres idéas.

A Providencia difpunha eftas de-
moras para dar a Joaõ Gonçalves Zarco, e a Triftaõ Vaz a primeira gloria
defta empreza. Eraõ ambos Cavalleiros
da Cafa do Infante, e que na facçaõ de
Ceuta serviraõ a Patria com tanto valor, que feu Amo entre os foldados mais
dignos refervava para elles hum lugar
diftinéto. Depois da tomada daquella
Praça, ambiciofos de mais fama (comer-
cio corrente dos Portuguezes naquelles
bons tempos) pediraõ eftes animofos Cavalleiros ao Infante, que vifto armar navios para o defcobrimento da Cofta de
Barbaria, e Guiné, fe ferviffe occupal-
los em taõ honrado ferviço. Como eraõ
peffoas, que tinhaõ nos feitos intrepidos
bons fiadores para fe lhes cometterem
acções arrifcadas, alegre aceitou o Infante o offerecimento, parecendo-lhe,
que via já de perto o fim venturofo de
fuas efperanças.

U          Man-

*Offerecemfe-lhe pa:*
*os defcobrimentos Jo*
*Gonçalves Zarco,*
*Triftaõ Vaz.*

*Manda-lhes armar hum navio , e os inſtrue nas Taboas de Ptolomeo.*

Mandou-lhes armar hum navio , e com louvores , e promeſſas inflammou-os à empreza , dando-lhes ordem , para que correndo a Coſta de Barbaria , paſſaſſem o Cabo *Bojador* , até alli temido como ſepultura dos navegantes , e depois foſſem deſcobrindo tudo o mais , que a Providencia lhes deparaſſe. Para iſto os inſtruío nas Taboas de Ptolomeo , em que tinha hum eſtudo de profeſſor, moſtrando-lhes, que aquella Coſta hia a pegar com Guiné, até ſe meter debaixo da Equinocial. Depois que diſcorreo como períto Geografo, he fama, que lhes fallara como Principe Chriſtaõ , dizendo-lhes neſta ſubſtancia.

*Pratica , que lhes fez.*

„ Tenho-vos moſtrado neſtas Ta-
„ boas, qual ſeja a diligencia, a que vos
„ mando , e quaes as difficuldades , que
„ nella encontrareis. Eu trazendo à me-
„ moria os exemplos de voſſo intrepido
„ coraçaõ , em que me tendes por teſte-
„ munha, creyo, que me ficareis obriga-
„ dos , em vos dar huma occaſiaõ de glo-
„ ria nunca encetada em Heſpanha , e
„ ainda nova para os que ſe aſſinalaraõ
„ no

„ no Mundo por feus defcobrimentos.
„ E que fama poderá igualar a voſſa ,
„ fe fulcando mares efcondidos , fordes
„ abrir as portas à infidelidade , e idola-
„ tria, que o Demonio tem ferrolhadas
„ no centro daquellas Regiões, para naõ
„ darem entrada à Fé do Evangelho ?
„ Immortal, fanta, religiofa ſerá voſſa fa-
„ ma na Hiſtoria da Patria, e da Igreja; e
„ Deos fabe quanto vo la invejo, e o ſa-
„ crificio, que faço, em foffrer huma po-
„ litica, que me faz taõ pezada a diſtinc-
„ çaõ da Natureza. Mas repartamos a
„ gloria de feito taõ illuſtre , concorren-
„ do eu com o defejo , e defpeza, e vós
„ com o trabalho, e perigo , que eu me
„ prezarey muito de entrar comvofco
„ nos louvores, com que os vindouros
„ encarecerem a oufadia , e conſtancia
„ de voſſos efpiritos. Deos , a quem ſer-
„ vimos, e em cuja maõ pomos toda a
„ empreza, fe digne abençoalla, e dar-
„ me a confolaçaõ de vos ver entrar neſ-
„ te porto cheyos de tanta honra , que
„ por longas idades fobeje em voſſos ne-
„ tos.

U ii                    Ani-

*Partem os Explora-*
*dores, e padecem gran-*
*de tormenta antes de*
*chegarem à Cofta de*
*Africa.*
Animados novamente de taõ fan-
tas, e honrofas exprefsões, partiraõ eftes dous Cavalleiros, fazendo por efta
caufa. memoravel o anno de 1419. Nomeou o Infante por Capitaõ do navio
a Joaõ Gonçalves Zarco, ou por fer
mais diftincto em fangue, e ferviços, ou
por ter o pofto de Capitaõ mór do mar;
huma, e outra coufa achamos na Hiftoria, e por qualquer dellas merecia a pre-
ferencia. Coftumaõ as coufas grandes
dar logo no principio huma amoftra de
feus perigofos progreffos: affim o expe-
rimentaraõ aquelles generofos Exploradores; porque antes que chegaffem à
Cofta de Africa, os affaltou huma tormenta taõ rija, que perdido o rumo, e
com elle a efperança das vidas, eftavaõ
já efperando a fepultura na braveza das
ondas. Tudo concorria para o naufragio, a pequenhez do navio, e a ignorancia dos Pilotos, que fó por fangraduras
à vifta de terra fabiaõ marear. Nefta
confternaçaõ, que augmentava a confufa vozeria de todos, vendo-fe em arvore
feca fluctuando à vontade dos mares,

fa·

facil feria perder o Capitaõ o acordo;
mas foccorrido de feu animo, alentava
os defanimados ao trabalho, e os per-
fuadia a confiar naquelle Senhor, a quem
hiaõ fervir.

Ouvio o Ceo os rogos, ceffou o
temporal; e pofto que os ventos, correndo contrarios, os defviaraõ da viagem intentada fegundo a ordem do Infante, naõ foy infelicidade, foy difpofiçaõ da Providencia, conduzindo-os a huma Ilha, a que deu o nome de *Porto
Santo*, a memoria do paffado perigo.
Fica efta Ilha aos trinta e tres gráos, e
fete minutos de latitude, e dous gráos,
e dez minutos de longitude, dez legoas
ao Nordefte, e hum pouco mais para
Lefte da Ilha da Madeira. Com a vifta
de terra, e terra defconhecida, alegraraõ-fe todos como naufragantes, e exploradores, tendo por venturofo o perigo, que lhes dera hum defcobrimento.
Saltou em terra o Capitaõ, e Triftaõ
Vaz com a comitiva neceffaria. Dizem,
que encontraraõ com gente, fim barbara, mas menos fera, que as das Canarias,
já

*Ceffa o temporal, chegaõ à Ilha de Porto Santo.*

*Salta em terra o Capitaõ, e Triftaõ Vaz demarcaõ a Ilha, penetrando o feu interior.*

já entaõ conhecidas. Obfervada fua
manfidaõ, talvez nafcida do affombro
de verem homens novos em trajes, e figura, animaraõ-fe os noffos a demarcar
a Ilha, e penetrarem feu interior. Acha-
raõ-a cercada de efpeffo arvoredo de
Zimbros, e Dragoeiros, e no meyo della levantado hum pico alto, e redondo
quafi Caftello, que aquelles Barbaros deviaõ à Natureza. Conheceraõ pelo vi-
çofo da terra, que nella as fementes ref-
ponderiaõ com frutos, e dos que ella já
produzia, trouxeraõ os que baftavaõ para fervirem de teftemunhas de fua diligencia.

*Voltaõ para o Al-*
*garve a informar o In-*
*fante daquelle defcobri-*
*mento.*
     Alegres com taõ feliz eftrêa em feus
defcobrimentos, voltaraõ os Exploradores para o Algarve, onde foraõ recebidos pelo Infante como huns homens,
que lhe traziaõ já hum fruto de feus pro-
longados defejos, e eftudos. Informa-
raõ-o com miudeza, ora do fitio, grandeza, e bondade da Ilha, ora da condiçaõ, e coftumes de feus habitadores, a
cuja relaçaõ o Infante com piedade, filha daquelle zelo, com que emprehendera

dera tamanha empreza; agradecido voltava-fe para Deos, e pedia-lhe, que extendefie fua bençaõ a mayores progreffos.

Satisfeitos, e de novo eftimulados pelas honras recebidas, offereceraõ-fe os venturofos Defcobridores a tornar àquella Ilha, com o fim de povoalla. O exemplo deftes incitou a outros, que defejavaõ ter bom lugar na graça do Infante. Hum deftes foy Bartholomeu Pereftrello, Fidalgo da Cafa do Infante D. Joaõ, Peffoa, que fempre achamos tratada por noffos Antigos com epithetos honrofos: deviaõ fer grandes feus merecimentos, ou herdados, ou adquiridos. Já na coraçaõ do Infante naõ cabia o prazer, vendo a tantos empenhados na execuçaõ de feus defejos. Mandou logo armar tres navios, dando hum a Bartholomeu Pereftrello, e os outros a Joaõ Gonçalves, e a Triftaõ Vaz, em que a defpeza foy confideravel; porque além de fementes, e plantas, hiaõ preparados de tudo o precifo para huma nova povoaçaõ.

*Tornaõ à Ilha, fim de povoalla: acompanha-os Bartholome Pereftrello.*

A

A fingeleza dos homens daquella idade fazia-os faceis em armar de meros acafos, felices, ou infauftos prognofti-cos. Efta viagem nos dá hum exemplo, que referiremos fó por obfequio à finceri-dade de noffos Antigos , julgando-o di-gno de efcreverfe até a penna judiciofa do noffo infigne Barros. Pario no mar huma Coelha, que levava Bartholomeu Pereftrello ; alegraraõ-fe todos , tendo a coufa por hum bom annuncio , e crefceo nelles a confiança de fuas feli-cidades na nova terra, argumentando pelo fucceffo grande multiplicaçaõ, naõ fó daquella efpecie , mas de todas as que lançaffem na Ilha. Com effeito em parte naõ os enganou a efperança; por-que a Coelha depois tomando com os filhos poffe daquelles matos , veyo a multiplicar muito; mas fez errado o pro-gnoftico, roendo tudo o que plantava , ou femeava a induftria daquelles povoa-dores.

Tanta era a deftruiçaõ , que expe-rimentavaõ em feus campos , que já aborrecidos de ver baldado todo o fruto

de

de feu trabalho, viviaõ defgoſtoſos de huma multiplicaçaõ, que paſſava a pra-ga. Empenhavaõ-ſe em extinguilla; mas em vaõ ſe empenhavaõ; porque pare-cia, que ao paſſo de ſuas diligencias tei-mava em multiplicar a damnoſa eſpecie. Por eſta cauſa muitos, vendo, que lhes era taõ ſuado o paõ, que comiaõ, qui-zeraõ antes ſer pobres na Patria, e vol-taraõ para o Reino, dando-lhes exem-plo Bartholomeu Pereſtrello; mas naõ ſe ſabe, ſe movido do meſmo motivo, ou de outra neceſſidade.

*Recolhe-ſe o Pere-trello ao Reino.*

Naõ quizeraõ acompanhallo Joaõ Gonçalves, e Triſtaõ Vaz: tinhaõ ga-nhado nome com o ſeu primeiro deſco-brimento, e já vaidoſos, naõ lhes pare-cia decoroſo a ſeus brios apparecer ao Infante ſem novo preſente, que lhes rendeſſe em ſeu agrado dobradas honras. Tinhaõ por vezes obſervado no mar hu-ma como ſombra, que a diſtancia naõ deixava diſtinguir o que foſſe. Ora pare-cia à viſta denſa nevoa, ora ao deſejo novo deſcobrimento; porém reflectin-do, em que a ſombra com qualquer tem-

*Ficaõ na Ilha Joa Gonçalves Zarco, Triſtaõ Vaz: obſerva no mar huma como ſom-bra, ou denſa-nevoa ſahem a examinar o qu era.*

X                              po

po nem defapparecia, nem mudavá de
fitio , aſſentaraõ em fer terra. Para deſ-
enganarem os olhos , e o juizo , mete-
raõ-fe em hum navio, e com alguns bar-
cos, feitos da madeira da Ilha, em que
viviaõ, refolutos foraõ explorar aquella
ferrania , acompanhados de Piloto pratico , e de gente animofa. Sahiraõ tres
horas antes de aclarar o dia , e no principio da tarde chegaraõ à efcuridade ,
que já aos mais deſtemidos fe fazia horrorofa. Crefcia o medo ouvindo huns eſ-
touros medonhos , [ talvez roncos do
mar] e como ainda fe naõ via terra, cla-
maraõ todos , que fe defiſtiſſe da temeridade, que hia bufcar hum naufragio fem
lucro de gloria.

*Defcobrem a Ilha*
*de S. Lourenço.*　Surdo o Capitaõ Joaõ Gonçalves
aos continuados clamores , armado daquelle animo , com que fempre apparecera em campo de batalha, inveſtio com
a medonha efcuridaõ. Lançou bateis
fóra, e nelles mandou a Antonio Gago,
[honrado afcendente dos deſte Appellido ] e a Gonçalo Ayres com ordem de
que foſſem , fem defamparar o navio,

ven-

vendo fe defcobriaõ algum final de terra.
Os Exploradores eraõ para toda a empreza; promptos, e animofos, a pouco
efpaço divifaraõ entre a nevoa huns altos
Picos, e logo mais a diante huma ponta
de terra, extendida em mar claro, e fereno. Invocado o nome de S. Lourenço, Patraõ do navio, chegou Joaõ Gonçalves à ponta, e em agradecida memoria deu-lhe o nome do infigne Martyr,
que ainda hoje conferva. Cerrou-fe a
noite, e foy prudencia no Capitaõ naõ
faltar em terra, como alguns defejavaõ,
já defprezando pela curiofidade o perigo.
Paffou-fe a noite àlerta em divertimentos, que enfinava a alegria; e em quanto todos contavaõ as horas com impaciencia, o Capitaõ piedofo agradecia ao
Ceo o beneficio, e já lhe confagrava o
novo defcobrimento.

Amanheceo hum formofo dia, e
divifando-fe entaõ bem huma praya efpaçofa, que ficava ao Sul da ponta, já
chamada de *S. Lourenço*, todos repeti-
raõ os vivas ao feu venturofo Capitaõ.
Mandou logo efte em hum batel a hum

X ii                    Ruy

Ruy Paes, [ homem que ficou conhecido com a gloria de primeiro, que pizou
efta Ilha ] ordenando-lhe, que obfervaffe o fitio, e difpofiçaõ da terra, e do
que achaffe, vieffe darlhe relaçaõ miuda.
Partio o Explorador, e naõ podendo
defembarcar na praya pelo efpeffo arvoredo, que chegava a fazer fombra ao
mar, e era quem ao longe pintava o
denfo nevoeiro, defembarcou pelo Naf-
cente em huns calháos, a que ainda hoje por memoria chamaõ os Naturaes o

*Entre grandes arvo-*
*redos defcobrio humas*
*fepulturas, com cruzes,*
*e letreiros.*

*Defembarcadouro.* Penetrou a terra, e
paffando por varios prados, e grandes
arvoredos, pafmou ao dar com humas
fepulturas, e nellas levantadas Cruzes,
e gravados letreiros. Efcrevamos a origem deftes achados, que para alguns
tem feu ar de fabulofa; mas corre em
muitas Memorias do defcobrimento defta Ilha já com poffe de verdadeira, ou
de recebida. Ainda affim, naõ ficamos
por fiadores da verdade, e fó damos por
nós o teftemunho de alguns Efcritores.
Reinava em Inglaterra Duarte III.,
e havia em fua Corte hum Cavalleiro illuftre

luftre em fangue , chamado Roberto :
de feu appellido naõ ha noticia; em lugar delle ficou fervindo a alcunha de
*Machim.* Amava efte Fidalgo os excel-
lentes dotes de huma Senhora igualmente Ingleza , por nome Anna Arfet,
e pretendeo , fendo feu Efpofo , ter a
ventura de os gozar de mais perto. Para
efte fim unia o amor as vontades de ambos , e fó faltava o confentimento dos
parentes da Amada ; mas oppozeraõ-fe
eftes com tanto empenho , que os dous
amantes refolveraõ-fe a deixar a Patria
por terra mais favoravel a feus caftos intentos. Partia hum navio para França ;
embarcaraõ-fe a furto, e dizem, que com
tal preffa, que fem efperar pelo Capitaõ,
e Piloto, fiaraõ a viagem da fortuna. Para naufragio baftava efta defordem; mas
para o fazer mais certo, logo lhes fobreveyo huma tormenta taõ desfeita , que
já em vida viaõ nas ondas cavada a fepultura ; porém compaffivos os Ceos,
lançaraõ os infelices naufragantes em huma ponta de terra defconhecida. Saltaraõ na praya, e deraõ-fe mutuamente os
pa-

*Origem deftas fepul
turas . fucceffo tragic
de Roberto* Machim
e *Anna Arfet.*

parabens quafi de huma refurreiçaõ; mas
durou-lhes pouco o prazer ; porque repetindo o temporal , levou o navio à
difcriçaõ das ondas. Efte fucceffo def-
animou tanto a malograda Dama , que
a confideraçaõ de ficar habitadora de huma terra deferta lhe tirou a vida com
hum repentino accidente.　Penetrado
de mortal dor o coraçaõ do infeliz Roberto , fepultou a Efpofa , e deixou affinalado o lugar , levantando fobre a
fepultura huma Cruz formada de dous
groffos madeiros, e efcrevendo por epitafio o laftimofo fucceffo. Nelle pedia
aos Chriftãos , que em algum tempo
pizaffem aquella ingrata terra, que fan-
tificaffem com huma Igreja aquelle lugar de feu ultimo infortunio. A dor ,
que trafpaffava fua alma, naõ lhe deu
mais tempo a viver, que o que baftou
a formar efte teftamento da fua religiaõ, e do feu amor: logo adoeceo para morrer, e alegrava-fe , de que ficaffe
feu cadaver acompanhando o da def-
graçada Efpofa , goftofo de ver , que
a mefma morte, que os feparara na vida,

da, os unira nas cinzas. Reftaraõ por
teftemunhas defte infaufto fucceffo alguns amigos de Roberto, que fieis o
acompanharaõ defde a Patria: deraõ-lhe
fepultura junto da Efpofa, e na campa
continuaraõ o primeiro epitafio, referindo o fim da tragica Hiftoria. Depois
com horror à folidaõ, temendo fer paf-
to de feras, formaraõ hum grande batel
das madeiras da Ilha, na efperança de
que os mares os levaffem a porto habita-
do; porém naõ acharaõ nelles o beneficio; porque os levaraõ arribados à Cofta de Barbaria, offerecendo-lhes terra,
fó para ficarem cativos. Efta he a origem, que daõ às Cruzes, e letreiros,
que defcobrio Ruy Paes; e dizem, que
já do cafo laftimofo eftava informado o
Capitaõ Joaõ Gonçalves Zarco, por
meyo de hum Piloto Caftelhano, chamado Joaõ de Amores, teftificando,
que o ouvira em Marrocos aos mefmos
Cativos; e na fé defta teftemunha arrif-
caraõ alguns Efcritores o credito da noticia, naõ nos conftando, que olhos fidedignos leffem os letreiros.

Com

Com a nova do que encontrara, partio Ruy Paes a dar parte ao ſeu Capitaõ, que embarcado com alguns nobres, que o acompanhavaõ, foy logo tomar poſſe da nova dadiva da Providencia. Como havia nelle a ſolida piedade daquelle bom ſeculo, quiz agradecer ao Ceo o grande beneficio, mandando levantar hum Altar, em que ſe celebraſſe Miſſa, ſervindo de Igreja a concavidade de hum tronco. Aſſiſtiraõ todos ao ſanto Sacrificio com a devoçaõ, que pediaõ as circunſtancias, e augmentava a pobreza do Altar. Santificada a nova terra, paſſaraõ a explorar o interior da Ilha, penetrando arvoredos taõ dilatados, e denſos, que faziaõ horror, ſuſpeitando ſerem antiga habitaçaõ de animaes ferozes. Mas nenhum encontraraõ, e ſó as aves eraõ tantas, que ſem trabalho ſe caçavaõ à maõ; o que ſervio de divertimento, e refreſco.

No dia ſeguinte paſſou o Capitaõ Joaõ Gonçalves em hum batel a correr a Coſta junto à Ilha, para dar fiel relaçaõ ao Infante Dom Henrique das ſuas

pon-

pontas, prayas, e ribeiras. Neſta diligencia encontrou entre duas pontas, que da Ilha entravaõ no mar, huma grande lapa de rocha viva, e entrando nella, vio huma como camara fechada em abobada, e dentro muitos lobos marinhos, que elle, e ſeus companheiros mataraõ; e para ficar celebre eſte encontro, poz ao lugar o nome de *Camara de Lobos*, e tomou-o por Appellido, o qual de idade em idade foy ſempre conſervado com honra por ſeus illuſtres Deſcendentes.

Glorioſo Joaõ Gonçalves da Camara com o ſeu deſcobrimento, voltou logo a negociar com elle graça mais eſtreita no animo do Infante D. Henrique. Achou nas honras deſte Principe quanto podia ſatisfazer os brios de ſeus eſpiritos, e nas mercês de ElRey Dom Joaõ mais do que podiaõ eſperar ſeus ſerviços. Honrou-o com publicos louvores, que logo deſpertaraõ disfarçada inveja, aquella meſma, que hoje eſtranhamos neſſes animos, que tem por obrigaçaõ o ſer generoſos. Das honras paſ-
Y                    ſou

*Origem do appellid de* Camara.

*Recolhe-ſe Joaõ Gonçalves da Camara, informa ao Infante, a ElRey, deſte Deſcobrimento.*

*Premêa-o ElRey com diftinctas honras, e com a Capitania da Madeira.*

fou ElRey aos premios, e podendo para elles baftar fó os ferviços de Joaõ Gonçalves da Camara, teve o premiado a vaidade de fer feu procurador o grande Infante. Nomeou-o Fidalgo da fua Cafa, confirmoulhe o Appellido, deulhe novas Armas, e por maõ de feu filho D. Henrique, fez-lhe a mercê de Capitaõ Donatario da Ilha, de juro, e herdade, para elle, e feus Defcendentes. Pedia a boa ordem da juftiça premiar igualmente os ferviços de Triftaõ Vaz, e para ifto repartio o Infante a Ilha, a que pozera o nome da *Madeira*, em duas Capitanías; dando a do *Funchal*, como mais diftincta, ao famofo Camara, e a de *Machico* a Triftaõ Vaz, por fer terra, que elle defcobrira.

*E a Triftaõ Vaz com a de Machico.*

*Voltaõ para as fuas Capitanías, e Bartholomeu Pereftrello para a Ilha do Porto Santo.*

Honrados, e já poderofos em terras os dous Defcobridores, partiraõ para fuas Capitanías no anno de 1420, e acompanhou-os Bartholomeu Pereftrello, já Capitaõ Donatario de toda a Ilha de *Porto Santo*, de que naõ viera goftofo, e agora partia pouco fatisfeito de feu defpacho, julgando o dos companheiros

mais

mais avantajado , e util. Cada hum hia em ſeu navio , levando familias , gados , ſementes , e tudo o neceſſario para a nova povoaçaõ ; e lemos em algumas Memorias , que os dous hiaõ debaixo da bandeira de Joaõ Gonçalves da Camara ; mas corre a noticia com parcialidade entre os Hiſtoriadores.

Deixado Bartholomeu Pereſtrello na ſua Capitanía , em que a immenſa multiplicaçaõ dos coelhos lhe fez bem cuſtoſa , e pouco feliz a primeira povoaçaõ , partiraõ para a Madeira os dous Donatarios ; e como levavaõ ordens apertadas do Infante , de que logo erigiſſem Igrejas , em que Deos tomaſſe poſſe de ſeu novo culto , cumpriraõ promptos na obediencia , com o que facilmente faria ſua conhecida piedade. Em Machico , cabeça da Capitanía de Triſtaõ Vaz , levantou eſte Donatario ao Salvador decente Igreja , e no Funchal erigio outra Joaõ Gonçalves da Camara , ſantificando a Corte de ſeus Eſtados com hum nobre Santuario , conſagrado ao Naſcimento da Mãy de Deos.

*Erigem nellas Teplos a Dees , e outr padrões deſua Religia*

Y ii       Com

Com o tempo deixaráõ outros muitos
padróes de fua Religiaõ , fundando diverfos Conventos , e outras obras , em
que fempre eftará viva a generofa piedade de feus Fundadores. Naõ fazemos
dellas efpecial memoria; porque naõ he
noffo argumento a vida deftes Capitáes;
mas nada perdem com o noffo filencio
as fuas religiofas acçóes , correndo já pu-
blicadas por muitas pennas.

Deixemos a Triftaõ Vaz na fua Capitanía de Machico ideando , e dirigin-
do a povoaçaõ com diligencia , e trabalho , como quem naõ queria deixar defertos por fenhorios a feus netos; e paffemos a referir o cuidado , e fucceffos de
Joaõ Gonçalves da Camara em povoar
feus novos Eftados. Tinha a Ilha da Madeira entre duas pontas , que a prendem
com o mar , huma efpaçofa bahia , e nella hum grande valle , cortado de tres ribeiras , e femeado de pedras foltas , fem
mais plantas , que funcho , e em tanta
abundancia , que delle lhe deráõ o nome
*Origem da Ilha do* de *Funchal.* Pareceo ao novo Donata-
*Funchal.* rio conveniente o fitio por feu affento,

e vie viſinhança do mar , para cabeça de fua Capitanía ; mas reparando , em que lho embaraçava o interior da Ilha, cerrado de hum arvoredo taõ eſpeſſo, que para o cortar, cançariaõ as forças dos povoadores, e por ultimo feriaõ inuteis as diligencias de longos annos, reſolveo lançarlhe fogo.

O effeito moſtrou a temeridade da reſoluçaõ ; porque fe ateou naquelles denſos matos taõ voraz incendio, que querendo já impedillo , e fendo vaõ todo o trabalho, deſconſolados, e queixoſos fe recolheraõ os povoadores ao mar, fuſpirando pela pobreza de fuas Patrias. Por fete annos dizem , que dera a Ilha paſto às chammas ; mas diſpoz Deos , que eſtas deixaſſem livre a Coſta mais viſinha ao mar. Para alli, ora por meyos fuaves, ora imperioſos, foy o Donatario levando o mayor numero dos povoadores ; e para mais os animar ao trabalho da cultura, fundou aſſento em hum alto fobre o Funchal, e nelle poz por defenſa ao fogo huma Igreja conſagrada à Conceiçaõ da grande Virgem. A prudencia,

*Atea-ſe hum vora incendio nos matos d Ilha , que durou po fete annos.*

dencia, e liberalidade de João Gonçalves da Camara amançou a rebeldia dos
medrofos lavradores , e já lidavaõ contentes , vendo , que lhes luzia o trabalho; e o que mais he , já fua ambiçaõ
lhes fazia approvar a idéa da queimada,
experimentando , que por beneficio della refpondia taõ liberal a terra em toda a
efpecie de frutos, que fó de trigo, quando de hum alqueire femeado , colhiaõ
feffenta , queixavaõ-fe do anno.

Naõ paffava mez, em que o Infante D. Henrique naõ tiveffe noticias miu-
das dos progreffos das duas povoações,
e da pafmofa abundancia do terreno.
Repetia como piiffimo as graças ao Ceo,
e ajudava aquelles bons principios, mandando novas familias, gados, e fementes, e fuavifando o trabalho aos Donatarios com o poderofo lenitivo de Cartas
honrofas. Mas quando teve a noticia do
fogo, que Joaõ Gonçalves mandara lançar aos matos , moftrou-lhe hum fentimento , que depois o tempo confirmou
fer profecia do feu juizo , vendo-fe , que
por falta de madeira , e lenha açabara o
mayor

Goncal.
ldia dos
aõ con-
) traba-
mbiçaõ
eimada,
icio del-
toda a
), quan-
colhiaõ

*Infan-*
s miu-
ações,
terreno.
o *Ceo*,
, man-
emen-
onata-
Cartas
icia do
ara lan-
fenti-
firmou
:, que
bara o
mayor

mayor negocio deſta Ilha. Para reme-
diar de algum modo a perda do fogo,
mandou ao Donatario, que obrigaſſe todos a pôr matos, já traçando na idéa o
plantar aſſucar, julgando, que em abundancia o daria huma terra taõ regada de
aguas, e provîda de lenhas. Para eſte
effeito mandou buſcar à ſua cuſta can-
nas, e meſtres a Sicilia, e remetteo-os
para a Ilha com ordem de que levantaſ-
ſem ſeus engenhos, e occupaſſem a terra naquella nova cultura.

O ſucceſſo reſpondeo maravilhoſa-
mente ao juizo do Infante; porque em
pouco tempo produzio tanto a Ilha, e
avultou de maneira eſte negocio, que
baſtará dizer, que em pouco mais de
tres legoas de terra, que occupava eſta
novidade, chegou a paſſar de feſſenta
mil arrobas o quinto do aſſucar pagado
ao Meſtrado de Chriſto, a quem por
doaçaõ já a Ilha pertencia, como premio às grandes deſpezas, e mayor zelo
de ſeu Real Meſtre. Mas em quanto o
famoſo Camara ſe occupa em deixar a
ſeus Deſcendentes hum Patrimonio opulento

*Produziraõ tal e*
*feito, que em tres l*
*goas de terra paſſou*
*ſeſſenta mil arrobas*
*quinto do aſſucar.*

lento em terra, e riquezas, já por meyo
do commercio, já de novas Ilhas defcobertas, e incorporadas à fua Capitanía,
paffemos às *Canarias*, referindo o quanto ellas devem em Religiaõ, e cultura
ao zelo do Infante. Bufquemos principios mais afaftados, e defembaracemo-
nos de difputas impertinentes fobre o
fundador deftas Ilhas.

*Joaõ de Betancourt vem a Hefpanha com a idéa de conquiftar as Ilhas Canarias.*

Reinava em Caftella D. Henrique
III., e veyo à fua Corte hum Francez
chamado Joaõ de Betancourt, peffoa entre os feus de fabida nobreza. Seus efpiritos refpondiaõ tanto ao illuftre de feu
fangue, que deixou as commodidades
da fua Patria, naõ menos que pela alta
idéa de conquiftar as Canarias, Ilhas po-
voadas de gente Pagã, como dizia a fama, e o certificaraõ huns navegantes,
que a ellas arribaraõ, arrojados de huma
tormenta. Vinha o magnanimo Francez preparado para a empreza com navios, gente, e munições; mas quiz en-
groffar mais feu poder com foldados Caftelhanos, mercê, que lhe franqueou El-
Rey D. Henrique, e pareceo entaõ fer

gene-

generofidade, o que depois o tempo moftrou fer politica.

Lifonjeado da fortuna, que lhe promettia huma poderofa Armada, deu à véla Monfieur de Betancourt, e principio à grande Expediçaõ. Como naõ he de noffo affumpto efcrevermos as particularidades defta Conquifta, contente-fe o leitor com faber, que o tempo, e trabalho, que nella empregou o Conquiftador, lhe rendera o fruto de fubjugar tres Ilhas, *Lançarote*, *Forteventura*, e *Ferro*. Cançou o Francez em cabedaes, e forças, confumindo-lhe a facçaõ quanto trouxera de França; mas empenhado no complemento della, deixando nas Ilhas a hum fobrinho Maciot de Betancourt, voltou à Patria a reforçarfe. Efperou o Sobrinho, confervando prudente a Conquifta em obediencia; porém o velho naõ tornou, dizem, que por enfermidades, que lhe esfriaraõ os efpiritos, ou por lhe negar o feu Rey a licença, tendo declarado guerra aos Inglezes.

Nefte defamparo impoffivel era a
Z    Ma-

*Parte com huma poderofa Armada, e fujuga as Ilhas Lançarte, Forteventura, Ferro.*

*Recolhe-fe a França, e deixa nellas a Maciot feu fobrinho.*

*Conquista a Ilha Gomeira, que depois trocou com o Infante D. Henrique pelas Saboarias da Madeira.*

Maciòt, falto de cabedaes, e forças, confervar o que tanto cuſtara a ſeu Tio, poſto que na auſencia delle, ajudado de alguns Caſtelhanos, ſe apoderara da Ilha *Gomeira.* Determinou largar terras, das quaes pouco lhe podia durar o titulo de Senhor; e para que ſuas deſpezas, e fadigas de todo naõ ficaſſem baldadas, concertou-ſe com o Infante D. Henrique, e delle recebeo em troca as Saboarias da Ilha da Madeira com outras rendas, que o deraõ por ſatisfeito. Paſſou a fazer ſeu aſſento na nova terra, e com induſtria de eſtrangeiro fundou caſa taõ grande, que caſou ſua filha herdeira D. Maria de Betancourt com o Capitaõ da Ilha de S. Miguel, Ruy Gonçalves da Camara, filho do famoſo Deſcobridor, cabeça de todos os que ſe honraõ com ſeu illuſtre Appellido.

*Determina o Infante conquiſtar a Graõ Canaria com huma Armada de dous mil e quinhentos homens de pé, e cento e vinte de cavallo.*

Tomada a poſſe das quatro Ilhas, como as que reſtavaõ por conquiſtar, eraõ ainda doze, e entre ellas a *Graõ Canaria,* o Infante facilmente movido daquelle ſanto zelo de extender à Fé os dominios, reſolveo ir dar luz a huns po-

vos

vos cegos em fua antiga idolatria. No anno de 1424 apreftou para efta religiofa empreza huma forte Armada, que conftava de dous mil e quinhentos homens de pé, e cento e vinte de cavallo, todos gente efcolhida, e taõ briofa, que diziaõ levavaõ na maõ a Conquifta. Para Capitaõ mór foy nomeado D. Fernando de Caftro, Governador da Cafa do Infante, e defaferrando a Efquadra com bençãos do povo, em alegre bonança appareceo fobre as Ilhas, que demandava.

Na verdade a gente de guerra era muita, e junta com a da mareagem fizeraõ em pouco tempo faltar os mantimentos. O Capitaõ mór naõ podendo refazerfe delles em nenhuma das noffas Ilhas, e confiderando o quanto era cuftofa em defpezas a confervaçaõ da Armada, teve por melhor confelho tornarfe para o Reino, deixando a gente precifa para manter a honra do conquiftado. Pofto que pelos motivos, que apontámos, foffe breve a demora de D. Fernando de Caftro, a expediçaõ rendeo-lhe

*Volta o Commanda-*
*te da Armada por fal.*
*de mantimentos.*

lhe gloria, e no juizo do Infante naõ
podia voltar com triunfo de mais pezo;
porque deixou bautizado, e na obediencia defta Coroa hum numero confideravel daquelles Idolatras.

    Plantada affim a Fé em huma gran-
de parte das Canarias, era neceffario naõ
fó cultivar o difpofto, mas femear mais
o terreno : mandou logo o Infante a
Antaõ Gonçalves, feu Guarda-roupa,
com Miniftros do Evangelho; eftes para obreiros da nova vinha, e aquelle para confervar em paz, e juftiça aos con-
vertidos, defendendo-os dos teimofos
em viver na religiaõ, que lhes deixaraõ
feus Mayores. Crefcia a Conquifta com
honra para Portugal, porque com fruto
para a Igreja, quando entrou a contentar
a ElRey de Caftella o noffo trabalho; e
querendo incorporar as novas terras à
fua Coroa, moftrou, que com gente,
mantimentos, e munições do feu Reino, fe apoderaraõ os dous Betancoures
das Ilhas *Lançarote*, *Forteventura*, *Ferro*,
e *Gomeira*, os quaes em reconhecimento
do foccorro fempre deraõ obediencia a
Hef-

Hefpanha. Nós naõ quizemos entaõ entregar a caufa à juftiça das armas, ou por parecerem juftas as razões de Caftella, ou por o aconfelhar affim huma occulta politica. Votou o Infante, que fe largaffe a Conquifta, proteftando, que naõ levando elle em fuas emprezas outro fim, fe naõ o de dilatar o nome Chriftaõ, efte já o havia confeguido naquellas Ilhas, introduzindo, e radicando nellas a Ley do Evangelho; e que entregando-as aos Caftelhanos, vinhaõ elles por fua grande piedade, e religiaõ a fer novos inftrumentos de fe completarem feus defejos. Reftava fó nefte negocio attender Hefpanha às groffas defpezas, que o Reino, e o Infante fizera na dita Conquifta; mas foraõ depois contempladas nos Capitulos das pazes entre os Reys D. Fernando de Caftella, e D. Affonfo V., os quaes julgamos, fe naõ alheyos, tediofos para o noffo argumento. A varia fortuna, que depois correo o fenhorio deftas Ilhas, deixamola tambem para outras pennas, e entremos a moftrar o como a deixaçaõ dellas foy alto

*Larga efta Conqui ta ao Rey de Caftella.*

to fegredo da Providencia, empenhada a levar por meyo de defcobrimentos mais gloriofos, porque mais arrifcados, o nome do gloriofo Infante a remotos climas.

*O defcobrimento da Madeira, e Porto Santo, facilitaõ ao Infante D Henrique o defcobrimento das terras de Guiné.*

Defcubertas as duas Ilhas da *Madeira*, e *Porto Santo*, entrou efte zelofo Principe a conceber mayores efperanças naquella grande idéa, que já por doze annos revolvia no penfamento, de defcobrir as terras de Guiné, para dar à Igreja, e à Patria novos vaffallos, e dominios. Mas as difficuldades eraõ fempre as mefmas, naõ as aplanando, ou diminuindo, nem as mercês promettidas, nem as honras dos dous Defcobridores; porque os mareantes já traziaõ por herança de feus avós hum medo tal a paffar o Cabo de *Nam*, que de o paffar a morrer, naõ faziaõ differença. E o peyor era, que todos pretendiaõ disfarçar feu temor, mendigando razões, ora à prudencia, ora à politica do Eftado, e fempre rematavaõ com murmurações, chamando ambiciofa a gloria do Infante em ponto tal, que talvez novos Mundos
dos

dos feriaõ para ella eftreito theatro.

Diziaõ os prezados de prudentes, que as idéas defte Principe hiaõ a parar em dobrados impoffiveis, huns pelo que tocava à navegaçaõ, fendo certo, que o Cabo de Nam era o termo, que Deos pozera nos mares à ambiciofa temeridade dos homens; outros pelo que refpeitava aos mefmos defcobrimentos; pois que no cafo, em que fe dobraffe o Cabo, e fe achaffem as defejadas terras, feriaõ huns inhabitaveis areaes, femelhantes aos defertos da Libia, como já enfinava a experiencia no que fe tinha defcoberto.

Os tentados de politicos extendiaõ-fe a mais fortes difcurfos, lamentando a falta de cultura, e povoaçaõ no Reino, o qual devia eftar primeiro a merecer a lembrança, e zelo do Infante, fendo muito mais gloriofo fazer florecer o proprio, do que conquiftar o alheyo. Ponderavaõ a falta de gente, que havia para eftas emprezas, e aos que a ellas foffem, já os choravaõ mortos, quando naõ do trabalho, ou fome, certamente dos ardores,

dores, ou barbaridade de humas regiões intrataveis.

Com eftes, e femelhantes difcurfos, femeados ao povo, fempre facil em receber tudo o que conduz a hum ociofo defcanço, naõ achava o Infante D. Henrique quem fe quizeffe arrifcar a efte defcobrimento, huns porque o tinhaõ por impoffivel, outros por inutil. Para teftemunha a confirmar feus juizos traziaõ todos a experiencia dos tempos, vendo, que dos navios, que tiveraõ a temeridade de fahir para dobrar o Cabo formidavel, em doze annos de porfia todos fe recolheraõ, fem mais novidade, que a de groffas defpezas. Levava o Infante com foffrimento conftante eftes difcurfos, que fazia chegar a feus ouvidos a liberdade daquelle feculo menos adulador das idéas de feus Principes. Com tudo naõ defiftia de feus primeiros penfamentos, fentindo em fi huma poderofa força, que lhe dobrava a conftancia para ó complemento da grande obra. Os noffos Antigos naõ duvidaraõ chamarlhe revelaçaõ divina: olhavaõ com efpanto

pa-

para as virtudes chriſtãs deſte Principe, e achavaõ motivos para a crença; e quando nós fizermos dellas memoria, cremos, que os preſentes concordaráõ com os paſſados.

Via os grandes deſejos do Infante hum Criado ſeu, chamado Gil Eannes, homem, a quem já ſe naõ faziaõ novas emprezas de riſco, e que no anno antecedente de 1432 teria dado de ſeu atrevimento boa prova, dobrando o Cabo eſpantoſo; ſe os mares tumultuoſos lhe deſſem licença. Agora picado da pouca felicidade de ſua primeira ouſadia, offereceo-ſe de novo ao Amo, reſoluto a ganharlhe a graça à cuſta de todo o perigo. O Infante ſempre prompto a receber huns taes offerecimentos, logo lhe preparou navio, e no anno de 1433 deſaferrou o animoſo Explorador.

*Offerece-ſe Gil Eannes, Criado do Infante.*

A Providencia amançou-lhe os mares, ſoccorreo-o com ventos, e com eſtes favores, como elle hia determinado a naõ voltar ſem a vaidade de deſcobridor, quebrou aquelle encanto dos mareantes, paſſando o Cabo Bojador. Saltou

*Paſſa o Cabo Bojador: ſalta em terra, levanta huma Cruz.*

Aa

tou em terra , e achou-a defpovoada ;
mas aprafivel; talvez feu contentamento lha pintava mais deliciofa. Para teftemunha de fua diligencia levantou huma
Cruz no lugar, em que defembarcara, e
trouxe comfigo algumas hervas, e plantas , de que naõ era avaro o terreno.

*Volta para Lagos ,
informa o Infante , e
efte o recebe com gran-
de prazer.*

Alegre com o feliz fucceffo voltou para
Lagos , onde o Infante o recebeo com
hum prazer , que fe media pelo ardor de
feus antigos defejos. Ficou na familia
invejado o Criado com os louvores do
Amo, e muito mais com a remuneraçaõ
generofa ao feu ferviço, que os de alma
nobre igualavaõ aos trabalhos de Hercu-
les : taõ difficil era aos juizos daquella
idade a confeguida empreza. Com ella
amançaraõ as murmurações, e já fe ouviaõ elogios ao primeiro mobil deftes
defcobrimentos , adulando muitos por
efte modo o grande prazer , que ElRey
D. Duarte moftrara com taõ faufta noticia.

*Torna o Infante a
mandallo , acompanha-
do de Affonfo Gonçalves
Baldaya.*

Examinado Gil Eannes das difficuldades daquella navegaçaõ, do fitio da
nova terra, e da qualidade de feus ares ,
e achan-

e achando o Infante, que o perigo em dobrar o temido Cabo era mayor no medo, e ignorancia dos marcantes, mandou no anno seguinte armar hum navio grande, visto soffrerem aquelles mares grossas embarcações, e enviou nelle a Affonso Gonçalves Baldaya, seu Copeiro, acompanhado do mesmo Gil.Eannes, que hia por Capitaõ de outro navio. Favorecidos dos ventos, passaraõ trinta legoas além do Cabo, até huma Angra, a que ficou dando nome a grande multidaõ de peixes chamados *Ruivos*, que nella saltavaõ em cardumes. Sahiraõ a terra com confiança taõ resoluta, como se pizassem prayas, de que já fossem senhores. Observaraõ o terreno, e acharaõ rastos de homens, e camellos, que hiaõ, e voltavaõ, julgando destes sinaes, que aquelle lugar era estrada batida.

*Passaõ além do C*
*bo trinta legoas.*

Contentando-se com esta noticia, ou por naõ levarem ordem para passarem a mais, ou por outro algum motivo, que a isso os obrigasse, voltaraõ para o Reino, e informando o Infante, elle os tor-

*Voltaõ para o Rein*
*informaõ o Infante,*
*os torna a mandar co*
*ordem de passarem*
*Angra dos Ruivos.*

Aa ii

tornou a mandar no anno de 1435, com ordem de que trabalhaffem por paffar a *Angra dos Ruivos*, até porem pé em terra povoada, onde fe informariaõ da qualidade de feus habitadores, e de tudo o que conduziffe para lhe darem miuda relaçaõ. Já a viagem para os dous Exploradores era leve ferviço, fiados em fua primeira fortuna, e na manfidaõ experimentada dos mares. Defta vez ainda eftes pareceraõ mais empenhados na empreza, levando em breve viagem os dous navios doze legoas além da Angra já defcoberta.

*Aviftaõ terra naquelle fitio: fahem a reconhecella Heitor Homem, e Diogo Lopes de Almeida..*

Alli aviftaraõ terra, que ao parecer era plana, e querendo reconhecella, mandou Affonfo Gonçalves dous mancebos, a quem os brios unidos com o fervor de dezafete annos de idade, faziaõ capazes de mayores atrevimentos. Os feus nomes faõ taõ honrados em noffas Hiftorias, como nas Romanas os dos Scipiões, e Pompeos em feus verdes annos. Chamava-fe hum Heitor Homem, outro Diogo Lopes de Almeida, e deviaõ ambos a generofidade de feus efpiritos

ritos à fidalguia de feu fangue, e às lições da efcola da virtude, o Paço do Infante D. Henrique. A cada hum deu o Capitaõ feu cavallo, e armou fó de lança, e efpada, dando-lhes ordem, de que naõ acommetteffem, mas fó defcobriffem terra; e que fe fem perigo feu lhe podeffem trazer preza alguma peffoa, effe feria o melhor ferviço, com que poderiaõ voltar, e merecer ao Infante aquellas mercês, de que em taes cafos a fua liberalidade coftumava fer prodiga.

Vaidofos com a eleiçaõ partiraõ os intrepidos Moços, e penetraraõ o interior da terra com o mefmo defafogo, com que hiriaõ a hum paffatempo. Favoreceo a fortuna feus generofos efpiritos; porque depois de levarem grande parte do dia em efpecular o terreno, offereceo-lhes hum encontro, em que podeffem enfayar feu valor; e tanto fe moftraraõ bons difcipulos da efcola do Infante, que a acçaõ, que fizeraõ, feria em foldados veteranos grande fé de ferviços. Encontraraõ com dezanove homens, todos de cor negra, eftatura corpulenta, e af-

*Penetraõ o interi da terra: encontraõ- com dezanove Negro armados.*

e afpecto medonho : as armas, que cada
hum trazia, eraõ hum dardo de tal com-
primento, e groffura, que fobrava para
teftemunha de brutas forças.

*Inveftem-nos , e os fazem retirar a huma gruta.* Quizeraõ os Mancebos voltar a dar
parte ao feu Capitaõ; mas vendo-fe im-
pedidos por aquelles Barbaros, interpre-
taraõ a favor de fua honra a ordem, que
levavaõ de naõ acometter, querendo fer
reos de hum crime, que em todo o tempo lhes feria invejado. Em lugar de bufcarem modo para huma retirada com
brio, inveftiraõ animofos com a multidaõ; mas os Mouros, ou efpantados de
tanto arrojo, ou temerofos de alguma
occulta fillada, tiveraõ por melhor acordo recolher-fe a huma grande furna,
que formavaõ huns groffos penedos. Se-
*Trava-fe entre elles porfiado combate.* guidos dos noffos, travou-fe difputado
combate, empenhados de huma, e ou-
tra parte em levar aos feus huma preza,
que provaffe feu valor naquelle encontro. Defendidos da gruta pelejavaõ huns
Barbaros, em quanto defcançavaõ outros; mas nunca o numero de feus dardos pôde fazer, com que cançaffem duas
lanças Portuguezas.                    Se-

Seria efpectaculo digno de vivas repetidos, ver dous Mancebos, ainda fem aquelle refpeito, que a natureza dá aos homens na barba, em terra defconhecida, e fem mais armas, nem companheiros, com que fe reforçaffem, inveftirem hum corpo taõ numerofo, e depois de ferirem a alguns, obrigallos a defamparar o campo da peleja. Com effeito tanto foy o efpanto, que os Mouros conceberaõ do arrojo, e valor dos feus dous competidores, que, como amedrentado rebanho, em fim fe acolheraõ à furna, para falvarem as vidas. Os noffos, vendo na fugida dos Barbaros o feu mayor triunfo, tiveraõ o perfeguillos mais já por culpavel temeridade, e voltaraõ a bufcar o navio, que naõ poderaõ tomar, fenaõ no dia feguinte, por eftar mais ao mar da praya, em que haviaõ defembarcado.

*Fogem os Barbaros ficando feridos alguns*

Com as lanças tintas em fangue appareceraõ ao feu Capitaõ os magnanimos Exploradores, e informando-o do fucceffo, elle lhes louvou o brio, e em circunftancias taõ gloriofas naõ quiz apurarlhes

*Recolhem-fe ao na vio os dous Explorad res, e informaõ ao Ca pitaõ de todo o fuccedi do.*

rarlhes à temeridade, ou a defobediencia às ordens, que levaraõ. Quando o
Infante D. Henrique foube defte cafo,
como era jufto avaliador das acções de
honra, alegrou-fe em extremo, e tomou
o generofo feito por claro prognofti-
co, de que feriaõ huns Capitães illuftres
em armas Mancebos, em quem o valor
tanto fe adiantava à idade. O tempo verificou o juizo defte Principe ; porque
com os annos Heitor Homem, e Diogo Lopes de Almeida foraõ dous grandes acredores, que teve Portugal em di-
vidas de elogios por acções valerofas.
Dos que elles poderiaõ merecer nefta
Hiftoria, já nós nos damos por defobri-
gados fó com a relaçaõ defte fucceffo.

 Pareceo a Affonfo Gonçalves Baldaya, que o cafo lhe offerecia boa ocea-
fiaõ de prender alguns daquelles Mouros, e trazer nelles ao Infante feu Amo
o mais grato prefente. Acompanhado
de alguns faltou em terra, e bufcando o
lugar, em que os dous Cavalleiros os haviaõ deixado, naõ achou mais que algumas armas, que ferviraõ a teftemunhar
a ver-

*Salta em terra Af-*
*fonfo Gonçalves Bal-*
*daya, e dos Mouros naõ*
*acha mais que algumas*
*armas.*

a verdade [ talvez incrivel ] dos Exploradores, e naõ menos o grande temor dos
fugidos. Perdida aquella occaſiaõ, deixou a terra, a que deu o nome de *Angra
dos Cavallos*, e em cumprimento das ordens, que levava, foy inveſtigar novos ſi-
tios. Paſſou doze legoas a diante, onde
deu com hum rio, e nelle com tanta multidaõ de lobos marinhos, que ſe eſpanta-
raõ do numero, e ſommaraõ em ſeus
juizos, que chegariaõ a cinco mil.

Fizeraõ nelles grande mortandade,
para ſe aproveitarem das pelles, por ſer
naquelle tempo couſa, que ſe eſtimava
no Reino. Mas como eſte naõ era o fim
daquella navegaçaõ, contavaõ-ſe por perdidos os dias, em quanto ſe naõ achava
a preza de algum dos habitadores daquella deſerta regiaõ. O deſejo de Affonſo
Gonçalves de aproveitar- em ſeu trabalho, o fez paſſar a diante, e chegou a
huma ponta, que quiz ficaſſe conhecida com o nome de *Pedra da Galé.* Mas
aqui lhe foy a fortuna naõ menos avara,
do que antes; porque naõ achou mais
preza, do que humas redes de peſcaria.

**Bb**　　　　　　O

*Continúa a ſua der
rota, e chega a hum ri
povoado de lobos mari
nhos.*

*Paſſa à Pedra d
Galé, e naõ deſcobrin
do naquelle ſi o mais a
que terras deſertas,
recolhe ao Reino.*

O final denotava povoaçaõ, e con-
cebendo alegres efperanças, fez diverfas
fahidas por toda aquella Cofta, e fempre
fem pizar mais, que huma terra taõ deferta, que nem encontrava com féras. Quizera o briofo Capitaõ porfiar com fua
pouca forte; mas prevendo, que lhe fal-
tariaõ os mantimentos, fe fe demoraffe
mais naquelle efteril clima, aconfelhado
da prudencia, poz a prôa para o Reino,
onde achou no Infante huns louvores a
fuas diligencias, iguaes aos que lhe dera,
fe voltaffe com uteis defcobrimentos. E
nefta expediçaõ daõ fim os fucceffos maritimos, que antes da Acçaõ de Tangere
fomentara a tanto cufto o zelo do noffo
grande Principe, bufcando a gloria para
o feu nome, naõ em huma fama vã, que
vive, em quanto dura a lifonja, mas no
folido fundamento de emprezas gloriofas
à Patria, e à Igreja. Daqui em diante já
caminharemos à luz da Chronologia, e
tornaremos à graça do leitor efcrupulofo, que tiver por alteraçaõ na ordem da
Hiftoria, os defcobrimentos, que deixamos lançados nefte lugar.

VI-

# VIDA
## DO INFANTE
# D. HENRIQUE.

## LIVRO III.

ORRIA o anno de 1438, e chamou Deos para melhor Coroa a ElRey Dom Duarte, Principe, que herdara as virtudes de ſeu grande Pay , mas a quem a Providencia quizera fazer mais famoſo, antes de empunhar o Sceptro. Comparemos o ſeu bre-

*Morte de ElRey D Duarte.*

Bb ii

breve Reinado a huma náo fempre em
tormenta, a pezar de feu fabio Piloto, e
contemos pela mayor infelicidade defte
Rey, o morrer deixando hum Succeffor
de feis annos. Efta circunftancia commummente infaufta para os Reinos, podera fer favoravel a efta Monarquia ,
vendo-fe, que o Regente na menoridade de ElRey D. Affonfo era o grande
Infante D. Pedro ; mas a difcordia por
caufas, que naõ pertencem a efta Efcritura , ateou-fe tanto , ora affoprada da
ambiçaõ, ora da inveja, que já fe facrifi-
cava o bem publico aos intereffes particulares, a pezar das zelofas idéas de paz,
que havia no famofo Regente.

*Jacome de Malhor-
ca vem a Portugal por
ordem do Infante Dom
Henrique ,para enfinar
a arte de Navegar.*

Hum dos males mais graves, que
caufavaõ as diffenções nefta tutoría , era
ter ceffado o Infante D. Henrique nas
diligencias de feus defcobrimentos. Amava elle a folidaõ por genio, e agora os
tempos perigofos lha faziaõ mais amavel
por neceffidade, naõ admittindo commu-
nicaçaõ, que naõ foffe de Sabios. Com
elles tratava de feus eftudos na Cofmo-
grafia, efpecialmente com hum Meftre
Ja-

Jacome de Malhorca, de cuja Ilha o mandara vir [e efcreve-fe, que a grande cufto] para enfinar nefte Reino a arte de Navegar, e a formação naõ menos de inftrumentos Mathematicos, que de Cartas Geograficas, em que era homem, que naquella Idade ouvia os primeiros applaufos.

Nefte exercicio paffou o Infante *Manda o Infante profeguir na empreza* dous annos, até que os tempos corren-*de feus defcobrimentos.* do já menos nublados, o refolveraõ a profeguir em fua antiga empreza. No anno de 1440 mandou duas Caravellas à porfiada exploraçaõ; mas dellas naõ nos confta outra coufa, fenaõ que os mares contrarios as fizeraõ voltar para o Reino, fem trazerem noticia, que podeffe alegrar o animo, de quem as mandara. Naõ abàtiaõ eftes fucceffos a conftancia do Infante, já bem provada pelos paffados, antes tomando feu zelo novas forças, mandou armar hum navio, de que fez Capitaõ a hum feu Moço da Guardaroupa, chamado Antaõ Gonçalves, e bafta efta efcolha para efcrevermos com fegurança, que o novo Explorador era
de

de qualidades proporcionadas à empre-

*Parte Antaõ Gon- çalves, seu Guardarou- pa, para os sitios, que Affonso Gonçalves Bal- daya deixara assinala- dos.*

za. Levava por ordem, que foffe aos fi- tios, que já Affonfo Gonçalves Baldaya deixara affinalados com nomes, e que quando nelles naõ podeffe tomar lingua, carregaffe a embarcaçaõ de pelles de lo- bos marinhos, de que fe fabia ferem abundantes aquelles mares.

*Chega ao sitio recom- mendado, e determina penetrar o interior da- quellas terras.*

Partio o Capitaõ, e com ventos de fervir chegou ao fitio da recommenda- da pefcaria, onde matou os lobos, que baftavaõ para a carga. Era de altos efpi- ritos, e naõ lhe foffria a honra, haver de apparecer a feu Amo quafi negociante, fendo enviado como defcobridor. Cha- mou toda a guarniçaõ do navio, que fe- riaõ vinte homens, e na prefença de to- dos com razões cheyas de chriftandade, e de brio, lhes propoz, que eftava refo- luto a penetrar aquella terra, até achar gente; e que efperava naõ lhe faltaffem companheiros, com quem elle podeffe repartir a gloria de hum taõ affinalado ferviço. Ponderou-lhes bem a grandeza da Acçaõ; e como todos fe prezavaõ de zelofos pela honra do feu Deos, e do feu

feu Rey ( virtudes vulgares naquelles bons tempos ) achou-os taõ promptos à empreza, que cada hum queria para fi a honra de primeiro no offerecimento da peſſoa.

Eſcolhidos oito, entre debates, que excitava o brio nos que ſe julgavaõ preteridos, determinou o Capitaõ o tempo de ſahirem a terra; e dizendo aos nomeados, que elle ſeria o primeiro a darlhes exemplo, inſtaraõ elles muito contra a reſoluçaõ, propondo-lhe as prudentes razões que havia, para naõ arriſcar ſua peſſoa, como cabeça, de quem ſe fiara aquella expediçaõ. Mas em vaõ cançaraõ ſeus diſcurſos; porque Antaõ Gonçalves pondo-ſe da parte de ſeus brioſos eſpiritos, ſaltou em terra, e cortou de huma vez os embaraços da prudencia alheya. Seguido dos oito, havia já caminhado tres legoas longe do mar, quando vio hum homem nú com dous dardos na maõ, conduzindo hum camello. Com eſte eſpectaculo foy nos noſſos tanta a alegria, como no Barbaro o eſpanto: correo a elle Affonſo Guterres, Mo-

*Salta em terra com oito companheiros, e fazem preza de hum Barbaro, que encontraraõ armado conduzindo hum camello.*

ço.

ço da Camara do Infante, e Efcrivaõ do
Navio, e foy tanta fua ligeireza, ajuda-
da da refoluçaõ, e da idade, que o homem com as armas ociofas vio-fe prezo,
antes de fahir do primeiro fobrefalto.

*Recolhendo-fe com a preza, encontraõ quarenta peffoas : fogem eftas, e prendem fó huma mulher, que naõ pôde feguillos.*

Feftejando o bom fucceffo, levavaõ já a preza para o Navio, tomando-a
como penhor de dobradas felicidades em
novos encontros. Logo a pouco efpaço
de caminho verificou a Providencia efta
confiança, offerecendo-lhes mais gente,
de quem argumentaraõ, que feria companheiro o cativo. Eraõ quarenta peffoas, quizeraõ os noffos inveftir; mas
ellas affombradas com a vifta de homens
em cor, e traje defconhecidos, deixaraõ
o caminho; e dando-fe por feguras em
hum oiteiro, olhavaõ com pafmo para
tanta novidade, tendo por illufaõ o mefmo, de que as eftavaõ convencendo feus
olhos. Huma mulher tomada mais do
fufto, e da natural fraqueza do fexo, naõ
pôde igular os feus na carreira, e à vifta
delles foy preza, fem que fe moveffem
a acodirlhe, ou pela interceffaõ de fuas
lagrimas, ou pela força de feus alaridos.
Hu-

Huma grande parte dos noſſos levada da ambiçaõ de mais prezas, que lhe offerecia com tanta liberalidade a fortuna ; queriaõ acommetter os fugidos ; outros dando pelo conſelho da prudencia, contentavaõ-ſe com o que já tinhaõ ſeguro. Era o Capitaõ mancebo, e os annos unidos ao brio, podiaõ facilmente cegallo com a cubiça de mais honra; mas havia nelle huma madureza, propria do ſeu officio, que bem deſmentia a ſua idade. Inclinou-ſe ao parecer dos ſegundos, vendo, que a calma, e canſſaço do longo caminho naõ poderia fazer feliz a temeridade dos primeiros.

Ponderou a eſtes, que as ordens, que elle trazia do Infante, obſtavaõ a tudo o que era acommettimento, e que no juizo deſte Principe em taes circunſtancias ſeria culpa, o que elles julgavaõ ſerviço. E que ainda no caſo, em que a deſobediencia ſe houveſſe de interpretar a favor do valor, a declinaçaõ do dia, o ardor da terra, e a diſtancia de tres legoas longe do navio, tudo conduzia para ſe deſmerecer no máo ſucceſſo

*Pretendem os noſſo acommetter aos fugidos e Antaõ Gonçalves ſ lhes oppoem com pru dentes ponderações.*

Cc da

da inveſtida o applauſo já ganhado nas duas prezas. E que aſſim elle era de parecer, que com ellas todos ſe recolheſſem ao mar, antes que cerraſſe a noite; e nella traçaſſem aquelles Barbaros alguma ſillada; mas que no caſo, que elles em campo deſcoberto ſe animaſſem a acometter, entaõ elle era o primeiro a aconſelhar o contrario, como o ſeria a deſembainhar a eſpada em caſtigo dos aggreſſores.

*Querendo partir pa-a o Reino, chega delle uma náo, de que era apitaõ Nuno Triſtaõ.*

O tempo, que paſſou em pezar eſtas razões, ſervio muito ao medo dos fugidos, e à noſſa reputaçaõ; porque os Mouros ajuizando, que aquella detença era conſulta ſobre o acomettimento, naõ ſe fiaraõ do oiteiro, e retiraraõ-ſe para huma baixa, onde a viſta dos noſſos já lhes naõ podeſſe dar ſuſto. Tornou Antaõ Gonçalves para o navio, ſeguido de ſeus companheiros, que voltando muitas vezes os olhos para o lugar dos refugiados, davaõ bem a moſtrar a nobre violencia, com que obedeciaõ. E como nas prezas, que trazia, eſtavaõ perfeitamente cumpridas as ordens do Infante, de-

12.

ado nas
a de pa-
ecolhe:
a noite,
ros algu-
que elles
iaſſem a
imeiro a
o ſeria a
tigo dos

ezar eſ-
do dos
orque os
detença
to, naõ
ſe para
oſſos já
iou An-
uido de
do mui-
los refu-
a nobre
E como
verfeita-
iſante,
de-

determinou partir para o Reino no dia ſeguinte. Eſtava já a ſoltar as vélas, quando vio cortando aquelles mares outro navio Portuguez. Abordou a elle, e achou-ſe com Nuno Triſtaõ, Cavalleiro da Caſa do Infante, e que deſde menino ſoubera por ſeus eſpiritos merecerlhe tanto a graça, que o apontavaõ por valido. Vinha por Capitaõ do navio, com ordem de paſſar a ponta da *Pedra da Galé*, e fazer toda a diligencia por haver à maõ alguma preza. Naõ deſcançava aquelle Real coraçaõ, parecendolhe poucas taõ groſſas, e repetidas deſpezas, quando as empregava em negociar para a ſua Patria a gloria de propagadora do Imperio da Igreja.

Informado o novo Explorador da felicidade de Antaõ Gonçalves, como trazia do Infante ordens mais largas, propoz-lhe, que já que o Ceo ſe moſtrava propicio, e agora com a chegada de outro navio lhe creſciaõ os companheiros, naõ quizeſſe deixar de levar a ſeu Amo em mais prezas teſtemunhas, que ſobejaſſem a provar ſeus bons ſerviços na-

*Com a chegada Nuno Triſlaõ parte ambos em demanda d Mouros fugidos.*

Cc ii                    quella

quella.expedição. Eraõ ambos intrepidos, e valerofos, e afiançados na vontade de quem os mandava, foy taõ facil a
hum o perfuadir, como ao outro o approvar. Partiraõ, tanto que cerrou o
dia, e entre outros levaraõ comfigo em
Diogo de Valladares, e Gonçalo de
Cintra dous companheiros, que fó elles
baftavaõ a fegurar a felicidade da facçaõ,
fe a deparaffe a fortuna.

*Encontraõ-fe com elles, acomettem-os, e eftes fe defendem com valor.* Demandaraõ o fitio, a que os Mouros fe haviaõ acolhido, e a forte naõ po-
dia fer mais favoravel; porque nelle ainda acharaõ, a quem bufcavaõ. Alegres
com taõ feliz encontro, invocaraõ o antigo deftruidor dos Mouros, bradando:
*Portugal, Portugal, Santiago.* Levanta-
raõ-fe os Barbaros, affuftados com linguagem taõ defconhecida; e como a efcuridaõ da noite os naõ deixava certificar, teriaõ aquellas vozes por fonho, fe
naõ fe fentiffem repentinamente prezos
de mãos invifiveis. Pofto que o affalto
os achaffe defapercebidos, naõ os achou
fracos, fobejando-lhes em lugar do brio,
o amor às vidas: com pedras, páos, e
tu-

tudo o que às cegas lhes miniſtrava ſeu forçado valor, ſe defendiaõ dos noſſos, deſembaraçando-ſe das prizões de ſeus braços; e onde lhes faltavaõ eſtas armas, trocados em féras, achavaõ boa defenſa nas unhas, e dentes.

Naõ atinamos no motivo porque os noſſos, arrojando-ſe a pizar huma terra, que nunca haviaõ trilhado, eſcolheraõ para huma tal empreza a noite, ſempre accommodada a traições, e ſilladas: parecerá temeridade, ſe formos a pezar os inconvenientes. Naõ contaremos entre os menores, o naõ podermos conhecer os inimigos, ſenaõ pelo ſinal de nús; e às vezes naõ baſtando eſte pela grande confuſaõ nas lutas, para naõ errarmos os golpes, empregados em algum dos companheiros, ſempre bradavamos, dando-nos a conhecer pela linguagem. Ainda aſſim, naõ obſtante a cautela, ſeria certo da noſſa parte hum perigo, que até em alto dia deveria temerſe em terra, e povos deſconhecidos; mas a Providencia ajudando os ſantos fins do Infante D. Henrique, quiz, que ſó àquelles Infieis

cou-

coubeſſe todo o mal ; porque o fruto , que tiraraõ de ſua reſiſtencia, foy a morte de tres, e o cativeiro de dez.

Nuno Triſtaõ ganhou aqui grande nome : tocoulhe no combate hum Mouro , a quem os cativos tinhaõ por afamado em forças. Travou-ſe com elle a braços, e em diſputada luta experimentou reſiſtencia no Barbaro, ajudando-o para o mayor deſembaraço, e firmeza os membros reforçados, e nús. Mas em fim depois de valeroſa porfia, o Mouro veyo a ceder, e cahindo de hum golpe mortal , ardendo em ſanha, que exprimio por hum longo arranco, confeſſou com a morte a vantagem do ſeu competidor. Repartamos os louvores devidos a eſte esforçado Portugnez com todos os ſeus companheiros ; pois que com todos ſe repartio a fortuna, dando a cada hum igual gloria na atrevida generoſidade deſta Acçaõ.

Por ſervirmos à brevidade, digamos em ſuccinto, que huns moſtraraõ o que já haviaõ ſido, e outros o que haviaõ de ſer em ſemelhantes encontros de valor,

ſer-

*ue.*

o fruto,

y amor

i grande

im Mou-

or afama-

lle a bra-

rimentou

lo-o para

os mem-

m fim de-

ro revo

pe mor-

exprimio

llou com

petidor.

s a efte

os feus

todos fe

da hum

dade def-

digamos

ó o que

arião de

e valor,

fer-

fervindo a eftes de enfayo, e àquelles de recordाçaõ taõ generofa oufadia. Quafi toda a noite durou o conflicto: rompeo o dia, e entaõ os noffos vaidofos com huma victoria, que a nenhum cuftara fangue, quizeraõ, antes de voltar para os navios, que ficaffe memoravel aquelle lugar, e rogaraõ a Antaõ Gonçalves, que confentiffe em fe deixar nelle armar Cavalleiro. Bem merecia a honra o valerofo Capitaõ; mas recufando-a com modeftia conftante, porfiaraõ todos contra a bella virtude, rara no Mundo, e quafi prodigiofa nos que tomaõ o vaidofo officio da guerra. Pleitearaõ longo tempo a humildade, e a juftiça, dizendo efta, que agora em naõ fe lhe conferir a honra, já fe fazia dobrada injuria, faltando-fe com o premio a duas grandes virtudes. Por comprazer a todos cedeo em fim Antaõ Gonçalves, e foy armado por mãos de Nuno Triftaõ, ficando honrado o fitio do defembarque com o nome de *Porto do Cavalleiro.*

Recolhidos os dous Capitães a feus navios, a cubiça de nova gloria lhes fez lem-

*Recolhem-fe aos navios: aftucia de que ufaraõ para augmentar numero dos cativos.*

lembrar huma idéa aftuciofa, para augmentarem o numero dos cativos. Lançaraõ em terra a Moura, que traziaõ preza, fiando-a de hum Mouro de confiança, que Nuno Triftaõ trouxera por lingua, ajuizando, que por efte modo os da terra fe chegariaõ à praya, perfuadindo-lhes os dous, que os noſſos admittiaõ refgate. O penfamento produzio o effeito defejado ; porque paſſados dous dias appareceraõ no porto quafi cento e cincoenta homens, trazidos do amor de refgatar feus parentes. Naõ fabemos, fe quando elles fahiraõ de fuas cafas, traziaõ já a idéa de haver mais por força, que por ajufte a liberdade dos cativos ; fó fabemos, que ao chegar à praya, a fua tençaõ era refgatar os feus, e cativar os noſſos, fiados nas muitas armas, e gente de cavallo, que os defendia.

*Sillada, que os Mouros pretenderaõ armar aos noſſos para nos cativar, e refgatarem os feus.*

Para efte effeito, aftutos nas artes do engano, mandaraõ a diante tres, ou quatro, que nos provocaſſem a faltar em terra, cegando-nos a ambiçaõ de novos cativos, e os demais ficaraõ em fillada, efcondidos em parte, onde naõ podeſ-
fem-

fem fer viftos. Era facil ao brio dos noffos, já vaidofos com o paffado encontro,
o cahir no laço; mas ou foffe acafo, ou aftucia mais fina, naõ fahindo das embarcações, defvaneceraõ a idéa inimiga. Deraõ os Mouros por percebido o feu eftra-
tagema, e defcobriraõ-fe apparecendo
todos, e trazendo prezo o Mouro lingua,
o qual com fé eftranha em Africano teve modo para avifar os Capitães, que
naõ fahiffem a terra; porque toda aquella gente vinha jurando vingar fuas affrontas com a liberdade dos cativos. E bem
moftraraõ todos fua fanha, quando ao
chegar à praya, defenganados de que os
noffos naõ defembarcavaõ, defafogaraõ
a ira com pedradas aos bateis.

Os dous Capitães pouco coftumados a foffrer infultos, e eftimulados de
feus companheiros, quereriaõ caftigar
aquelle atrevimento, fenaõ lho prohibif-
fem as ordens do Infante; mas receofos
de perder o ferviço ganhado com a preza de doze Mouros, facrificaraõ à obediencia feus brios. Refolveraõ, que dei-
xados aquelles Barbaros na defefperaçaõ
Dd de

de vingança, voltaſſe Antaõ Gonçalvès para o Reino, e Nuno Triſtaõ proſe- guiſſe em demandar o ſitio, que lhe or- denara o Infante. Aſſim o executaraõ, e Nuno Triſtaõ foy ſeguindo a Coſta, até chegar a hum Cabo, a que poz o nome de *Branco*. Deſembarcou nelle por ve- zes, inveſtigou toda a terra; e poſto que achaſſe raſto de homens, e redes de peſ- caria, nunca pôde encontrar com gente, que o fizeſſe taõ venturoſo, como a An- taõ Gonçalves.

Quizera demorarſe mais neſte ſitio, a eſperar por alguma aragem de fortuna; mas pareceo, que os meſmos mares ſe conjuravaõ com ſua pouca ſorte; por- que a Coſta, à maneira de enſeada para onde as aguas corriaõ, começava a to- mar alli outro rumo; e ſe o navio vol- taſſe o Cabo, como a viagem ſeria longa por cauſa da corrente, viriaõ a faltarlhe os mantimentos, de que já hia pouco provîdo. Deſenganado, poz a prôa para o Reino, e chegando ao Algarve, já nelle achou a Antaõ Gonçalves, desfrutando por ſeu venturoſo ſerviço applauſos, e
pre-

premios, tendo-o feito o Infante feu Efcrivaõ da Puridade com a Alcaidaria mór
de Thomar, e huma Commenda. Naõ
he para fuppor, que Nuno Triftaõ, a
quem coube taõ grande parte nos ferviços de feu companheiro, eftimulando-o
àquella acçaõ, e na qual o feu braço
ajudara a ganhar tantas prezas, ficaffe
fem algum premio na juftiça do Infante; mas com effeito naõ temos memorias, que o teftifiquem, talvez por
defcuido, levando fó Antaõ Gonçalves
a attençaõ dos Hiftoriadores, por fazer
nefte defcobrimento a principal figura.

*Premêa o Infante a Antaõ Gonçalves.*

Naõ cabia no coraçaõ do grande
D. Henrique a grandeza de feu gozo,
vendo as defejadas prezas, e como Principe daquella religiaõ, e zelo, que vamos bem provando nefta Hiftoria, rendia a Deos publicas graças, por lhe aben-
çoar fuas emprezas. Reinava entaõ no
Throno Apoftolico o Papa Martinho
V., e julgou o Infante fer precifo avifar
aquelle Santo Paftor das grandes efperanças de hum novo rebanho, que a Providencia hia defcobrindo nos certões de

*Pede o Infante a Papa Martinho V. que doaffe à Coroa deft Reino as terras defcu bertas, e nomea po Embaixador a Ferna Lopes de Azevedo.*

Dd ii      Afri-

Africa por inftrumento dos Portugüezes:
Para efte effeito nomeou por feu Embaixador a Fernaõ Lopes de Azevedo,
do Confelho de ElRey , e Fidalgo a
quem feus merecimentos de honras em
honras elevaraõ à dignidade de Commendador mór da Ordem de Chrifto.
Levava por inftrucçaõ reprefentar ao
Pontifice, naõ fó a noticia do feliz fucceffo de Antaõ Gonçalves em fua viagem, mas de tudo o que por longos annos fuccedera nas outras antecedentes,
trabalho dirigido a extender por barbaras regiões o patrimonio da Igreja: que
neftas diligencias confumira o Infante
grande parte da fua fazenda , mandando
à fua cufta armar muitos navios, e animando com premios aos Exploradores,
para fe arrifcarem à perigofa empreza:
que fe tantos trabalhos, e defpezas em
obfequio da Fé mereciaõ attençaõ, pedia, que de lá fomentaffe o Papa os zelofos efpiritos de taõ bons Obreiros, fazendo à Coroa defte Reino perpetua
Doaçaõ de toda a terra, que os Portuguezes defcobriffem defde o Cabo Bojador,

dor, até às Indias: e que como taõ vaſ-
tas, e perigoſas Conquiſtas haviaõ de
cuſtar muito ſangue a ſeus Conquiſtado-
res, pedia igualmente huma Indulgencia
plenaria para todos os que deſſem as vidas em taõ religioſa facçaõ.

*E indulgencia plena-
ria para os deſcobrido-
res.*

Naõ mediou mais tempo entre a
ſupplica, e a graça, que a jornada do
Embaixador; e ainda o Santo Padre em
ſinal do ſummo contentamento, que
lhe cauſara taõ fauſta noticia, accreſcen-
tou novas conceſsões, e privilegios, que
todos depois confirmaraõ os Pontifices
ſeus Succeſſores por Bullas, em que os
louvores dados ao grande Infante ſaõ para a Hiſtoria o mayor Panegyrico a ſeu
illuſtre nome. O Infante Regente olhava com a meſma juſtiça para os ſingulares ſerviços de ſeu Irmaõ; e querendo,
que a Coroa em ſeu tempo naõ foſſe no-
tada de ingrata, em nome de ElRey D.
Affonſo ſeu Sobrinho lhe doou o quinto,
que das novas Conquiſtas pertenceria à
Fazenda Real, e lhe paſſou tambem Carta, em que prohibia a qualquer peſſoa
continuar em taes deſcobrimentos, ſem
eſ-

*Concede-lhe o Papa
tudo o que lhe pedia com
muitos privilegios, que
depois confirmaraõ os
Papas ſeus Succeſſores.*

efpecial licença delle. Eftimou o Infante muito efte reconhecimento ao feu trabalho , fó porque já podia alargar mais a maõ aos premios ; porém o que mais eftimava , era ver já trocadas no povo as murmuraçoes em elogios , naõ havendo prudente , e zelofo , que naõ confeffaffe em tal empreza honra, e utilidade para o Reino. Com taõ bons principios viaõ já todos de perto proveitofos progreffos; e como os effeitos faõ os que defenganaõ os juizos, naõ tinhaõ já duvida em defdizerfe da fua impugnaçaõ.

*Offerecefe hum Mouro dos que cativara Antaõ Gonçalves a dar feis efcravos pela fua peffoa, fe o pozeffem em liberdade.*

Deftas confifsões , que eraõ entaõ o affumpto dos difcurfos da Corte , nafcia no Infante novo empenho de continuar em feus defcobrimentos , fazendo mayores defpezas em dobrados navios. Entre os Mouros, que cativara Antaõ Gonçalves, vinha hum, de quem diziaõ os outros , que era dos feus principaes em poder, e linhagem; e propondo efte por tres vezes, que fe o tornaffem a pôr em fua terra , daria por fua peffoa feis efcravos de Guiné , cujo numero offereciaõ igualmente por feu refgate dous mo-

ços

ços filhos de Mouros opulentos daquellas terras ; communicou Antaõ Gonçalves ao Infante eftas propoftas , e foraõ recebidas como coufa , que abriria porta larga aos defcobrimentos.

Concordou no ajufte, e defpachou logo a Antaõ Gonçalves em hum navio com os tres Mouros a fazer a troca, na efperança de que fendo os negros do mais interior do certaõ , de cujo ardente clima fe inventavaõ mil fabulas, poderia por elles certificarfe, do que corria em noticias , quafi novellas de gente ociofa. Por outra parte efperava , que eftes novos Infieis foffem em abraçar a Fé mais doceis, do que os Mouros, de quem nunca pudera confeguir a abjuraçaõ de feus erros, teimofos na fé jurada ao feu Profeta.

*Convem o Infante nefte ajufte, e manda hum navio com os tres Mouros a fazer a troca.*

No tempo , em que fe apreftava o navio, fuccedeo eftar em Cafa do Infante hum Fidalgo Alemaõ , do ferviço do Imperador Friderico III., a quem naõ fabemos o Appellido, contentando-fe a pouca exacçaõ daquelles tempos de nos deixar efcrito, que fe chamava Balthafar.

*Parte nefte navio Antaõ Gonçalves , e hum Fidalgo Alemaõ , que fe offerece para acompanhallo.*

O bra-

O brado da famofa expedição de Ceuta o trouxera a Portugal, defejofo de merecer nos perigos das armas o nome, e inveftidura de Cavalleiro; e com effeito portou-fe taõ valerofo naquella Conquifta, que em publica ceremonia fe lhe conferio efta honra, fem que para ella concorreffe a recommendaçaõ de eftrangeiro, taõ attendida nefta idade. Como efte Fidalgo tinha dado annos à liçaõ defte grande livro do Mundo, obfervando os coftumes de diverfas Cortes, excitou-o a curiofidade a hir ver as novas terras, defconhecidas da Europa, que fe deviaõ à oufadia Portugueza, defpertada pelo mayor dos feus Principes. Fomentava mais feus curiofos defejos a honrofa reputaçaõ, em que eftavaõ entaõ aquelles, que fe arrifcavaõ a taes defcobrimentos, emparelhando-os a fama com os Capitães de nome, e offereceo-fe por companheiro de Antaõ Gonçalves.

*Dá-lhes hum temporal, que os faz arribar ao Algarve.*

Aceitou o Infante o generofo offerecimento, e louvou-lho, como pedia coufa, que tanto lhe lifonjeava a vontade.

de. Deu o navio à véla, e a poucas legoas de viagem vieraõ fobre o mar huns
ventos taõ rijos, e contrarios, que as ondas em tumulto armavaõ-fe a fubmergir
a embarcaçaõ. Lutavaõ já todos com a
morte, defefperados da vida; mas a piedade da Providencia quiz livrallos do
certo naufragio , conduzindo-os quafi
com maõ vifivel ao Algarve. Foy util a
arribaçaõ ; porque refazendo-fe o navio
de mantimentos, e alijando-fe fem a perda, que fe experimentaria, fe o aliviaf-
fem no mar, defaferrou de novo, e os
ventos entaõ amigos o levaraõ profpera-
mente ao fitio, onde fe havia fazer a troca. Lançou Antaõ Gonçalves em terra
ao Mouro , que propozera o contrato
do feu refgate, fiando-fe , em que o fuave cativeiro , que lhe dera o Infante, o
faria fer agradecido na fidelidade da palavra; mas em breve lhe moftrou o tempo, que fora defacordo de animo nimia-
mente generofo efperar fé em hum Barbaro , que nunca tivera entre os feus de
quem aprender tal virtude.

*Continuaõ a fua via-*
*gem : chegaõ ao lugar*
*onde fe havia fazer a*
*troca, e lançaõ em ter-*
*ra o Mouro, que propo-*
*zera o contrato do feu*
*refgate.*

    Naõ voltou o Mouro , nem [ fe-
      Ee          gundo

*Falta o Mouro ao que promettera : conclue-ſe o contrato da troca doſ outros dous Mouros.*

gundo o ajuſte ] remetteo os negros : ſó nos foy util em ſervir de menſageiro àquellas povoações, aviſando da chegada do navio, e de que trazia os dous principaes Mouros, que dalli levara cativos, com ordem de negociar ſeu reſgate por negros do Certaõ. Paſſaraõ oito dias, e appareceraõ na praya mais de cem homens, muitos trazidos do amor do ſangue, para comprarem os dous mancebos, offerecendo-ſe todos ao preço, huns por parenteſco, outros por liſonja. Apreſentaraõ logo pelo reſgate dez negros de terras differentes, e boa porçaõ de ouro em pó, primicias das noſſas riquezas de Africa; e ficou o lugar, que antes era hum pobre eſteiro, enobrecido com o nome de *Rio do Ouro.* Os Mouros empenhados na troca, accreſcentaraõ-lhe o preço, dando huma adarga de couro de Anta, e grande quantidade de ovos de Ema, couſas, que ou pela raridade, ou pela eſtimaçaõ barbara naõ cediaõ em ſeus juizos aos metaes precioſos.

Effeituado o contrato, voltou para o Reino o venturoſo Capitaõ, e informando

ue.

negros;
nfageiro
a chega.
)us prin.
cativos,
gate por
) dias, e
cem ho-
r do fan-
s mance-
ço, huns
a Apre-
:gros de
de ouro
uezas de
ntes era
com o
s empe-
iólhe o
ouro de
ovos de
ade, ou
diaõ em

ltou pa-
ó, e in-
mando

formando ao Infante de tudo o que pudera colher daquella gente, affim da qualidade de fuas terras, como da abundancia do feu ouro, alegravafe em extremo o zelofo Principe, tendo por huma amoftra das futuras riquezas de Portugal o ouro, com que o brindava a Providencia do bom Senhor, a quem fervia. Chamou logo a Nuno Triftaõ, aquelle mefmo, que ha pouco vimos chegar ao *Cabo Branco*; e porque conhecia nelle efpiritos nafcidos para paffar a diante de tudo o que foffe generofa oufadia, mandou-o correr toda aquella Cofta, com ordem de que trabalhaffe por defcobrir mais alguma terra. Navegou a fortuna com o novo Explorador; e paffando com viagem alegre o Cabo, que defcobrira, deu com huma Ilha, ou Ilheo, a que feus naturaes chamavaõ *Adeget*, e nós *Arguim*, quatorze legoas além do *Rio do Ouro*.

Vio o Capitaõ, que da terra firme, que ficava vifinha à Ilha, atraveffavaõ para ella vinte e cinco almadias, e fobre cada huma tres, ou quatro homens nús em poftura, que cortando as aguas

*Recolhe-fe Anta Gonçalves ao Reino, informa ao Infante d abundancia, e riquez daquellas terras.*

*Torna o Infante mandar Nuno Trifta com ordem de paffar dtante do* Cabo Bran co.

*Defcobre a Ilha* Arguim.

*Fazem os noffos pre za dos Mouros, que na vegavaõ para a Ilh em almadias.*

Ee ii                    com

com os pés, faziaõ nadar o barco com ligeireza, e fegurança; invençaõ, que admirou bem aos noſſos, maravilhados dos
novos remos. Naõ era para perder taõ
venturoſo encontro : de golpe ſe lançaraõ a hum batel ſete dos noſſos, e foy
tanta ſua ligeireza, e fortuna, que cahindo ſohre os Mouros, houveraõ quatorze às mãos, e com elles ſe recolheraõ ao
navio, onde o Capitaõ os recebeo com
huns louvores taes, que elles picados novamente da gloria, tornaraõ a buſcar os
outros, que lhes haviaõ eſcapado, ſaltando no Ilheo. Foraõ, e tanto os ajudou a boa ſorte, que trouxeraõ quantos
lá havia, tornando a ouvir da boea, de
quem os governava, os nomes de zelo-
ſos, e deſtemidos.

*Parte Nuno Triſtaõ*
*para a Ilha das Garças.* Com a ſegunda preza ficou deſpeja-
da a Ilha, e endireitou Nuno Triſtaõ a
prôa para outra, que ficava em curta diſtancia, e chegando a ella, levantaraõ-ſe
de repente huns bandos taõ cerrados de
diverſas aves, eſpecialmente de Garças,
que quaſi a toldavaõ, como ſe quizeſſem
amparalla do Sol. Tiveraõ a couſa por
hum

hum refrefco, que lhes mandava o Ceo,
por vir já defprovido o navio; e ou foffe
effeito da multidaõ maravilhofa daquella caça, ou da deftreza dos caçado-
res, tomaraõ tantas Garças às mãos, que
o provimento era já profufaõ. Alli fe
deteve o navio alguns dias, fazendo os
noffos diverfas entradas na terra firme;
mas a fortuna, como arrependida de fua
primeira liberalidade, naõ nos deparou
mais prezas, que as das almadias.

Com ellas tornou Nuno Triftaõ
para o Algarve no anno de 1443, onde
achou no Infante aquelle agradecimento, que pediaõ feus ferviços, naõ fó por
ter paffado mais de vinte legoas, além
dos fitios, onde os outros haviaõ para-
do, mas por haver defcoberto Ilhas, e
gentes defconhecidas, trazendo-as por
documentos de fua diligencia. Já dif-
femos, que o povo arrependido de fuas
paffadas murmuraçõés contra eftes defcobrimentos, naõ duvidava a confeffar
feus errados juizos; mas agora, como
cada navio que vinha, era huma nova
prova de fuas utilidades, metiafe-lhe o
inte-

*Recolhe-fe para o Reino com as prezas das almadias.*

intereſſe pelos olhos, e já naõ admittindo diſcurſos de algum politico teimoſo
contra as repetidas expedições, às claras
engrandecia taõ proveitoſa idéa.

*O intereſſe das uti-
lidades, que ſe tiravaõ
deſtes deſcobrimentos,
excita a cubiça de mui-
tos unindo-ſe em com-
panhia para armarem
embarcações à ſua cuſ-
ta.*

As conveniencias, que de preſen-
te ſe viaõ, e muito mais as que ſe eſperavaõ com a amoſtra do ouro de Guiné,
levantava os animos abatidos com as fin-
tas, e tributos, em que entaõ ſe gemia,
frutos tirados das expedições de Ceuta,
e Tangere; e já o povo naõ chamava ao
Infante, ſenaõ o redemptor de ſeus naturaes, abrindo-lhe hum novo caminho,
em que ſem oppreſſaõ podeſſem reſarcir
com o commercio ſuas antigas perdas; e
caminho aberto à cuſta de tantas deſpezas, ſem ſe dever ao publico a contribui-
çaõ do minimo ſubſidio. A cubiça excitou
a muitos, liſonjeados das boas noticias, e
muito mais das cargas, que traziaõ os navios. Para eſtabelecerem com mais ſegurança ſua fortuna, uniraõ-ſe alguns como
em companhia, e pediraõ licença ao Infante para armarem embarcações à ſua
cuſta, e hirem deſcobrir mais a Coſta de
Guiné, pagando-lhe hum tanto, de tudo

do o que lhes rendeſſe ſua induſtria. Os primeiros a proporem eſte negocio foraõ os moradores de Lagos, Villa onde entaõ deſcarregavaõ os navios deſtes deſcobrimentos, por habitar o Infante na de *Terça Nabal*, que ( como deixamos eſcrito) havia fundado para os bons progreſſos de taes expediçoẽs.

Como hum dos fins deſte Principe em taõ ardua, e dilatada empreza, era enriquecer o Reino, fazendo vaſſallos opulentos, facilitou tanto a licença, que excitava a huns, quando a concedia a outros, naõ duvidando confeſſar aos pretendentes, que mais obrigado ficava elle pela ſupplica, do que elles pela mercê. Achamos, que os primeiros a tentar por eſte meyo ſua fortuna, foraõ Gil Eannes, ( o que quebrara o formidavel encanto do Cabo Bojador, paſſando-o com glorioſo atrevimento) hum Eſcudeiro do Infante, por nome Lançarote, Eſtevaõ Affonſo, a quem depois dera honrada morte a Conquiſta das Canarias, e hum Rodrigo Alvares, e Joaõ Dias, todos homens, dos quaes

*Os primeiros a quem o Infante concedeo licença, foraõ Lançarote, Gil Eannes, Eſtevaõ Affonſo, Rodrigo Alvares, e Joaõ Dias.*

quaes fe confiariaõ mayores emprezas.

*Apreftaõ feis Cara-*
*vellas, e partem de La-*
*gos para a* Ilha das
*Garças.*
Apreftaraõ feis Caravellas; e como o Lançarote fora o primeiro motor defta expediçaõ, e havia nelle, mais que nos outros, qualidades para a governar, ou o Infante o nomeou por Capitaõ mór della, ou os companheiros fazendo a eleiçaõ, lhe adevinharaõ a vontade. Partio a frota de Lagos no anno de 1444, endireitando a prôa para a *Ilha das Gar-ças*, nome, com que o feu defcobridor Nuno Triftaõ a deixara conhecida. Com mares profperos chegaraõ ao fitio, e em occafiaõ, em que elle os convidou com liberalidade, deparando-lhes muita daquella caça, por fer o tempo de criaçaõ.

*Entraõ na Ilha de*
Nar *com o defigno de*
*cativarem alguns de*
*feus moradores.*
Perto defta Ilha ficava a de *Nar*, da qual já fabiamos por informações dos Mouros cativos, que era povoaçaõ de mais de duzentas almas, gente toda de pobre trafico, e de efpiritos iguaes à fua miferia. Fizeraõ os Capitães feu confe-lho, fobre o modo de entrar na Ilha, e cativar alguns de feus moradores, e af-fentou-fe, que Martim Vicente, e Gil Vafques, homens defprezadores de pe-rigos,

·rigos, com alguns companheiros da mefma tempera foffem em bateis efpiar os
Mouros, com ordem, de que tanto que
·chegaffem junto de terra, obfervada bem
a paragem, e fórma, em que poderiaõ
·hir todos a cativallos, enviaffem a avifar
hum menfageiro; e elles entre tanto fi-
caffem entre ·a Ilha, e a terra firme, im-
pedindo o caminho aos Mouros, para
que no cafo, que percebeffem a fillada,
achaffem já tomada a porta ao recurfo
da fugida.

Partiraõ os dous, efcolhendo para
a empreza a noite, protectora de enga-
nos; mas o effeito para mayor honra dos
Exploradores naõ refpondeo à idéa; porque naõ poderaõ chegar à Ilha, fenaõ a
tempo, em que já a primeira luz do dia
eftragava o fegredo. Junto da praya ha-
·via huma povoaçaõ, e era impoffivel,
·que algum de feus habitadores, vendo
homens defconhecidos, naõ fufpeitaffe
engano, e avifaffe os outros; e nefte cafo contra hum povo inteiro, foccorrido
de todo o bom partido, que lhe dava a
grande circunftancia de fe defender den-

*Partem Martim Vicente, e Gil Vafques a efpiar os Mouros.*

Ff                           tro

tro de fua mefma cafa, naõ era para efperar fucceflo profpero à oufadia de trinta **Portuguezes**, grande parte delles homens mais de remo, que de efpada, baftando a perdellos qualquer laço armado
em terra, que elles nunca pizaraõ. Por
outra parte o defiftir da empreza, era
coufa que naõ podia lembrar à honra
de Portuguezes ; mas nefta variedade
de penfamentos Martim Vicente, e feu
Companheiro, pezando mais em feus
juizos o que lhes infpirava o brio em tal
aperto, do que a obediencia às ordens,
que levavaõ, deraõ de repente fobre a
povoaçaõ.

*Cativaõ cento cinco-*
*enta e cinco Mouros, e*
*recolhem-fe aos navios*
*com efta preza.*

O effeito approvou a oufadia, porque foraõ taõ afortunados, que quando
os Mouros a brados avifavaõ huns a outros dos novos hofpedes, já eftavaõ cativos cento e cincoenta e cinco, e feguros nos bateis. Paflara a mais o numero; mas muitos tiveraõ por mais fuave a
morte, que o cativeiro, e inveftindo aos
aggreflores, moftraraõ valor na refiftencia ; porém naõ poderaõ jactarfe delle
com os feus, porque em fim cederaõ aos
gol-

golpes repetidos , perdendo com gofto as vidas , onde feus companheiros perdiaõ a liberdade. Soberbos os noffos , como fe as prezas foffem defpojos de huma cançada victoria , remaraõ para os navios , onde a briofa trifteza dos que naõ fe haviaõ achado no honrado feito, lhes augmentou a vaidade.

O Capitaõ Lançarote vendo-fe naquella Cofta taõ bem hofpedado da fortuna , e avifado por hum dos cativos , de que em outra Ilha vifinha, chamada *Tider*, poderia em mais prezas accrefcentar a carga do feu negocio, naõ quiz cortar o fio de fua felicidade. Bufcou a nova povoaçaõ ; mas achando-a inteiramente defpovoada, poz o Mouro em tormentos , crendo, que por vingança lhe traçara hum defgofto naquelle engano. Juftificava-fe o miferavel ; porém fó o aliviou dos ferros, quando lhe prometteo emendar feu erro, levando-o a outra Ilha. Fallava fincero o cativo; mas o Capitaõ indecifo a dar fé em hum barbaro, a quem o cativeiro devia fazer ardilofo, demorou-fe na expediçaõ, e efta deten-

Ff ii                              ça

*Entra o Capitaõ Lançarote na Ilha* Tider *achada defpovoada paſa a outras , e cativa quarenta e cinco peſſoa*

ça foy bem favoravel aos moradores da malfinada povoação; porque ou fufpeitofos, ou avifados, tiveraõ tempo de fe falvarem na terra firme. Com tudo naõ fe efconderaõ tanto, que em dous dias, que os bateis andaraõ de Ilha em Ilha, naõ tomaffemos quarenta e cinco peffoas, aproveitando-nos da pouca cautela de humas, e do muito arrojo de outras, atrevendo-fe a apparecer, ora no mar, ora na terra firme.

*Volta para o Reino: recolhe-fe pelo Cabo Branco, cativa quinze pefcadores, com que completa o numero de duzentas e dezafeis peffoas.*

A fortuna de taõ uteis encontros fazia cubiça de mais prezas: por vezes démos affaltos em terra, mas a forte mudou de rofto; porque em todas as entradas, que fizemos, zombaraõ tanto os Mouros de noffa diligencia, e induftria, que naõ pudémos contar mais cativos, fenaõ huma mulher, que para perder a liberdade, até o fomno, em que jazia, fe confpirava contra a fua natural fraqueza. Confiderou o Capitaõ Lançarote, que com o grande numero dos Mouros hiriaõ notavelmente diminuindo os mantimentos, e vio-fe obrigado a recolherfe ao Reino. A volta foy taõ feliz, que fó

ella

ellà pudera fazer util a hida; porque no
*Cabo Branco* cativou quinze peſcadores,
com os quaes encheo o numero de duzentas e dezaſeis prezas. Era tanta carga
para fazer vaidade, naõ digo já pelo numero, mas pela circunſtancia de voltarem para o Reino huns armadores com
mais gloria, do que todos os Capitães antecedentes. O Infante D. Henrique, pa- *Recebe-o o Infante,*
ra que tomaſſe forças aquelle novo nego- *e o preméa com muitas*
cio, encheo de mercês aos fundadores *mercés armando-o Ca-*
da util Companhia, e ao Capitaõ Lan- *maõ.*
çarote, como ſe diſtinguira em ſerviços,
accreſcentou-lhe a nobreza, e por ſua
Real maõ o armou Cavalleiro, honra
que fora de ſobejo, ſe elle voltaſſe com
a conquiſta das terras, donde trouxera
os cativos; mas o Infante, em cujo
coraçaõ naõ podia caber alegria de mayor pezo, quaſi avaliava aquella grande
quantidade de prezas por deſpojos de huma importante victoria.

Achamos em Memorias authenti- *Armaõ hum navio*
cas, que neſte meſmo anno de 1444 hum *à ſua cuſta Vicente de*
Vicente de Lagos, homem do povo, e *Lagos, e Luiz Cada-*
hum Luiz Cadamuſto, nobre Venezia- *muſto, Veneziano.*
no,

no , armaraõ feu navio , ou tentados
da gloria, ou dos intereffes da frota antecedente. Sabemos de feu bom fucceffo , defcobrindo o *Rio de Gambra*; mas
ignoramos fuas conveniencias : a Hiftoria , que naõ os dá por honrados pelo
magnanimo Infante , deixa-nos prefumir,
que fe recolheriaõ fem prezas, e que o
defcobrimento do Rio naõ adiantara os
intereffes daquella navegaçaõ.

*Parte Gonçalo de Cintra em hum navio à ordem do Infante.* Entramos no anno de 45, anno fer-
til de defcobrimentos, e gloriofo para os
que nelles fe occuparaõ. Entre eftes ex-
ceptuemos a Gonçalo de Cintra , de
quem o Infante confiou hum navio, efperando, que lhe trouxeffe noticias, do
que ainda ficara encuberto às oufadas diligencias dos outros Exploradores. Era
elle homem de nafcimento efcuro , mas
aceito ao Infante , a quem fempre lem-
brara para cargos de honra, até o fazer
Cavalleiro da fua Cafa ; e podia-fe efperar de feus brios, que naõ havia apparecer ao Amo, fem trazer por documentos
de feus ferviços alguns feitos , que o pozeffem a diante dos Capitães feus ante-
ceffores.

ceffores. Com efte animo foltou as vélas Gonçalo de Cintra, e aconfelhado
por hum Mouro Azenegue, que levava
por lingua, e lhe promettia enchello de
prezas na Ilha de *Arguim*, doze legoas
a diante do *Cabo Branco*, crêo no Africano, e foy-fe onde, mais que o confelho,
o levava a cubiça.

    Tardou o fincero Capitaõ em co-
nhecer o engano, o tempo que mediou
em chegar à Ilha; porque tocando terra, pedio-lhe o lingua licença para defembarcar, a fim de difpor melhor o bom
fucceffo da empreza. O mefmo foy ver-
fe o Infiel em terra, que julgarfe livre:
fugio, celebrando no feu engano o pouco cufto, com que houvera a liberdade.
A efte dolo acompanhou outro de con-
fequencias mais graves ; porque os da
terra, querendo inquirir as forças do navio, fiaraõ a perigofa diligencia de hum
Mouro, a quem a velhice fazia diffimula-
do, e aftuto. Encarregoufe a Efpia do negocio; abordou à Caravella, e déftra nas
artes do fingimento, a que davaõ valor
as lagrimas promptas, e fufpiros defefperados,

*Facilidade com que fe deixa enganar de dous Negros.*

rados, foube perfuadir ao bom Gonçalo, que elle era parente de alguns Mouros, que daquella Cofta levaraõ os Portuguezes nos annos antecedentes, e que
era taõ extremofo o amor, que tinha ao
feu fangue, que vinha pedirlhe o levaffe
para Portugal, onde antes queria paffar
cativo feus poucos dias na companhia
dos parentes, do que fem elles viver em
liberdade alegre no defcanço da Patria.
Já accufámos a efte Capitaõ de exceffiva finceridade; agora naõ podemos deixar de lhe chamar leve, naõ fó por dar
credito às razões do Mouro, mas muito
mais pelo deixar voltar para terra, cahindo em fegundo engano; naõ fabemos
com que deftreza do velho.

*Salta em terra com*
*a idéa de caftigallos:*
*cahem fobre elle duzen-*
*tos Barbaros : morre o*
*Capitaõ, e com elle fete*
*dos feus companheiros.*

Irritado Gonçalo de Cintra das dobradas cavilações Africanas, determinou
hir caftigar os dous fugidos, e apagar no
juizo do Infante a mancha de fua dema-
fiada credulidade, obrando alguma acçaõ, que foffe invejada no Reino. Meteo-fe aquella noite em hum batel, acompanhado de doze homens, e refoluto a
penetrar a terra firme, até dar com povoaçaõ,

voaçaõ, onde o lucro das prezas o tor-
naffe alegre, efquecido dos paffados en-
ganos. A felicidade naõ ajudou feus briofos intentos : o defgraçado, ignorante
daquelles mares, entendeo, que defem-
barcava na Ilha, e meteo-fe em hum ef-
teiro, onde ficou em feco ao vazar da
maré. Com a luz do dia viraõ os Mouros o laço, que em feu bem lhes armara
a fortuna, e feftejaraõ com alegre vozeria prefente de tanto preço. Saltaraõ fobre os miferaveis quafi duzentos Barbaros, fegurando com o numero, o que
naõ confeguiriaõ pelo valor. Os noffos,
naõ obftante verem-fe opprimidos daquella multidaõ, tendo em tal cafo o
renderem-fe por affronta ao nome Portuguez, refiftiraõ como homens, que
antes queriaõ ficar mortos, que cativos.
Efta forte veyo em fim a caber a Gonçalo de Cintra, e aquella Angra tomando entaõ o feu nome, ficou-lhe fervindo de epitafio. Com elle morreraõ mais
fete dos companheiros, a mayor parte
homens de mareagem, e outros, porque fouberaõ nadar, falvaraõ as vidas,

Gg                    e a

e a liberdade , recolhendo-fe ao batel.

*Recolhem-fe os mais com a Caravella para Lagos.*

Com a morte do Capitaõ naõ ficou peſſoa capaz de tomar ſobre ſi o negocio, a que elle fora enviado , e menos gover-nar a gente do navio ; e neſte aperto foy prudencia conduzillo para o Reino, antes que ſe experimentaſſem da deſgra-ça novos revezes. Appareceo a Caravel-la em Lagos ſó com a preza de duas Mouras , e ſabendo o Infante, que eſtas vinhaõ mais compradas , que cativas, cuſtando a morte de oito Portuguezes, ſentio a deſgraça , como pedia a circunſ-cia de ſer eſta a primeira perda de ho-mens, que tivera nos deſcobrimentos da-quella Coſta. Com tudo , ou foſſe para

*Manda o Infante tres Caravellas no an-no feguinte , e por Ca-pitães Diogo Affonfo Gomes Pires , e Antaõ Gonçalves.*

refarcir o perdido, ou para deſpertar al-guns animos amortecidos com a infelici-dade paſſada , mandou no anno ſeguin-te tres Caravellas groſſas, fazendo dellas Capitães a Diogo Affonſo , Gomes Pi-res, Patraõ mór , e Antaõ Gonçalves, aquelle, que por vezes nos tem ſoccorri-do de aſſumpto para eſta Eſcritura, apre-ſentando-nos a Hiſtoria ſeus diſtinctos ſerviços.

O

O regimento, que levavaõ, era o entrar no *Rio do Ouro*, e pôr toda a diligencia para converter à Fé aquelles cegos em fuas brutalidades; e que quando naõ quizeffem admittir o Bautifmo, viffem, fe ao menos podiaõ ajuftar com elles paz, e commercio. Trabalharaõ os Capitáes com merecimentos de Miffionarios; mas a pezar de todo o trabalho, os Barbaros tenazes em feus erros, e ainda com a chaga frefca dos paffados infultos, a huma, e outra coufa fe fizeraõ furdos, defprezando a amifade, que lhe feguravamos ou na Religiaõ, ou no trato. Defenganados os noffos de aproveitarem nas diligencias, porque o haviaõ com gente, a quem a barbaridade fazia pertinaz, e fufpeitofa, recolheraõ-fe ao Reino, trazendo hum fó Negro, havido em troco de outro Cativo, e hum Mouro velho, que por fua vontade quiz vir a Portugal unicamente por ver ao Infante D. Henrique. Devia de animar aquelle Barbaro huma alma nobre: efpantado das acçóes, e virtudes de hum Principe, cujo nome foava com refpeito até nos

Gg ii                                    cer-

O

certões de Africa, quiz ver com os seus
olhos aquelle, que tanto podia em fama.
Recebeo-o o Infante como pediaõ as
circunstancias de sua viagem, e honran-
do-o com o agrado, e bom tratamento,
o mandou pôr em sua terra, sentindo,
que hum homem roubado a paiz culto
só mostrasse donde era, na pertinacia de
naõ abjurar seus erros.

*Offerece-se Joaõ Fer-*
*nandes ao Infante para*
*ir penetrar o interior*
*da terra dos Azene-*
*gues.*

Neste mesmo anno offerecendo-se
hum Joaõ Fernandes para hir investigar
o interior da povoaçaõ dos Mouros Azenegues, alcançou do Infante a licença,
esperando delle, que por saber a lingua
daquelles Povos, e ser homem de experimentada confiança, e honra, voltasse
com serviços, que adiantassem a grande
empreza. Mas em quanto elle penetra
aquelle desconhecido certaõ, e inquire
seu trafico, e costumes, fallemos de Nu-

*Torna Nuno Tristaõ*
*àquella Costa, e se re-*
*colhe ao Algarve com*
*vinte cativos.*

no Tristaõ, que em nova viagem he
mandado a tomar prezas naquella Costa.
Com ventos de servir entrou pelo *Rio*
*do Ouro*, e desembarcando em huma Aldea, deparou-lhe a fortuna vinte Mouros, que todos trouxe cativos; e porque
o cas-

o cafco, em que hia, naõ foffreria mais defta carga, fe profeguiffe na mefma diligencia, fem intentar outra acçaõ, fe recolheo ao Algarve.

Chegado Nuno Triftaõ, offereceo-fe por feu fubftituto Diniz Fernandes, favorecido do Infante por Efcudeiro de feu Pay, e eftimador do brio. Era dos moradores mais ricos de Lisboa, e defejando ganhar honra para feus defcendentes em facçaõ, que já a todos tentava, deu à véla em hum navio, armado à fua cufta, promettendo com elle chegar, onde naõ fe atrevera a oufadia dos Capitáes antecedentes. Cumprio o homem a palavra, porque paffando o rio chamado *Sanagá*, que dividia a terra dos Mouros Azenegues dos primeiros negros de Guiné, entaõ conhecidos pelo nome de *Jalofos*, aviftou humas almadias, e dentro grande numero de negros oceupados a pefcar. Lançou-fe a hum batel, acompanhado de alguns, e fez preza de huma almadia com quatro de feus pefcadores. Via Diniz Fernandes, que alli havia povoaçaõ capaz para augmentar o nu-

*Sabe Diniz Fernandes em hum navio armado à fua cufta: pafa o rio Sanagá: fa nelle algumas prezas.*

numero dos cativos ; mas fua cubiça era
mais nobre , que a que coftuma haver
em negociantes; amava a gloria, e naõ

*Defcobre a Ilha de Cabo Verde.* o interefle. Com eftes espiritos paffou a
diante mais de vinte legoas, onde deu
com hum grande Cabo, que a terra lança contra o Poente, a que deu o nome
de *Verde*, pela cor, com que o veftiaõ
feus muitos arvoredos. Os Antigos cha-
mavaõ-lhe *Arfinario*, e he Cabo o mais
occidental de Africa , ficando aos quatorze gráos, e quarenta e tres minutos
de latitude, e hum gráo e quarenta e
cinco minutos de longitude. Levanta-fe
em grande altura, e he muy efcarpado :
à vifta reprefentava-fe ameno no alto,
porque efpeffas, e verdes arvores lhe ferviaõ de coroa, parecendo, que a Natureza affim o apontava, quafi Principe de
todos os Cabos do Oceano Occidental.

*Volta para o Reino com a preza , que havia feito.* Alegrou-fe Diniz Fernandes, mas
naõ fe fatisfez com o defcobrimento :
pertendeo voltar o novo Cabo, e tudo
fe efperava de fua oufadia, fe naõ lhe
obftaffem os mares, que levantados em
dobradas tormentas, o fizeraõ ceder de
feus

feus briofos intentos. Saltou em huma pequena Ilha, que lhe ficava vifinha, para ver, fe podia refazerfe de mantimentos, e achando fó grande numero de cabras, matou muitas, e a neceffidade fez eftimavel o refrefco. Poz a prôa para o Reino, feguro de que fó com as quatro prezas, que trazia cativas, e com a noticia de nova terra, feria mais bem recebido do Infante, do que feus antecefores com navios carregados de Mouros; porque os negros, que elle trazia, naõ eraõ, como os que até alli fe haviaõ vifto no Reino, havidos em refgate, mas cativados em fuas proprias terras. Só fe enganara Diniz Fernandes em feu juizo, fe naõ conhecera a ancia, e empenho do Infante em adiantar feus defcobrimentos; mas fabendo quaes eraõ as coufas, que lifonjeavaõ os defejos daquelle grande coraçaõ, certo eftava das honras, e premios. Naõ lemos quaes foraõ; fó achamos, que efte defcobridor dera por bem empregada a viagem, e naõ menos a defpeza, que com ella fizera, defejando entrar de novo em negocio,

gocio, que lhe rendia taõ avultados lucros.

*Manda o Infante a Antaõ Gonçalves, Garcia Mendes , e Diogo Affonſo em demanda de Joaõ Fernandes , que havia ſete mezes penetrava o interior do Certaõ dos Azenegues.*

Mas já he tempo de buſcarmos a Joaõ Fernandes, que por ſerviço da Patria ſe arriſcara a explorar o Certaõ dos Mouros Azenegues , expondo ſua vida à diſcriçaõ daquelles Barbaros. Eraõ já paſſados ſete mezes, que eſte ouſado Explorador ſe demorava no *Rio do Ouro*; e como o Infante em couſas, que reſpeitavaõ aos progreſſos de ſeus deſcobrimentos naõ ſabia ſocegar o coraçaõ, ancioſo de noticias mandou buſcallo por Antaõ Gonçalves , e ordenou, que foſſem mais duas Caravellas groſſas, dando o governo de huma a Garcia Mendes, e outra a Diogo Affonſo, peſſoas que por ſua actividade, e zelo mereciaõ ha muito ſer occupadas neſte genero de Conquiſta. Largaraõ o panno os tres Capitães, e a poucas legoas de mar, hoſpedou-os com hum temporal desfeito aquel-

*Padecem hum temporal forte , que os obriga a ſeguir cada hum ſeu rumo.*

le infiel elemento. Separou-os logo a tormenta, e lutando com o bravo inimigo, cada hum ſe vio impellido a ſeguir nova derrota, eſperando a piedade dos Ceos.

O

O primeiro, que chegou ao *Cabo Branco,* foy Diogo Affonſo, e para dar aos companheiros algum ſinal de ſua chegada, mandou arvorar na praya huma grande Cruz, a qual por longos annos foy adorada dos navegantes, naõ ſe atrevendo a infidelidade daquelles Barbaros a derribar padraõ, que pozeraõ mãos Portuguezas.

*Chega Diogo Affonſo ao Cabo Branco onde arvora huma Cruz para dar ſinal aos companheiros.*

Como naquelle tempo as Ilhas de *Arguim* eraõ naquella Coſta a parte mais povoada de todas as que eſtavaõ deſcobertas, quem queria voltar com prezas, naõ ſe eſquecia de viſitar eſtas terras. A peſcaria mantinha eſtes Ilheos, e como ſua ſituaçaõ era abrigada dos ventos, e accommodada ao trafico dos peſcadores, concorriaõ alli muitos Azenegues, gente miſeravel, àquella eſmola do mar, e nós aproveitando-nos de ſua miſeria, de quando em quando lhes dobravamos a deſgraça, trazendo a muitos cativos. Aſſim lhes ſuccedeo agora com Diogo Affonſo, ao fazer ſuas entradas por eſtas Ilhas, em quanto ſe naõ incorporava com as Caravellas diſperſas. Pouco lhe apro-

*Faz algumas prezas nas Ilhas de Arguim*

Hh

aproveitou a primeira diligencia ; porque ſó fez preza em dous Mouros, tendo fugido quaſi toda a povoaçaõ para a
terra firme, enſinada de ſeus males paſſados.

*Salta em outra Ilha,*
*onde faz preza de vinte*
*e cinco cativos.*
Quiz o Capitaõ tentar de novo a
ſorte, ſaltando em outra Ilha, e hum
dos cativos facilitava-lhe a acçaõ, offe-
cendo-ſe por guia, e ſegurava-lhe como
pratico da terra hum bom ſucceſſo. Naõ
era para eſperar fidelidade de hum Mouro, e que chorava a perda de ſua liberdade : temeo Diogo Affonſo alguma ſillada, e irreſoluto entre deſejos, e ſuſpei-
tas, deu tempo aos da nova Ilha de ſe
porem em ſalvo. Ainda aſſim, ſempre o
conſolou a fortuna, entregando-lhe vinte e cinco cativos ; e neſta occaſiaõ ficou honrado o nome de hum Lourenço
Dias, morador de Setubal; porque ſó elle, por ſer celebre em ligeireza, tomou
ſete às mãos ; acçaõ, que lhe rendeo entaõ louvores, e depois conveniencias.
Cuſtaraõ as prezas trabalho, naõ pela reſiſtencia, porque os miſeraveis tinhaõ
por couſa neceſſaria o fugir, mas pelo
can-

canſaço , que cauſaraõ nos noſſos as longas corridas.

    Recolhia-ſe já o Capitaõ a ſegurar
no navio os cativos , quando Deos lhe
quiz dobrar o prazer , deparando-lhe a
Joaõ Fernandes , que era o objecto daquella navegaçaõ , o qual , havia dias ,
acudia à praya , alongando os olhos por
aquella Coſta , a ver ſe apparecia navio,
que o levaſſe a dar conta ao Infante de
ſeu raro ſerviço. Foy em todos extre-
moſa a alegria , querendo cada hum ſer
o primeiro a explicalla, lançando os braços ao famoſo deſterrado ; e creſceo o
prazer , quando delle ſouberaõ o ſentimento , que naquelles Barbaros deixara
ſua auſencia. Com effeito de tal maneira ſe portou com elles Joaõ Fernandes,
ora com o ſeu ſoffrimento , ora com a
gravidade de ſeus coſtumes , que deveo
a alguns virem acompanhallo na partida , para que naõ ſuccedeſſe cahir nas
mãos dos peſcadores da Coſta.

    Chegara a eſte tempo a Caravel-
la de Antaõ Gonçalves , e como trazia cativos alguns Mouros , deu-os em

reſ-

*Chega àquella pray*
*Joaõ Fernandes , e h*
*recebido com grande ale*
*gria.*

*Acompanhaõ-o al*
*guns Mouros , porqu*
*naõ cahiſſe nas mãos d*
*peſcadores da Coſta.*

*Trocaõ os Mouros d*
*Caravella de Anta*
*Gonçalves pelos que vi*
*nhaõ com Joaõ Fernan*
*des : e daõ a eſte ſitio*
*no*

*nome de* Cabo do Reſgate.

reſgate aos que vinhaõ com Joaõ Fernandes, recebendo delles negros, e algum ouro em pó; e daqui veyo darem o nome de *Cabo do Reſgate* ao lugar, em que ſe fizera eſta troca. Mas conſiderando os dous Capitáes, que era humilde o motivo, que dera o nome àquelle ſitio, em final da grandeza de ſeu prazer pelo encontro de Joaõ Fernandes, quizeraõ deixallo nobremente memoravel, ar-

*Armaõ nelle Cavalleiro a Fernaõ Tavares.*

mando nelle Cavalleiro a hum Fernaõ Tavares, homem a cujo ſangue convinha bem eſta honra, e já tardava a ſuas valeroſas proezas; mas a tardança vinha de ſua modeſtia; porque tendoſe-lhe offerecido em diverſas partes eſta diſtincçaõ, nunca quiz aceitalla, e ſó agora a naõ recuſou, querendo aſſim, como homem que era de coſtumes religioſos, aliſtarſe ſoldado de huns deſcobrimentos, em que ſe hiaõ diſpondo para a Fé as mais glorioſas Conquiſtas.

*Partem para o Reino, e Antaõ Gonçalves toma em huma Ilha cincoenta e cinco Mouros: chegaõ ao Algarve, onde Joaõ Fernandes he re-*

Celebrada a ceremonia, ſoltaraõ-ſe as vélas para o Reino, e vindo Antaõ Gonçalves pelo *Cabo Branco*, teve a felicidade de tomar em huma Aldea, onde en-

entrou, cincoenta e cinco Mouros, e feriaõ mais, fe muitos em defenderfe, naõ
perdeffem as vidas. Chegaraõ as Caravellas ao Álgarve, e eftimando muito em
outro tempo o Infante D. Henrique a
riqueza deftas frotas, quando vinhaõ carregadas de prezas, agora fendo efta carga tanta, e acompanhada de ouro, tudo
pezava pouco em feu juizo, comparado
com o prazer da vinda de Joaõ Fernandes; e já anciofo defejava ouvir de fua
boca, como coufa, que fó lhe occupava
os penfamentos, tudo quanto havia ob-
fervado naquelles povos efcondidos.
Alegremos ao leitor, cançado já de tantas navegações, fazendo, com que repi-
ta a Hiftoria a defcripçaõ, que fizera ao
Infante aquelle famofo Defcobridor.

„Os Mouros Azenegues (dizia Joaõ
„Fernandes) todos faõ paftores, e hum
„homem de Europa ao vellos, ha de
„fuppollos de efpecie diverfa, dobrando-
„lhes a barbaridade da ley os feus brutos
„coftumes. A terra naõ lhes pôde fer
„mais ingrata, ou feja nas producções,
„ou no clima; porque o Sol os mata à
„cal-

*recebido do Infante co*
*grande contentamento*

*Informa Joaõ Fe*
*nandes ao Infante c*
*que achara naquell*
*terras, no tempo qu*
*nellas andou.*

„ calma, e o certaõ à fome. Se nelle ar-
„ rebentaõ algumas raizes, e hervas, he
„ prefente de Natureza mefquinha; e fe
„ hoje fe defcuidaõ em as arrancar, à ma-
„ nhã já o Sol as tem fecas, e mirradas;
„ de maneira, que os miferaveis andaõ
„ pelos matos à caça dos bichos immun-
„ dos, eftimando-os como grata comida.
„ Agua potavel quafi que a naõ conhe-
„ cem, e a neceffidade lhes faz faborofa
„ a de poços falobres. Os abaftados fen-
„ tem menos efta falta, valendo-fe do
„ leite: bebem-no com economia, por-
„ que delle he pouco liberal o gado, naõ
„ o deixando nutrir os raros paftos de hu-
„ ma terra, da qual a porçaõ mais viço-
„ fa elles de boamente trocariaõ pelas
„ noffas charnecas. Sendo tanta a mife-
„ ria de feu fuftento, raras vezes fe refol-
„ vem a matar cabeças de feus rebanhos,
„ guardando-os como unicas riquezas de
„ fua trifte vida: efperaõ no tempo as
„ aves, e entaõ lhes entra em cafa a far-
„ tura. Ainda affim, vivem contentes, e
„ aferrados à Patria; chamaõ a tudo o
„ mais defterro, defprezando coftumes,
„ que

„ que naõ
„ que habi
„ abaftados
„ quinho,
„ abundanc
„ fal, e mui
„ ra fentir:
„ Huns, e
„ ardores
„ em arm:
„ precifa
„ do nelle
„ para efte
„ augmen
„ a terra
„ do algu
„ por fere
„ longa dif
„ bra, e a
„ veis. D
„ tuna de
„ po abe
„ do qua
„ e no p
„ redos,
„ como

„ que naõ lhes enſinaraõ ſeus pays. Os
„ que habitaõ na Coſta, tem-ſe por mais
„ abaſtados, porque o mar menos meſ-
„ quinho, que o Certaõ, os trata com
„ abundancia de peſcado, que ſecaõ ſem
„ ſal, e muitas vezes comem freſco, pa-
„ ra ſentirem menos a penuria da agua.
„ Huns, e outros levaõ ao deſcoberto os
„ ardores do Sol, ou ſeja falta de induſtria
„ em armar choupanas que os cubraõ, ou
„ preciſa neceſſidade do terreno, faltan-
„ do nelle abundancia de materiaes até
„ para eſtes pobres edificios. Para lhes
„ augmentar a miſeria, parece que teima
„ a terra em naõ dar arvores, exceptuan-
„ do algumas palmeiras, e ainda eſſas,
„ por ſerem calvas, e poſtas humas em
„ longa diſtancia de outras, negaõ a ſom-
„ bra, e affugentaõ de ſi aquelles miſera-
„ veis. Daqui vem paſſarem a meſma for-
„ tuna do ſeu rebanho, vivendo em cam-
„ po aberto à cortezia do tempo, e ſen-
„ do quaſi commum o alimento no gado,
„ e no paſtor. A falta, que ha em arvo-
„ redos, ha igualmente em montes; e
„ como eſtes nas boas terras ſervem de
„ guia

„ guia aos caminhantes, naõ os haven-
„ do nefta Regiaõ, com facilidade perde
„ o caminho, quem piza feus areaes. Pa-
„ ra naõ errarem, feguem de noite as Ef-
„ trellas, e de dia as aves, que fe fuften-
„ taõ das immundicies do povoado, co-
„ mo corvos, abutres, e outros feme-
„ lhantes. O feu veftir naõ póde occul-
„ tar a pobreza de feu trato: faõ couros,
„ formando com elles huns como fur-
„ rões muy fuccintos; e os que ufaõ
„ de pannos groffeiros, vindos de outras
„ povoações, effes já faõ refpeitados por
„ mayoraes poffantes, e querem as hon-
„ ras de primeiros. Cufta-lhes pouco efta
„ diftincçaõ, baftando para a terem, o
„ viverem ao cuberto, e contarem mais
„ gado. Tem a defordem, a que elles
„ chamaõ fortuna, de naõ conhecer Rey,
„ ou Cabeça, que os governe: cada fa-
„ milia obedece ao parente, que mais
„ póde, ou em violencia, ou em reba-
„ nho; e daqui vem ferem taõ frequen-
„ tes as contendas entre os mayoraes,
„ como pede a barbaridade de hum po-
„ vo fem ley, que o dirija. A natureza
„ ava-

„ avarenta naquella Regiaõ , coopera
„ muito para as diffensões deftes Barba-
„ ros ; porque fendo os paftos poucos ,
„ fobre quem fe ha de aproveitar delles,
„ travaõ pelejas humas familias com ou-
„ tras, e quem mais pôde em forças , effe
„ ganhou o campo , julgando-lho affim
„ o mayor poder , unico Rey de taõ bru-
„ ta Naçaõ. Efta continua difcordia faz,
„ com que os pobres vivaõ gemendo em
„ feu trifte eftado , fempre perfeguidos,
„ e vagabundos , mendigando para feu
„ pobre gado a herva , que efcapara ao
„ dos poderofos. Efta, Senhor, he a gen-
„ te , [ concluío Joaõ Fernandes ] onde
„ eftive voluntario por ferviço de voffos
„ defcobrimentos; e para dizer o que en-
„ tre ella paffey , a fim de que vejais o
„ bom fervo , que em mim tendes, fa-
„ bey, que apenas me viraõ aquelles Bar-
„ baros , levaraõ-me para o interior do
„ Certaõ , e feftejando a preza com ex-
„ tremos de alegria, defpiraõ-me de tu-
„ do, julgando fua pobreza por preciofo,
„ quanto eu levava. Trocaraõ-me os vef-
„ tidos por hum roto alquicé , que naõ

Ii                       „ baf-

„ baſtava a cubrirme a deſnudez , e fa-
„ zendo-me roda , inquiriaõ-me o fim de
„ minha jornada ; mas de maneira os ſa-
„ tisfiz , que creraõ em minha diſſimula-
„ çaõ , e naõ deraõ entrada à ſuſpeita.
„ Logo me hoſpedaraõ com o trabalho,
„ e quaſi eſcravo comprava com ſuor o
„ ſuſtento. Vivi em tanta miſeria, que a
„ cada inſtante me davaõ ſaudades da
„ Patria ; porém o bom deſejo de vos
„ ſervir , naõ ſó me adoçava eſta amar-
„ gura , mas fazia-me eſtudar todos os
„ modos de ganhar a vontade daquelles
„ brutos. Em fim comprey-a com o ſof-
„ frimento , eſpecialmente a de hum
„ Mouro , com quem vivi , homem ſin-
„ gular entre os ſeus , porque com fran-
„ queza , e amiſade me deixou vir buſcar
„ os noſſos navios, para paſſar ao Reino,
„ mandando-me acompanhado de quem
„ me podeſſe defender dos peſcadores da
„ Coſta ; e poſto que foſſemos taõ oppoſ-
„ tos em Religiaõ , e coſtumes , moſtrou
„ no apartamento , que ſentia a minha
„ faltà.

  Pendente do que referia Joaõ Fernandes

nandes eftava o anciofo Infante; e naõ
fe fatisfazendo com efta relaçaõ, que-
ria-a mais miuda, inquirindo-lhe o genio,
a figura, e os coftumes dos Azenegues,
e goftava de ouvir muitas vezes repetida
a mefma repofta. Pedia acçaõ taõ generofa hum premio correfpondente, e impoffivel era, que faltaffe a taõ clara juftiça, quem remunerava com maõ quafi
prodiga vulgares ferviços; mas a Antigui-
dade naõ nos deixou nefta parte indivi-
duaes noticias, e em prejuizo da reéti-
daõ do Infante naõ podia cometter mais
pezado defcuido. Nefte tempo, em que
a famofa Empreza hia tomando forças
por meyo deftes felices fucceffos, vivia
em Lisboa hum Gonçalo Pacheco, a
quem o Infante pagara os ferviços, que
lhe fizera no foro de feu Efcudeiro, com
o officio de Thefoureiro mór da Cafa de
Ceuta. Era negociante de cabedaes, adquiridos com a armaçaõ de navios para
aquellas partes, onde entaõ o commercio mais refpondia com lucros, e tentou-
fe a provar a fortuna nos fallados Defcobrimentos.

*Pretende tentar for-
tuna neftes Defcobri-
mentos Gonçalo Pache-
co.*

Ii ii

Naõ

*Apresta huma Cara-
vella, e parte com ou-
tras duas, de que eraõ
Capitães Diniz Ean-
nes da Grã, Alvaro
Gil, e Mafaldo, natu-
ral de Setubal.*

Naõ tinha que duvidar na licença do Infante; apreſtou huma Caravella groſſa, dando o governo della a hum ſeu parente, chamado Diniz Eannes da Grã, Eſcudeiro do Infante D. Pedro, e em companhia deſta foraõ mais duas, cujos Capitães eraõ Alvaro Gil, Enſaya-dor da moeda de Lisboa, e hum certo Mafaldo, natural de Setubal, homens daquelles, que pela agencia da vida ſe ſacrificaõ a todo o perigo. Emproaraõ todos para o *Cabo Branco*, mares, que naquelle tempo todos demandavaõ, e chegados a elle, acharaõ em lugar eminente hum como padraõ, eſcrito por Antaõ Gonçalves, em que aviſava aos cubiço-ſos de prezas, que naõ ſe cançaſſem em ſaltar em terra; porque aquelle lugar que viaõ, elle fora o ultimo a deſpovoallo, e deſtruillo.

*Chegaõ a Arguim,
nde cativaõ ſete Mou-
ros: entra pela terra
rme o Capitaõ Mafal-
do, e faz preza de qua-
renta e ſete peſſoas.*

Com o aviſo aconſelhados do Piloto Joaõ Gonçalves Gallego, ſoltaraõ o panno para a Ilha de *Arguim*, e logo ao chegar cativaraõ ſete Mouros, tendo-os por annuncio, que lhes mandava a Providencia, de mais felices encontros. O Ca-

Capitaõ.]
gloria, o:
hum dos c.
me, e ent
ouſadia lh
as. A ſor
cidade cor:
por mais d:
acharaõ,
perdoaria:
ſem por:
ferno o l:

Com:
males an:
layas, q:
qualquer
confiando
com que o
outros,:
oitenta l
reſarcir
timento
diverſas
pondeo
cincoer
tuna, ſe

Capitaõ Mafaldo, ou mais ambiciofo de gloria, ou de intereffe, inftruido por hum dos cativos, meteo-fe pela terra firme, e entrou em huma Aldea, onde a oufadia lhe rendeo quarenta e fete prezas. A forte naõ quiz repartir defta felicidade com os outros Capitáes; porque por mais diligencias, que fizeraõ, já mais acharaõ, fenaõ hum Mouro, a quem perdoariaõ por fua velhice, fe naõ quizeffem por meyo do Bautifmo tirar ao Inferno o lucro daquella alma.

Como os Mouros enfinados por feus males andavaõ com cautela pondo atalayas, que os avifaffem da chegada de qualquer navio Portuguez, os noffos def-confiando de fazer alli aquelle negocio, com que os lifonjeava o bom fucceffo de outros, extenderaõ-fe pela Cofta quafi oitenta legoas, efperando com avanços refarcir o perdido. Proveraõ-fe de mantimentos na Ilha das *Garças*, e fazendo diverfas entradas em muitos portos, ref-pondeo o effeito a feus juizos, ganhando cincoenta prezas. Era para eftimar a fortuna, fe naõ cuftaffe as vidas de fete dos nof-

*Extendem-fe pel Cofta oitenta legoas refreftaõ-fe nᵃ Ilh das Garças; ganhc cincoenta prezas, perdem fete dos noffos*

noffos, que ficando por defgraça em feco, e naõ podendo fer foccorridos, ferviraõ à vingança daquelles Barbaros irritados com taõ repetidos infultos. Em extremo fentio Diniz Eannes eftas mortes,
igualmente pelo defaftre, que pela affronta, e quando mais meditava no caftigo, que fartaffe fua colera, achou na
Ilha das Garças hum navio, de que era
Capitaõ hum Lourenço Dias, o qual vinha alli efperar por feus Companheiros:
mas julgamos neceffario chamar por coufas paffadas, para que perceba quem nos
ler, a caufa que houve para a vinda defte navio.

*Parte de Lagos hu-
ma frota de quatorze
vélas, commandada
pelo Capitaõ Lançaro-
te para deftruirem a
Ilha de Arguim.*

    Os moradores de Lagos, entaõ
gente induftriofa, porque animada do
favor, e prefença do Infante, pediraõ-
lhe, que lhes franqueaffe a armaçaõ para
a Cofta de Guiné, coufa, em que diziaõ
bufcavaõ menos feus intereffes, que o
ferviço de deftruirem a Ilha de Arguim,
de quem a Naçaõ por vezes havia recebido algum damno. Disfarçada affim a
cubiça com a lifonja, foy facil a licença,
e unindo-fe muitos intereffados, apreftaraõ

raõ logo em frota quatorze Caravellas.
Do Capitaõ Lançarote, de quem já fizemos honrada memoria, fiou o Infante o
governo defta Expediçaõ , por fer homem pratico daquelles mares, e bem vif-
to da fortuna. Dos outros vafos no- *Capitães Soeiro da*
meou por Capitães a Fidalgos já de no- *Cofta , e Alvaro de*
me eftabelecido, ganhado em feitos mi- *Freitas.*
litares, e entre outros naõ he para efque-
cer nem Soeiro da Cofta, Alcaide mór
de Lagos, que em Hefpanha, e França
como foldado aventureiro defempenhara
bem as valerofas obrigações do feu fangue, nem Alvaro de Freitas, Commendador de Aljezur, cuja efpada ainda em
Africa era celebrada , e temida.

Eftimulou a muitos a nova arma- *Sahem de Lisboa, e*
çaõ ; e como fe publicou, que hia a fac- *da Ilha da Madeira pa-*
çaõ mais de honra, que de lucro, os da *ra a mefma Expediçaõ,*
Ilha da Madeira naõ quizeraõ ceder aos *que eraõ Capitães Trif-*
de Lagos. Entre outros vafos apreftaraõ *nellas, Alvaro Fernan-*
Triftaõ Vaz, Capitaõ do Machico , Al- *tio, e Alvaro Gonçal-*
varo Dornellas , e Alvaro Fernandes , *ves de Ataide.*
cada hum fua Caravella. De Lisboa fa-
hiraõ outras , fendo as principaes huma ,
que armou D. Alvaro de Caftro, que depois

pois foy Conde de Monſanto, e outra
Alvaro Gonçalves de Ataide, que tambem
veyo a ſer Conde de Atouguia. Juntas
todas as Caravellas deſtes diverſos
portos, partiraõ a 10 de Agoſto de 1445
vinte e ſeis embarcações groſſas, e bem
eſquipadas, capazes de voltar para o Reino
com honra de mais pezo.

*Sahem do Algarve,*
*e ſobrevem-lhes huma*
*tormenta, que os ſepa-*
*ra todos.*
Apenas ſahiraõ da Coſta do Algarve,
recebeo-as o mar, ſegundo o coſtume,
com huma tormenta, que logo as
ſeparou; mas como o Capitaõ Lançarote
receoſo deſte caſo, ordenara, que ſobrevindo
temporal, cada hum dos Capitães
navegaſſe para a Ilha das Garças,
eſperando huns pelos outros, o primeiro
a quem os mares deixaraõ, foy a Lourenço
Dias, eſſe de quem acima fallámos,
encontrado por Diniz Eannes na
dita Ilha. Paſſados dous dias, chegou o
Capitaõ Lançarote, e com elle mais nove
Caravellas, em que entraraõ as de
Soeiro da Coſta, e Alvaro de Freitas.
*Chegaõ algumas das*
*Caravellas a Arguim.*
Com a vinda deſtas embarcações já Diniz
Eannes para vingar as mortes dos ſete
Companheiros ſe naõ contentava com
me-

menos, que com a deſtruição de todas as Ilhas de Arguim; e contando aos Capitães o infauſto ſucceſſo, achou nelles quem o ajudaſſe no caſtigo, reſpondendo-lhe, que ſe elles, ſem ſaberem do caſo, ſahirão do Reino com a meſma tenção, como ſe havião agora negar a couſa, em que ſe envolvia a honra Portugueza?

Feito conſelho, aſſentarão, que devião ſem demora ſaltar em terra, antès que os Mouros tiveſſem tempo a temer, formando ſeus diſcurſos, ou a chegada dos outros navios lhes moſtraſſe aos olhos no novo poder a ſua ultima ruina. Executou-ſe a determinação; entrarão pela Ilha de Arguim; porém os ſeus habitadores forão tão ligeiros em buſcar o aſylo da terra firme, que os noſſos em toda a povoação não acharão mais que doze homens, os quaes ficarão por deſtemidos, não os ſuffocando o numero, e menos a fama; que tinhamos bem eſtabelecida naquella Coſta. Oppozerão-ſe eſtes poucos à multidão dos aggreſſores, e reſiſtirão com porfia tão valeroſa, que

*Entrão na Ilha; fogem os habitadores della; e fazem préza de doze homens.*

Kk                    del-

delles a nós era leve a differença ; e até
quando em fim houveraõ de ceder, oito
delles com brio defconhecido naquellas
terras, efcolheraõ antes a morte, que o
cativeiro. Da refiftencia ficou hum dos
noffos taõ mal ferido, que em poucos
dias veyo a morrer; naõ lhe fabemos outro nome, fenaõ o de Portuguez valerofo, e hafte-lhe para elogio de feu esforço epitheto vindo daquella idade guerreira.

*Pede o Capitaõ Soei-
ro da Cofta, que o ar-
mem Cavalleiro, Di-
gnidade, que elle havia
já recufado.* Nefta acçaõ moftrou o Capitaõ
Soeiro o que feria feu esforço em encontros mais arrifcados ; e como fabia
unir a Religiaõ com o valor, vendo-
fe com efpada banhada em fangue infiel, pedio, que armando-o Cavalleiro, o quizeffem aliftar por novo foldado daquella Conquifta do Evangelho, que via taõ felizmente difpofta.
Naõ era nelle efte motivo disfarce da
vaidade ; porque tendofe-lhe por vezes
offerecido em Europa a honra, que
agora pedia, nunca a quiz aceitar ; refpondendo, que em guerras contra Chriftãos a Dignidade de Cavalleiro naõ dava

va honra fubftancial a homem Portuguez.

Para premiar os antigos ferviços de
taõ bom foldado, aproveitou-fe o Commendador Alvaro de Freitas da occafiaõ,
e do motivo, e defvanecido conferio a
honra, a quem mais de huma vez a recufara de mãos Reaes. O Capitaõ Diniz
Eannes teve a gloria de receber com o
illuftre Companheiro a mefma Dignidade : creyo que o quizeraõ confolar na
fua paixaõ, ou talvez lifonjear ao Infante Regente na peffoa do Criado. Satif-
feito, e já alegre com a honra, partio
com as fuas Caravellas para o Algarve,
obrigando-o a falta de mantimentos, e
defembarcando em Lagos, as muitas
prezas, que trazia, cubriraõ o defaftre
dos fete mortos, e fervio-lhe tambem a
baixa condiçaõ delles, naõ havendo
quem os choraffe com pranto, a que fe
déffe ouvidos.

Nefte tempo appareceraõ as outras
embarcações da frota do Capitaõ Lançarote; e tanto que efte fe vio com mais
gente, picado da pouca fortuna do fuc-

*Arma-o Cavalleir Alvaro de Freitas, com elle recebe a mefm. Dignidade Diniz Ean nes.*

*Chegaõ as outras C. ravellas, e propoe Lançarote entrar e Tider.*

Kk ii                    ceffo

ceſſo paſſado, propoz em conſelho entrar na populoſa Ilha de Tider. Appro-
vada a generoſa idéa, deu ordem a tres
Caravellas, que ſe pozeſſem em hum braço de mar eſtreito, e pouco fundo, a
impedir a paſſagem dos Mouros para a
terra firme, em quanto os das outras ſal-
tavaõ de improviſo na Ilha, ſeguros de
naõ experimentar o coſtumado deſgoſto
na fugida daquelles Barbaros. Mas o
medo muitas vezes engenhoſo nos fra-
cos, teve os Mouros em tanta cautela,
que antes de armado o laço, já ſe tinhaõ poſto em ſeguro, ſoccorridos do
ſegredo da noite.

*Entraõ na Ilha: fo-*
*gem ſ' Mouros deixan-*
*do fruſtrada eſta em-*
*preza.*
Os noſſos naõ receando tanta eſperteza em gente bruta, ao romper da
manhã entraraõ pela Ilha, e paſmados
de a verem deſerta, conheceraõ o engano, e mais o ſentiraõ, quando da praya
os fugidos o celebravaõ com vozerias,
e deſprezos bem explicados por acções
deſcompoſtas. Naõ as pôde ſoffrer hum
Diogo Gonçalves, Moço da Camara do
Infante, que eſtava em huma das Caravellas mandadas a impedir a paſſagem,
e con-

e convidando a hum Pedro Alemaõ, natural de Lagos, a hirem caſtigar as linguas daquelles inſolentes, achou prompto companheiro no Algarvio, e armados
lançando-ſe ambos a nado, ſem que ninguem os viſſe, apparecerão na praya,
onde os Mouros deſprezando·os como
loucos, e preſumidos, os receberaõ com
dobradas zombarias ; mas as algazaras
ſervirão de aviſar aos noſſos, que todos
ignoravaõ taõ generoſa reſoluçaõ.

*Lançaõ-ſe a nado Diogo Gonçalves, e Pedro Alemaõ para caſtigarem os Barbaros.*

    O lance era para cauſar inveja a al-
mas nobres, e impellidos do brio, logo
ſe lançaraõ em ſeguimento dos dous todos os que ſe fiavaõ de ſua deſtreza em
nadar. Tiveraõ a gloria de ſer os primeiros Gil Gonçalves, Eſcudeiro do Infante, e Leonel Gil, Alferes da Cruzada;
ambos mancebos, que por ſeu valor, e
forças andavaõ nos olhos de todos. Juntos em hum corpo, inveſtiraõ com os
Mouros, em quem acharaõ grande reſiſtencia, ou por ſoberbos em pizar terra
propria, ou receoſos do caſtigo à ſua pe-
tulancia. Travou-ſe deſconcertada contenda, e os Barbaros, como tinhaõ à viſta

*Saõ ſeguidos de Gil Gonçalves, e Leonel Gil: inveſtem os Mouros, e travaõ com elles porfiado combate.*

ta nas mulheres, e filhos quem lhes def-
pertaffe o esforço, pelejavaõ de modo,
que os noffos depois, recordando a Acçaõ, naõ lhes negaraõ os louvores. Obraraõ-fe da noffa parte gentilezas de valor,
e hia crefcendo noffa gloria à medida da
refiftencia nos Inimigos. Naõ perdiamos
golpe, e alguns fe empregaraõ, que levavaõ comfigo a morte.

*Fogem os Mouros, ficando cativos cincoenta e fete.*　Já os Mouros quebrados de forças
naõ podiaõ manter a peleja, e tiveraõ
por neceffario ceder a huns homens, que
reconheciaõ de tempra mais dura. Olhavaõ para a terra, e já viaõ de feus companheiros doze mortos; nos noffos naõ
confta, que viffem nem ainda ferida, e
defenganado hum povo inteiro de feu
pouco partido contra quatro Portuguezes, tomou por melhor acordo falvarfe
do certo perigo na fegurança do Certaõ.
Seguiraõ o confelho do medo, e de repente deraõ coftas; mas nem todos foraõ taõ foccorridos dos pés, que naõ fi-
caffem prezos cincoenta e fete. Já nas
algazaras, que ao longe fe ouviaõ, tro-
cavaõ em prantos as paffadas zombarias,
cho-

chorando huns a defgraça dos mortos,
outros a dos cativos.

Vaidofos os illuftres combatentes
com acçaõ de tanto nome, feguraraõ
nas embarcações as prezas; e como fe
naquelle dia naõ tiveffem obrado coufa,
que mereceffe fama, foraõ em demanda
de mais gloria, penetrando o interior da
terra; mas a forte naõ quiz por aquella
vez fer mais liberal, e contentando-fe
com o credito do famofo feito, recolheraõ-fe às Caravellas. Diziaõ, e inftavaõ
os cativos, que os fugidos certamente fe
haviaõ refugiado em huma Aldea, fete
legoas ao longo da Cofta, onde, por ef-
tarem defapercebidos, feriaõ prezos fem
cufto: os Barbaros naõ duvidavaõ a entregar os feus, tendo por alivio em feus
males, haver mais quem choraffe a mefma defgraça. A fegurança com que fallavaõ, capacitou aos Capitães: entraraõ
pela Aldea, mas inteiramente a acharaõ
deferta; porque os fugidos mais ligeiros
em avifar feus moradores, do que os noffos em os bufcar, fiaraõ todos as vidas
dos fegredos das brenhas; porém para
que

*Recolhem as prezas nos navios: continuaõ em penetrar o interior da terra: cativaõ mais cinco Mouros.*

que o trabalho naõ ficaſſe de todo baldado, encontraraõ na retirada com cinco
Mouros, prezas que baſtaraõ naquella
occaſiaõ a ſuaviſarlhes o ſentimento pela acautelada eſperteza dos outros.

*Propoſta do Capitaõ Lançarote aos Capitães das outras Caravellas.* Aſſolladas as povoações daquella
Coſta, como eſtava conſeguido o nego-
cio, a que o Infante mandara a Armada, chamou o Capitaõ Lançarote a todos os Capitães, e peſſoas principaes
della, e he fama, que lhes fallara neſte
ſentido: „ Tendes, Companheiros, ſatiſ-
„ feito ao fim, para que foſtes enviados,
„ e com gloria naõ vulgar, que honrará
„ de ſobejo aos que de vós naſcerem.
„ Nem vos pareça, Amigos, que o va-
„ lor, que ha pouco moſtraſtes, limpando
„ eſtas Ilhas de Barbaros inſolentes, mere-
„ cia acçaõ de mais nome, qual a de Ceu-
„ ta, em que muitos de vós ſe acharaõ.
„ Conheço, que para voſſos brios foy le-
„ ve o trabalho, mas naõ o ſerá no juizo
„ do Principe, a quem ſerviſtes, para o
„ qual naõ pôde haver mayor ſerviço,
„ que o de eſtabelecer neſta Regiaõ o
„ medo, e reſpeito ao nome Portuguez,
„ e del-

„ e della t
„ no Er..
„ nho da S
„ neſſes cat:
„ deas os d
„ melhante
„ poderieis
„ ctaçaõ d:
„ le para o
„ mulos :
„ tarda p
„ quem r..
„ pecialme
„ dadores
„ abrindo
„ a caſtig..
„ tes as ar..
„ lices no ..
„ feliciſſim..
„ de o hi:
„ Reino
„ go do ..
„ empre..
„ da aſſ..
„ gloria,
„ quizer..

jue.
)do balda-
'om cinco
naquella
iento pe-
tros.
daquella
o o nego-
a a Arma-
arote a to-
principaes
lara *nefte*
*ros, fatif-*
nviados,
e honrará
nafcerem.
*que o va-*
*impando*
es, mere-
a de Ceu-
: acharaõ.
os foy le-
i no juizo
, para o
fervico,
Legiaõ o
rtuguez,
„ e del-

„ e della trazer prezas , que doutrinadas
„ no Evangelho , accrefcentem o reba-
„ nho da Santa Igreja. Ora levando vós
„ neffes cativos, e na affollaçaõ deffas Al-
„ deas os documentos mais claros de fe-
„ melhantes ferviços, que mayor gloria
„ poderieis lucrar, do que encher a expe-
„ ctaçaõ daquelle religiofo Principe? El-
„ le para as mercês naõ neceffita de efti-
„ mulos : fe ferviffeis a Senhor de maõ
„ tarda para as remunerações, eu feria
„ quem requereffe voffos defpachos , ef-
„ pecialmente de vós outros, briofos na-
„ dadores , que com a efpada na boca
„ abrindo caminho pelas ondas, correstes
„ a caftigar por huma vez neffes infolen-
„ tes as affrontas ao voffo valor: foftes fe-
„ lices no arrojo, e no caftigo, mas fereis
„ feliciffimos no premio. He tempo pois
„ de o hirdes receber, tornando para o
„ Reino, já que o regimento, que tra-
„ go do Senhor Infante, naõ nos manda
„ emprehender mais Acçaõ. Porém ain-
„ da affim , fe vós ambiciofos de nova
„ gloria, ou de mayor numero de prezas,
„ quizerdes paffar a diante , difcorrendo

Ll                           „ mais

„ mais por eſta Coſta, tendes em mim,
„ naõ Capitaõ, mas Companheiro, por-
„ que eſſa ſuperioridade já expirou com
„ a execuçaõ do negocio. E quando vós
„ por juſtos motivos, que tenhais, tomeis
„ o caminho de aliviar ſaudades da Pa-
„ tria, eu como até aqui obrey pouco,
„ eſtou reſoluto a emparelhar minha glo-
„ ria com a voſſa, buſcando occaſiões por
„ eſtes mares, com que naõ appareça no
„ Reino taõ boiante o meu navio.

*Reſolvem alguns dos Cápitães recolherem-ſe ao Reino: outros acompanhar a Lançarote na continuaçaõ da ſua derrota.*

Todos, ſe ſe levaſſem da ambiçaõ generoſa de ſeus eſpiritos, quereriaõ acompanhar ao ouſado Lançarote; po-rém os Capitães Soeiro da Coſta, Vicente Dias, Rodrigo Eannes, Martim Vicente, e outro de quem ſó nos ficou o appellido, ou alcunha de Picanço, conſiderando a pequenhez dos vaſos, em que vinhaõ, e que naõ poderiaõ reſiſtir com elles às furias do Inverno, que já começava a revolver aquelles mares, de-terminaraõ ſoltar as vélas para Lagos. Os Capitães Lourenço Dias, Rodrigo Eannes Travaços, Alvaro de Freitas, e Gomes Pires, a quem hia encarregada
hu-

huma Caravella de ElRey, foraõ mais refolutos, e offereceraõ-fe a ter parte no deftino de Lançarote, que punha os penfamentos em paffar da terra Çahará dos Azenegues à dos Negros de Guiné, de cujo temperamento, e fertilidade ouvia noticias, que convidavaõ.

*Partem pa'a o Rei no os Capitães Soeir da Cofta, e outros: de manda o Cabo Branco entra em huma Aldea e cativa nove Mouro:*

Dividida affim a Armada, deixemos navegar ao Lançarote com feus companheiros, e figamos a Soeiro, a quem preftaraõ obediencia as outras Caravellas, por fer elle Alcaide mór de Lagos, donde eraõ naturaes quafi todos os que nellas vinhaõ. Naõ pareceo decorofo a efte Capitaõ fazer viagem ociofa, e querendo de caminho aproveitar em mais prezas, demandou o Cabo Branco. Entrou por hum eftreito em huma Aldea; quatro legoas affaftada do Cabo, e lifonjeando-o feu penfamento, de que o affalto repentino lhe feria bem proveitofo, bufcou de improvifo a povoaçaõ. Vio logo, que errara em feu juizo, porque os feus habitadores, doridos de males já taõ repetidos, foraõ mais ligeiros em fugir, do que elle em acometter, naõ poden-

Ll ii                    do

do haver à maõ de hum povo numerofo, fenaõ nove Mouros.

*Torna a Tider a ne-
gociar o refgate dos
Mouros: aftucia com
que eftes o enganaõ.*
Podera naõ dar por perdida a diligencia; porém como taes fahidas coftumavaõ dar mais lucros, defgoftofo do
pouco numero, propoz aos Capitães,
que lhe convinha tornar a Tider; porque fabiã, que por huma Moura, e por
hum Mouro dos mais principaes daquella Ilha, que comfigo trazia, de lá lhe offereciaõ groffo refgate. Approvou-fe a
propofta; chegou Soeiro da Cofta à Ilha,
mas naõ foy com elle a fortuna. Nego-
ceou a troca, e por fegurança deraõ os
Mouros em refens a hum velho entre elles da cafta mais honrada, e o Capitaõ
ao Meftre do feu navio, com hum homem de Naçaõ, que trouxera do Reino.
Já o Mouro cativo eftava em terra; a
Moura ou anciofa da liberdade, ou re-
ceofa do amor dos feus em a refgatarem, com animo pouco vulgar em feu
fexo lançou-fe a nado, e paffando à terra, deu por venturofo o perigo. Os
Mouros, tanto que fe viraõ com a poffe
dos dous, naõ fó faltaraõ à troca, mas
naõ

naõ quizeraõ entregar os noſſos, ſem que lhos compraſſemos com mais três cativos.

*Faz varias ſahida a terra, por ver ſe po dia vingarſe.*

Cahio entaõ em ſeu deſacordo o ſincero Soeiro, eſperando fé em Africa, e quizera caſtigar a vil infracçaõ da palavra; mas por tornar a haver hum homem taõ neceſſario à mareaçaõ, como o Meſtre, naõ tendo forças para o hir reſgatar com a eſpada, reſgatou-o com o que lhe pediraõ: foy prudencia; mas naõ foy eſta a acçaõ, que depois lhe rendeo louvores. Ainda aſſim, naõ cabendo em ſeu coraçaõ o dar à véla ſem deſpique, fez varias ſahidas a terra; porém os Mouros deſtros em lhe fugir, nunca lhe armaraõ encontro de o alegrar com preza. Deſconſolado poz a prôa para o Algarve; mas de caminho determinou dar hum ſalto nas Canarias, a ver ſe alli a forte mais benigna lhe curava o deſgoſto, deparandolhe occaſiaõ, que lhe grangeaſſe honra.

*Encontra-ſe nas Ca narias com a Caravelı de Joaõ de Caſtilha.*

A' viſta deſtas Ilhas encontrou huma das Caravellas da Armada, que ainda agora com licença dos mares tormentoſos tofos hia em demanda de Arguim , por obedecer à ordem do Capitaõ Lançarote. Referio Soeiro da Cofta a Joaõ de Caftilha, que era quem governava a Caravella , o como já feus Companheiros haviaõ concluido o negocio daquella Expediçaõ, e que já em Arguim naõ ficava bandeira Portugueza, vindo huns navios para o Reino , outros emprehendendo o defcobrimento de Guiné. Mas que fe elle naõ queria apparecer ao Infante com viagem infructuofa, podia ajudallo no intento, em que eftava, de entrar na Ilha da Palma, onde efperava, que a diligencia rendeffe , quanto baftaffe a contentar a ambos.

*Segue a Soeiro da ofta: tomaõ porto na lha Gomeira , e faõ em recebidos pelos Goernadores della.*

Tomou o Caftilha o confelho, parecendo-lhe , que hiria já tarde a incorporarfe com o Capitaõ Lançarote, e feguindo as vélas de Soeiro da Cofta , todas tomaraõ porto na Ilha Gomeira. Governavaõ efta terra dous Capitães eftrangeiros, hum chamado Pifte, e outro Brucho, os quaes haviaõ eftado em Portugal , e Caftella. Viraõ embarcações Portuguezas , e lembrados do benigno aco-

ue,
nim, por
Lancaro.
Joaõ de
iva a Ca-
nanheiros
quella Ex-
naõ ficava
ins navios
nendendo
Mas que
o *Infante*
*ajudallo*
ntrar na
que a di-
sse a con-

lho, pa-
a incor-
ote, e se-
osta, to-
Gomeira.
ipitães es-
, e outro
) em Por-
narcações
benigno
aco-

acolhimento, com que em outro tempo os tratara o Infante D. Henrique, e das mercês, que lhes fizera, vieraõ logo receber os noſſos, offerecendo-lhes com ſincera franqueza de quanto produzia a Ilha. A occaſiaõ naõ podia ſer mais favoravel para as idéas dos noſſos Capitães, dando com homens poderoſos, que ſendo-nos obrigados, confeſſavaõ o beneficio. Propoz-lhes Soeiro da Coſta, *Propoem Soeiro d Coſta aos Governadore o intento de entrar pe la Ilba de Palma.* que elle vinha com animo de entrar pela Ilha de Palma, e caſtigar ſeus naturaes, gentè perfida, e rebelde, que com modos barbaros haviaõ por vezes abuſado da clemencia do Infante; e que ſe elles queriaõ moſtrarſe gratos às mercês, que confeſſavaõ dever a eſte Principe, naõ podiaõ naquelle caſo darlhe provas mais claras de ſua gratidaõ, do que ajudallos com gente a ſegurar o caſtigo.

Eraõ os dous Capitães inimigos declarados dos habitadores de Palma, e eſ- *Acompanbaõ eſtes a neſſus Capitaes, e da todos ſobre a Ilba.* ta razaõ disfarçada com a do obſequio ao Infante, tanto diſpoz logo ſeus animos, que ſem demora com hum bom ſoccorro ſe meteraõ nas Caravellas, favore-

vorecendo o fegredo o filencio da noite.
Quando rempeo o dia, já eftavaõ fobre
a Ilha. Defembarcaraõ, e os primeiros,
com quem encontraraõ, foraõ com huns
paftores, que conduziaõ o feu rebanho.
Viraõ os miferaveis gente inimiga, e temendo que lhes roubaſſem o feu pobre
cabedal, fallaraõ ao gado com hum final
taõ certo, que coftumado a efta obediencia, correo todo para hum valle, que
aſſombravaõ duas altas ferras de vivos
rochedos.

*Inveftem com os ha-*
*itadores della, que fe*
*caftellaraõ no alto de*
*uma ferra.*
        Inveftimos com os paftores; mas
elles com incrivel ligeireza, que ajudava
o medo, fe acaftellaraõ no alto. Os Canareos, querendo-nos oftentar feus brios,
e merecer louvores de feus Capitães,
treparaõ pela rocha com tanto defpejo,
que os fugidos naõ fe deraõ por feguros,
e bufcaraõ mais fecreto afylo. Os noſſos
incitados de tanta oufadia, tiveraõ por
vergonha naõ os feguir; porém como
eraõ pouco coftumados a hum tal caminho, alguns eftiveraõ em ponto de medir a altura; e hum houve, mancebo de
efperanças em facções de valor, que fal-
                                    tando-

tando-lhe
valle. Ig
Canareos.
que lhes cu
caires, aqu
que pelas c
caõ de Ar
pendurarfe
tar o perig
que os nc
Ilha com
    Já o
do a toda
baros ave
mo de lhe
çida a fei
nos viraõ
ramos de
de feu pa
aqui foy c
o amor d
bens, mc
defender
da taõ ce
dos apoft
dores, o

tando-lhe os pés, veyo em pedaços ao valle. Igual forte correraõ alguns dos Canareos, affe(tando ligeireza, e arrojo, que lhes cuftou as vidas. *Só Diogo Gon-*çalves, aquelle Moço de alma intrepida, que pelas ondas foy abrir a porta à Ac-çaõ de Arguim, he que melhor foube pendurarfe por aquellas afperezas, e evi-tar o perigo dos defpenhadeiros; coufa que os noffos viaõ com fufto, e os da Ilha com pafmo.

Já o ruido dos noffos havia avifa-do a toda a povoaçaõ: correraõ os Bar-baros a ver os novos hofpedes, com ani-mo de lhes darem a hofpedagem mere-cida a feu atrevimento; porém como nos viraõ armados, naõ oufaraõ a efpe-rarnos de perto. Nós aproveitando-nos de feu pavor, fomos correr a Ilha, e aqui foy que elles, forçando-lhes o brio o amor das mulheres, dos filhos, e dos bens, moftraraõ fer homens, que fabiaõ defender o feu. Armou-fe humá conten-da taõ cega de ambas as partes, que to-dos apoftavaõ ficar no campo ou vence-dores, ou mortos. Sufpiraraõ os Barba-

*Correm os Barbaros de toda a povoaçaõ a defender os feus: tra-va-fe porfiado combate.*

Mm ros

ros por armas, mas valendo-fe das que acafo lhes miniftrava o furor, faziaõ-nos tal refiftencia, que vimos a fortuna quafi a feguir feu partido.

*Cedem aos noffos dei-xando-lhes o campo li-vre, e cativaõ dezafe-te peffoas.*

Em fim depois de difputado combate, quebrados de forças houveraõ de ceder ao pezo de golpes repetidos, e tomando todos o caminho da ferra, deixaraõ-nos o valle livre. Ainda affim, de lá nos perfeguiraõ com armas de arremeço, e fe nós lhes refpondiamos com outras, eraõ taõ deftros, e ligeiros em furtar o corpo ao gòlpe, que de maravilha empregavamos tiro. Ultimamente defenganados de melhorar em partido, e receofos, de que os affaltaffemos no feu couto, tiveraõ por melhor acordo, o retirarfe para parte, onde os perdeffemos de vifta. Como defertara quafi toda a Ilha, fomos a contar as prezas, e fó achámos dezafete peffoas, e entre ellas huma mulher, que pela altura defmedida nos fez efpanto, e pelo gefto, e roupas creo-fe, que era a Rainha daquella povoaçaõ.

Partiraõ para a Gomeira os noffos au-

auxiliador
que mal l
pto ferviço
coufa he b
mas firva-l
nos manda
Caftilha, l
honra, que
ter entrad
Arguim,
ra lhe pe
por aos C
feria bom
vos da G
me a pro
amifade,
te, e Bruc
via fer in
de tal m
Soeiro,
ponder,
fentio, e
era dos
e em re
dos, ou

Cc

ue.

: das que
aziaõ-nos
ına quaſi

do com-
veraõ de
los, e to-
ra, deixa-
im, de lá
ırremeço,
n outras,
furtar o
ilha em-
e deſen-
do, e re-
s no ſeu
'o, o re-
eſſemos
toda a
ſo achá-
llas hu-
ſmedida
: roupas
ella po-

s noſſos
au-

*Recolhem-ſe os u*
*vios à Ilha Gomeira*
*propoem Joaõ de Ca*
*ſtilha aos ſeus comp*
*nheiros fazerem alg*
*mas prezas nella.*

auxiliadores, e com pejo eſcrevemos, que mal lhes ſouberaõ pagar ſeu prompto ſerviço os Capitães Portuguezes: a couſa he bem indigna para ſeus nomes; mas ſirva-lhes de caſtigo a verdade, que nos manda referir a Hiſtoria. Joaõ de Caſtilha, homem menos ambicioſo da honra, que do vil intereſſe, ſentindo naõ ter entrado na repartiçaõ das prezas de Arguim, e pouco contente das que agora lhe pertenciaõ, teve arrojo para propor aos Capitães ſeus companheiros, que ſeria bom carregar as Caravellas de cativos da Gomeira. A todos pareceo infame a propoſiçaõ, lembrados da ſincera amiſade, que deveraõ no ſoccorro a Piſte, e Brucho; porém o Caſtilha, que devia ſer inſigne em dar força às palavras, de tal modo enredou o juizo do bom Soeiro, que mais pōr naõ lhe ſaber reſponder, que por ſe levar da cubiça, conſentio, em que ſe executaſſe o conſelho: era dos Capitães o principal em mando, e em reſpeito, e os outros ou violentados, ou liſonjeiros approvaraõ a acçaõ.

Com tudo naõ ſe atreveraõ a polla

Mm ii      em

*Cativaõ vinte e huma peſſoas, e fazem-ſe à véla para o Reino.*

em obra, levando gente daquelle porto: paſſaraõ a outro da meſma Ilha, e cativando vinte e huma peſſoas, fizeraõ-ſe à véla para o Reino. Soube da vileza o Infante, e os Antigos nos dizem, que a ſentira em extremo, naõ podendo crer, que homens criados nas leys da honra foſſem taõ ingratos à hoſpitalidade, que cometteſſem couſa até eſtranhada nos meſmos

*Sente o Infante eſta vileza, e manda repor os cativos no meſmo lugar, em que foraõ tomados.*

Barbaros. Naõ ſabemos, ſe o caſtigo paſſara a mais, do que a viverem na deſgraça do Infante; conſta-nos ſim, que à cuſta dos aggreſſores mandara veſtir a todos os cativos, e repollos no meſmo lugar, em que foraõ tomados, enviando aos Capitães da Ilha expreſsões diſtinctas de ſeu agradecimento pelo ſoccorro, e de ſeu deſagrado pela acçaõ commettida. Paſſados annos veyo o Capitaõ Piſte ao Reino a negocios da ſua Ilha, e entaõ nas muitas mercês, que lhe fez o Infante, tornou a gratificarlhe o antigo ſerviço; graças que recebia a miudo, até que entre nós veyo a acabar ſeus dias.

*Chega o Capitaõ Lançarote ao rio C,anagá.*

Mas já he tempo de hirmos buſcar ao Capitaõ Lançarote, que pelas terras

da

da Libia anda negociando em fama. Apartado de feu fogro Soeiro da Cofta, começou a navegar ao longo da Cofta, e paffando a terra, a que os Mouros chamaõ *Çahará*, e nós *Zara*, foy dar com as duas palmeiras, que como marco pozera Diniz Fernandes, quando por alli paffara, para denotar o fitio, em que os Azenegues fe apartaraõ dos Negros idolatras. Deitou mais vinte legoas a diante, e embocou por hum rio, a que depois démos o nome de *Çanagá*, por fe chamar affim hum Negro dos principaes daquella terra, o qual cativámos, e foy o primeiro, que nos comprou feu refgate.

O Capitaõ Lançarote mandou deitar lancha fóra, e deu ordem a Eftevaõ Affonfo, homem prompto para inveftir com perigos, que faltaffe com alguns companheiros em terra, e vieffe informallo do que nella obfervaffe. Pouco diftante da praya logo os Exploradores defcobriraõ huma cabana, da qual fahindo hum moço, e huma moça, ambos irmãos, foraõ prezos; mas fua felicidade

*Manda faltar e terra Eftevaõ Affonfo : cativa efte dos Mouros, que no Reino receberaõ o fagra Bautifmo.*

.de esteve no cativeiro ; porque vindo para o Reino, receberaõ o Bautismo, e tiveraõ a protecçaõ do Infante, mandando estudar o Negro, com tençaõ de que honrado com o Sacerdocio fosse prégar aos seus as verdades eternas, a ver se criaõ nellas intimadas na sua lingua, e por hum homem do seu sangue ; porém a morte levando-o em verde idade, cortou no zeloso Principe as religiosas esperanças.

*Penetra Estevaõ Afonso o interior da tera : encontra-se com um Negro : lança-se elle , e acodem os osos a soccorrello.*

Pelos poucos annos dos dous cativos argumentaraõ os nossos, que os Pays naõ podiaõ estar distantes, e proseguindo em sua exploraçaõ, ouviraõ hum som de pancadas, que sahia de hum cerrado arvoredo, junto da choupana. Alvoroçados todos [ como o caçador no mato com a esperança de prezas ] quizeraõ hir certificarse do que ouviaõ ; mas impedidos por Estevaõ Affonso, justamente receoso de que a muita gente lhe espantasse a caça, foy elle só, e com pé leve, e a passos suspensos, guiado pelo tom das pancadas meteo-se pelo mato. Deu logo com hum Negro taõ embebido

do

|ue vindo
utismo, e
te, man-
encaõ de
fosse pré-
s, a ver se
lingua, e
e; porém
lade, cor-
iosas espe-

is cativos
os Pays
rosseguin-
iraõ hum
hum cer-
ana. Al-
çador no
s] quize-
raõ; mas
so, justa-
gente lhe
e com pé
iado pelo
elo mato.
i embebi-
do

do em partir hum páo, que naõ sentio
o inimigo, senaõ quando este lhe lançou
os braços. Aceitou o Barbaro a luta, e
de ambas as partes se disputaraõ as forças; mas como elle levava avanço na
corpulencia, e na desnudez dos membros, teve a sorte de levar debaixo ao
Portuguez, homem de estatura mesqui-
nha, e pezado com os vestidos. Estevaõ
Affonso querendo ganhar partido, a pu-
nho, e a dentes forcejava por se levantar; mas naõ o conseguira das forças
do bruto, se os Companheiros o naõ
soccorressem, acudindo ou já receosos
da demora, ou avisados das vozes, que
acompanhavaõ a contenda.

A' vista de novos inimigos fugio o
Negro, e facilmente achou no mato
couto seguro. O contendor picado de
seu máo successo na luta, quiz desaggra-
var suas forças, havendo à maõ a quem
lhas affrontara, e com os Companheiros
deitou cordaõ ao bosque, para que nelle o segurassem, em quanto dos navios
naõ vinhaõ cães, que o forçassem a largar o couto: porém o Barbaro, ou fosse
que

*Foge o Negro: bu-*
*ca os filhos, e naõ*
*achando, corre à pra-*
*para vingarse.*

que temeſſe a deſigualdade do partido; ou que o levaſſe o deſejo de ſaber do deſtino dos filhos, ſahio por outra parte a buſcallos na cabana, e naõ os achando, já preſumindo, que eraõ cativos, correo furioſo à praya, a ver ſe encontrava com os roubadores, reſoluto ou a deixar a vida, ou a trazer os filhos.

*Encontra-ſe nella com Vicente Dias; fere-o no roſto com huma azagaya; deſpica-ſe o Portuguez: correm os Barbaros a defender o Negro· mas fogem com o ſoccorro de Eſtevaõ Affonſo.*

Achou a Vicente Dias, que deſapercebido, e ignorante do ſucceſſo, paſſeava pela praya com hum bixeiro por bordaõ. Atrevido correo para elle, e impaciente do caminho, que lhe retardava a vingança, deſpedio a diante huma azagaya, com que ferio ao Portuguez no roſto; mas eſte naõ lhe ficou em divida, pagando-lhe de ſobejo o golpe com huma grande ferida na cabeça. Embravecidos ambos com a viſta de ſeu ſangue, vieraõ às mãos, e o Dias ganhava ao contendor em força, e deſtreza; e creyo, que deſpicara a Eſtevaõ Affonſo, ſenaõ apparecera outro Negro de mocidade robuſta, filho do lutador, o qual ajudando ao pay, fez deſigual o partido. Carregaraõ entaõ os Barbaros com tanta força, que
eſ-

esteve a riscos de succeder o novo caso de se desvanecerem com hum Portuguez cativo, a naõ ser este soccorrido por Estevaõ Affonso com seus Companheiros. O mesmo foy acudirem os nossos, que desapparecerem os Negros, temendo pagar com o cativeiro, e castigo a resistencia, que nos fizeraõ em dous encontros.

Tristes, e como envergonhados do successo, voltaraõ os Exploradores para as Náos, e soffreraõ segunda vergonha nos piques graciosos, com que ouviaõ encarecer as forças do Negro lutador. Como o fim do Infante D. Henrique na porfia de suas heroicas idéas, naõ eraõ prezas, mas descobrimentos de terras desconhecidas, o Capitaõ Lançarote obediente à vontade, de quem o enviara, resolveo com os outros Cabos hir pelo Rio acima; porém de repente se levantou hum tempo taõ contrario, que naõ só lhe frustrou o intento, mas o obrigou a sahir do lugar, em que estava. Com a tormenta as Caravellas de Rodrigo Annes Travaços, e Diniz Dias

*Recolhem-se os nossos para as náos: resolve o Capitaõ Lançarote hir pelo rio acima partem para o Reino a Caravellas de Rodrig Annes, e Diniz Dias*

Nn per-

perderaõ a conferva das outras, e pozeraõ a prôa para o Reino, onde em fim
chegaraõ, contando com alegria os trabalhos paffados.

*Defembarca o Capi-*
*taõ Lançarote junto a*
*Cabo Verde: acha na*
*Ilha veftigios de have-*
*rem já os noffos pizado*
*aquella terra.*

　　O Capitaõ Lançarote, ou mais intrepido, ou menos eftimador de feus ferviços, naõ fe contentando com os muitos,
que já tinha, para tambem fe recolher à
Patria, atreveo-fe ao temporal, e fegui-
dò de cinco Caravellas, foy furgir junto
a *Cabo Verde* em huma pequena Ilha,
que prendia com a terra firme. Defembarcou, e nella fó vio cabras, e pelles
de outras ainda frefcas, de cujo final ar-
gumentou, que já alguns dos noffos, como unicos que naquelle tempo teimavaõ em defcobrimentos, haviaõ pizado
aquella terra; e confirmou-fe em feu juizo, quando leu aberta no tronco de huma arvore a Divifa do Infante *Talent de*
*bien faire.* Era o cafo, que havia pouco,
aportara àquella Ilha Alvaro Fernandes,
fobrinho do famofo Defcobridor Joaõ
Gonçalves Zarco, onde pelejara com
feis almadias de Negros, dos quaes trouxera alguns cativos, efcapando-lhe os
ou-

outros á nado , e deixara efcrita aquella letra em final de fua chegada , e para efti-mulo aos que depois vieſſem..

Detiveraõ-ſe dous dias na terra as ſeis Caravellas ; fizeraõ ſua aguada , e proveraõ-ſe de carnes , matando muitas cabras, refreſco , que fez delicioſo a fo-me. O Capitaõ Lançarote deſejoſo de ganhar a occaſiaõ , que perdera no rio Çahará , paſſou-ſe à terra firme , a ver ſe aſſim chamava a ſeus habitadores , ou attrahidos da novidade , ou forçados da defenſa. Acudiraõ logo à praya muitos Negros ; e como a occaſiaõ naõ podia ſer mais opportuna , reſpondendo o ef-feito ao deſejo, mandou o Capitaõ a Go-mes Pires , que em hum batel foſſe a el-les , e que em obſervancia das ordens do Infante, tentaſſe com idéa fazellos ami-gos , e offerecerlhes pazes.

Remou o menſageiro para a Ne-graria , e a fim de a attrahir , e engodar , lançou-lhe em terra hum eſpelho, e hum bollo , e depois hum papel com huma Cruz debuxada , a ver , ſe ao menos a cubiça a amançava para a Religiaõ. Porém

*Deſcobre nella mui-tos Negros: manda p Gomes Pires offerecer lhe pazes.*

*Entra Gomes Pir na Negraria : aſtuci de que uſa para attr hillos : correſpondem lhe eſtes com tiros frechas.*

rém os Barbaros ainda doridos das mãos
de Alvaro Fernandes, vendo homens da
meſma cor, e traje de quem os havia aſ-
folado, temeraõ dadivas de inimigos, e
naõ ſó as quebraraõ, e romperaõ, como
ſe nellas lhes introduziſſem por encanto peſte, ou veneno, mas em agradecimento reſponderaõ com frechas, que
naõ lograraõ o effeito. Gomes Pires
vendo-ſe com gente, ſobre bruta, eſcan-
daliſada com freſcas feridas, deſeſperou
de a reduzir com termos manços, e quizera hir caſtigarlhe a ouſadia, ſe a obediencia às ordens, que levava, ſoubera
em tal caſo disfarçar os lances do brio;
porém contentou-ſe com ſe deſpedir delles, correſpondendo-lhes com muitas
béſtas, que fizeraõ fugir a todos, huns
atemoriſados, outros feridos.

*Volta para as Náos;* Voltou para as Náos; ſouberaõ os
*informa aos Capitães* Capitães do ſuccedido, e interpretando
*do ſuccesſo : pretendem* já a favor da honra da Naçaõ as ordens
*ſeguillos , e huma tor-*
*menta lhes fruſtra a* do Infante àcerca do bom tratamento
*idéa.* aos Negros, determinaraõ hir ſobre elles no dia ſeguinte, e deixarlhes na aſſol-
laçaõ de ſuas Aldeas exemplo, que os
en-

enfinaffe a temer Portuguezes. Eftavá
já imminente o caftigo ; porém os ventos contrarios, como fe tomaffem contra nós partido, pondo de repente as ondas em tumulto, entregaraõ os Navios
à braveza dos mares, e pouparaõ a pena aos infolentes. Cada hum dos Capitães mareou, fegundo a licença; que lhe
dava a furia do temporal : Lourenço
Dias foy arrojado ao fitio, onde o Negro lutador deixou nome de valente ; e
como naõ podia fatisfazer feu defejo em
defcobrir o Rio, por lhe faltarem mantimentos, e armas para acometter gente,
que fabia emparelhar na defenfa com os
aggreffores, teve por mais prudente refoluçaõ recolherfe ao Reino.

*Recolhe-fe Lourenço Dias para o Reino.*

Gomes Pires, Capitaõ de outra
Caravella, deveo beneficio à tormenta,
porque o levou ao Rio do Ouro, onde
negociou com os Mouros, recebendo
delles hum Negro, e promettendo-lhe
ouro, e mais efcravos, fe os vifitaffe no
anno feguinte. Com effeito, ou foffem
artes do Capitaõ, ou já policia daquelles
Barbaros, amançados com algum trato,

*E Gomes Pires entra no Rio do Ouro ; negocea com os Mouros, e fe recolhe para o Reino.*

que

que comnofco tinhaõ, elles naõ fó entravaõ no navio, feguros em noffa fé, e attrahidos do noffo tratamento, mas quando Gomes Pires defaferrou para o Reino, lhe deraõ em penhor de amifade muitas pelles de lobos marinhos. O Capitaõ Lançarote foy o mais venturofo de todos; porque acompanhado das Caravellas de Alvaro de Freitas, e de Vicente Dias, fazendo-fe na volta da Ilha de Tider, entrou nella, e rendeo-lhe a entrada cincoenta e nove prezas. Carregado de teftemunhas de feus bons ferviços, veyo aprefentallos ao Infante; porque a falta de mantimentos, e os ventos inimigos já naõ lhe foffriaõ naquelles mares mais longa habitaçaõ.

*O Capitaõ Lançarote, e Alvaro de Freitas, e Vicente Dias entraõ na Ilha de Tider, e recolhem-fe com cincoenta e nove prezas.*

Para fecharmos os fucceffos defte anno, vamos bufcar a Diniz Fernandes, Capitaõ da Caravella de D. Alvaro de Caftro, e a Palaçano, Capitaõ de huma Fufta, ambos Companheiros, defde que de Lagos defaferraraõ os quatorze Navios, que nefte anno foraõ fohre a Ilha de Arguim, cujos fucceffos já deixamos efcritos. Sentidos eftes dous de naõ fe

*Diniz Fernandes, D. Alvaro de Caftro, e o Capitaõ Palaçano entraõ no Rio Sanagá: paffaõ a ponta de Santa Anna.*

te-

terem achado em facçaõ de tanta honra, entenderaõ, que recuperariaõ o perdido, entrando pelo Rio Sanagá, onde a
fortuna os brindaria com cativos. A efte
fim paffaraõ a ponta chamada de *Santa
Anna*, que fica cincoenta legoas áquem
do Rio; mas como as calmarias levavaõ
as Caravellas em ociofa navegaçaõ, naõ
poderaõ chegar à praya, a ver fe defcobriaõ povoado. Tentaraõ hum mari-
nheiro deftro em nadar, a que quizeffe
hir àquella exploraçaõ; porém nem efte,
nem outros, temendo os mares banzei-
ros, quizeraõ dar moftras de animofos.
Palaçano efcandalifado de homens com
tanto amor às vidas, quando fe lhes pro-
punha a gloria da fua Naçaõ, affeou-lhes
a repugnancia com termos picantes, em
que os accufava de covardes. A pratica
produzio logo tanto effeito, que doze
homens fe offereceraõ por hum, que fe
efcufara. Eraõ todos mancebos, e fó
por efta refoluçaõ dignos de que foubef-
femos feus nomes; mas a Hiftoria, commummente defcuidada em deixar conhecidos homens do povo, portou-fe
com

*Mandaõ defcobrir terra por hum mari-nheiro, e efte o recufa.*

*Offerecem-fe doze marinheiros para aquel-la exploraçaõ.*

com elles ingrata, e pôde mais para com
ella feu humilde eſtado, que a generoſidade de ſeus feitos.

*Lançaõ-ſe a nado ;*
*altaõ em terra; e en-*
*ontraõ com doze Mou-*
*os, de que cativaõ no-*
*e.*

     Armados os brioſos marinheiros de
armas offenſivas, lançaraõ-ſe às ondas,
e chegando com felicidade à praya, foraõ deſcobrindo terreno. Aproveitou-
lhes o animoſo atrevimento; porque ao
diſcorrer por ella, encontraraõ com doze Mouros, e travando-ſe a braços, depois de cançada luta, cativaraõ nove,
eſcapando os tres por ligeiros. Alegres
os Aventureiros os trouxeraõ para a
Náo, e logo nella receberaõ os primèi-
ros premios nos vivas de todos, forçan-
do-ſe a darlhos a meſma inveja de quem
engeitara taõ bem logrado ſerviço. O
Ceo em tudo quiz moſtrarſe empenhado
na felicidade deſte ſucceſſo, e até pareceo eſtava eſperando, que os noſſos ſe
recolheſſem com as ſuas prezas; porque
apenas os recebeo a embarcaçaõ, de repente desfecharaõ as nuvens com hum

*Abre-ſe a Fuſta de*
*alaçano , e ſalva a*
*nte della Diniz Fer-*
*andes.*

vento taõ impetuoſo, que o mar abrio
logo a Fuſta de Palaçano, e toda a gente della veria em certo naufragio laſtimo-

ſo

ſo fim a ſeus dias, ſe Diniz Fernandes a
naõ ſalvaſſe em ſeu navio.

Como eſte era mais poſſante, pôde
manter a luta com as ondas, até que ar-
ribou a Cabo Verde. Em breve amançou o mar, e tornando a ſerenidade,
foy o Capitaõ em demanda do meſmo ſitio, em que ficara a Fuſta. Achou ainda
o caſco, e foy eſtratagema dos Mouros,
naõ o terem desfeito, diſcorrendo, que
o viriamos buſcar, e que entaõ elles armados em ſillada, ſaberiaõ deſaggravar
ſua honra, e por huma vez deſenganar
piratas a naõ viſitarem mais ſuas prayas.
Aſſim ſuccedera, ſe por meyo de huma
eſperta vigia naõ percebeſſemos logo ;
que em lugar ſecreto nos eſperavaõ muitos Mouros. Eraõ mais de ſetenta, e cahindo ſobre elles os noſſos, vieraõ os
miſeraveis a ter aquelle fim, que nos armavaõ em ſeu laço.

Foy acçaõ, que nos deu honra de
ſobejo, devendo-a à reſiſtencia dos inimigos, teimoſos em ganhar pelo braço
o que perderaõ na ſillada. Nós já deſpre-
zadores de prezas, carregavamos os golpes,

*Arriba a Cabo Ver-
de a Náo de Diniz Fer-
nandes : torna ao ſitio
em que fcara a Fuſta,
e livra-ſe da ſillada,
que lhe armaraõ os
Mouros.*

*Mataõ os noſſos gran-
de numero de Mouros,
e ſogem os que reſtaraõ.*

pes, e viamos, que aproveitavão, femeando a arêa de mortos. Com o grande numero de huns taes efpectaculos os poucos Mouros, que reftavão, perderão o animo, e naõ efperando pela morte em novas feridas, tiverão o acordo de fugir. Vaidofos os dous Capitães com taõ faufto fucceffo, deraõ-fe por fatisfeitos da perda da Fufta, e folgarão de deixar àquella gente coufa comprada a taõ caro preço. Lifonjeados de fua fortuna, foltaraõ o panno em bufca de mais gloria, e paffando pela ponta chamada de *Lyra*, perfuadiraõ-fe, que nella fariaõ feu coftumado negocio. Naõ acertaraõ; os Mouros acautelados à fua cufta, andavaõ já taõ prefentidos, e medrofos, que defertavaõ das prayas; e agora nefta entrada fó cativaraõ dous, que naõ poderaõ fiar a liberdade da ligeireza dos pés.

*Recolhe-fe ao Reino iniz Fernandes.* Como os tempos corriaõ varios, e os mares groffos avifavaõ já as embarcações a bufcarem porto: fez-fe a noffa na volta do Reino, onde foy recebida pelo Infante com aquelle contentamento, que

que por muitas vezes repetido, já o naõ fabemos exprimir. Era efta Caravella a unica, que reftava a recolherfe, das quatorze, que nefte anno partiraõ aos defcobrimentos, e agradecia o Infante, como piedofo, a Deos o ter abençoado de forte efta expediçaõ, que de tantos vafos, batidos de tantas tormentas, e expoftos a tantos perigos, todos (exceptuando a Fufta de Palaçano) tornaraõ a alegrar os portos, donde fahiraõ, carregados, mais ou menos, daquellas mercadorias, que fó contentaõ aos que negoceaõ na gloria da fua Patria.

Entrou o anno de 1446, e vendo o Infante D. Henrique, que a Providencia quafi com maõ vifivel trabalhava nos bons progreffos de feus defcobrimentos, tornou a enviar a elles a Nuno Triftaõ, maritimo já conhecido dos mares, e que havia muito desfrutava louvores publicos por feus zelofos feitos em taes emprezas. Partio em huma Caravella groffa, com ordem de paffar além do Cabo dos Matos, já defcoberto por Alvaro Fernandes. A experiencia, que tinha da-

*Torna o Infante Henrique a mand- Nuno Triſtaõ com o dem de paſſar o Ca dos Matos.*

Oo ii quella

quella Cofta, e o bom defejo de fe dif-
tinguir em feu ferviço o fez paffar mais
de feffenta legoas a diante de Cabo Verde, e chegar até o Rio Grande.

*Dá fundo no Rio Grande, e encontra-fe com treze almadias de Negros.* Deu fundo na boca delle, e para melhor o defcobrir todo, meteo-fe em hu-
ma lancha com vinte e dous homens, efcolhidos por diftinctos entre os mais animofos. Embocaraõ o Rio a tempo, que
a maré enchia a grande força; e efta in-
advertencia, ou ignorancia foy prognof-
tico do funefto fim defta acçaõ; porque
affaftado o barco da barra, e do navio,
foy arrojado do crefcimento das aguas a
fitio onde eftavaõ treze almadias, carregadas de mais de oitenta Negros, que
tendo vifto o poufo do noffo navio, e
depois fua entrada pelo Rio, vinhaõ medir comnofco as forças, e enfinarnos a
refpeitar os feus mares.

*Affectaõ eftes, que fugiaõ dos noffos, para lhes fazerem cerco por todos os lados.* A multidaõ deftes Barbaros, e de
fuas embarcações podia fazer defconfiar
a Nuno Triftaõ do bom fim da empreza,
confiada de hum batel com poucos homens; porém ou bem coftumado pela
fortuna de outros femelhantes encontros,

tros, ou argumentando a felicidade do
fucceſſo pelo valor de ſeu braço, naõ
temeo o numero; muito mais vendo,
que com a ſua chegada as almadias, que
antes eſtavaõ juntas, ſe apartavaõ humas das outras. Como naõ podia ſup-
por ardiloſa gente taõ bruta, ajuizou ſer
nella medo, o que era aſtucia; e confir-
mava-lhe o juizo ver, que davaõ moſ-
tras de quererem remar para terra, por
fugirem de figuras, que por deſconheci-
das, ſe lhes repreſentavaõ horroroſas.
Inveſtio Nuno Triſtaõ; mas tanto que
obſervou, que as almadias, ſó para o
cercarem, e tomarem-lhe todos os poſtos, affectaraõ a fugida, conheceo, que
os ardís de inimigos naõ eraõ ſó para
Europa. Com tudo fiado em ſi, e nos
ſeus, naõ deſeſperou da victoria, que os
Negros já em confuſa vozeria cantavaõ
por ſua.

    Remou para a parte, onde via ma-
yor numero de embarcações, a fim de
acometter o corpo mais forte dos Barbaros; porém elles deſtros no remo, fize-
raõ-lhe cerco, e deſpediraõ contra a lancha

*Voltaõ-ſe contra os*
*noſſos com hum chuvei-*
*ro de frechas hervadas.*

cha hum chuveiro de frechas. Os noſſos
vendo-ſe opprimidos de todos os lados
[ como feras acoſſadas em cerrada mon-
taria ] já deſprezando as vidas, ſó trata-
vaõ da vingança. Era inutil a diligencia,
naõ ſe podendo reſiſtir a hum numero
taõ deſigual, e taõ vantajoſo em poſtos,
que ſe inveſtiamos pela frente, eramos
logo perſeguidos pelas coſtas. Ainda aſſim, de ambas as partes o ſangue tingia
as aguas, e Nuno Triſtaõ naõ deſcahira
de animo, ſe naõ vira cahir ſeus Companheiros, com ſinaes certos, de que as ſettas, por ſerem hervadas, traziaõ a morte na ferida.

*Morrem alguns dos*
*noſſos, e entre elles*
*Nuno Triſtaõ, ficando*
*àquelle ſitio o nome de*
*Rio de Nuno.*

Deſanimado teve modo de voltar
para o navio, facilitando-lhe a retirada
o numero dos inimigos já diminuto, huns
por feridos, outros por mortos. Porém
já o veneno tinha lavrado tanto, que antes de chegarem à Caravella, tinhaõ ex-
pirado entre outros, Joaõ Correa, Duarte de Olanda, Eſtevaõ de Almeida, e
Diogo Machado, todos ſoldados de eſ-
peranças, porque educados em Caſa do
Infante, boa eſcola do valor. Nuno
Triſ-

Triſtaõ ao ver eſpectaculo de tanta laſtima, cahindo ou de dor, ou de veneno, folgou de perder tambem huma vida, que o brio faria mais penoſa, que a morte. Acabou entre ſeus Companheiros, e de entaõ em diante foy pranteado dos mareantes aquelle ſitio, e aſſinalado com o nome de *Rio de Nuno*, ſervindo ao infeliz Capitaõ de epitafio ſua meſma deſventura, perpetuada naquellas aguas.

Para teſtemunhas de tamanha deſgraça reſtaraõ vivos ſó ſete, e ainda deſtes diſpoz Deos, que acaſo ferindo-ſe dous na ancora da Caravella, em breve os mataſſe a ferida, e chegaſſe a vinte e hum o numero dos mortos. Com ſucceſſo taõ infauſto Ayres Tinoco, Eſcrivaõ do Navio, e quatro moços unicos, que ultimamente ficaraõ vivos, conſideraraõ-ſe mortos, vendo-ſe em mares remotos, e inimigos, faltos de piloto, e deſtituidos de todos os meyos, que os trouxeſſem a ver prayas de Portugal. Na verdade era extremo ſeu deſamparo, e ſem remedio naufragariaõ, ſe a Providencia naõ lhes premiaſſe ſua reſignaçaõ, moſtrando-lhes

do-lhes aos olhos hum milagre taõ eftu-
pendo, como o trazer sãos, e falvos ao
Reino huns homens ignorantes da mareagem, e taõ poucos em numero, que
cortaraõ a amarra, por naõ haver quem
a levaffe.

*Sente o Infante com viva dor a noticia defte laftimofo cafo.*

A viva dor, que penetrou o coraçaõ do Infante, ao ouvir cafo taõ laftimofo, he ponto para que naõ temos exprefsões; nem elle a deu a conhecer por
outro modo, fenaõ agradecendo aos
mortos feus ferviços com o piedofo premio de fuffragios, e nomeando-fe Pay
de feus filhos, nome, com que enxugou
muitas lagrimas, fendo final certo de largas mercês. O fim defgraçado defta expediçaõ foy para apurar o Ceo a virtude do religiofo Infante; e como elle fof-
freo o golpe, adorando a maõ de quem
lho defcarregara, quiz Deos premiarlhe
logo o merecimento pelos mefmos paffos, com que lhe tentara a conftancia.

*Profegue em feus efcobrimentos : man-a hum navio, e nelle r Capitaõ a Alvaro ernandes.*

Infpirou-lhe, que profeguiffe em
feus defcobrimentos; e eftando elle longe de fazer efte anno alguma expediçaõ
maritima, mandou em hum navio a Alvaro

varo Fernandes , fobrinho do primeiro
Capitaõ da Ilha da Madeira , e peſſoa
[como já temos eſcrito] de grande nome entre os outros Deſcobridores. Deſaferrou a Náo, pondo a prôa na Coſta
de Guiné , e paſſando mais de cem legoas além de Cabo Verde, foy o Capitaõ dar em huma Aldea, onde achou
feus habitadores promptos a defendella;
e dava-lhes animo o Senhor a quem obedeciaõ, poſto na frente delles, e já deſa-
fiando os Brancos com acções de injuria.
Acudimos com furia ao chamamento ;
accendeo-ſe a peleja, e della lavrara bem
o fogo , ſe o Rey naõ cahira logo morto
às mãos de Alvaro Fernandes.

*Paſſa além de Cal Verde: aporta em hu ma Ilha: trava peleʃ com os ſeus moradores e mata ao Reʃ della.*

Eſta morte deſanimou de maneira
aos Negros, que de repente nos deſappareceraõ dos olhos, ajudando-lhes a natural ligeireza a deſnudez dos membros.
Como buſcaraõ o mato, tivemos por temeridade expor a victoria às contingencias da fortuna no perigo de alguma em-
boſcada , e recolhemo-nos ao Navio ,
tomando ſó duas pobres Negras , que
andavaõ na peſca de mariſcos às eſmolas

*Fogem os Negros buſcando o interior dɛ matos.*

Pp                        do

*Parte o Capitaõ com o defiguio de fe adiantar nos defcobrimentos.* do mar. O Capitaõ, que naõ tinha efpiritos de fe contentar com feitos de pouco brado, confiderando, que aquella terra já naõ lhe podia refponder com frutos, que faciaffem feus defejos, foltou de novo as vélas, com animo de deitar a diante a quantos defcobridores lhe haviaõ precedido; certo de que fó eftes eraõ os ferviços, que tinhaõ o primeiro lugar na remuneraçaõ do Infante.

*Chega ao Rio Tabite, e o acomettem cinco embarcações de Negros.* Chegou com effeito à boca de hum Rio, que depois fe chamou *Tabite*, trinta e duas legoas além do *Nuno*, e logo ao entrar por elle, o vieraõ receber cinço embarcações bem provîdas de Negraria, toda armada de frechas, e de infolencia, fazendo-a vaidofa o paffado fucceffo. Alvaro Fernandes lembrado tambem delle, e que para a defgraça de Nuno Triftaõ tivera grande parte o ter bufcado lugar eftreito no Rio, poz-fe em paragem larga; mas naõ lhe baftou a prevençaõ, para que os Negros déftros no remo, e com oufadia de foldados, naõ bufcaffem fitio, donde podeffem curfar fuas frechas com a certeza de naõ errar o al-

o alvo. Logo o conseguiraõ, ferindo ao
Capitaõ, e como a setta tambem vinha
temprada com veneno, correra a mesma
fatalidade de Nuno Tristaõ, a naõ hir
já prevenido de triaga, e outros antido-
tos, com que salvou a vida.

Com este successo, e porque os Negros naõ só eraõ muitos, mas jogavaõ armas, que de longe lhes obedeciaõ, deraõ por conselho a Alvaro Fernandes,
que se contentasse com as legoas, que
deixava descobertas, e naõ passasse a diante, onde hiria descobrir a sepultura de
todos. Porém o Capitaõ, que no servi-
ço do Infante recebia os perigos por premios anticipados, desprezou com desa-
grado o parecer, e mandou soltar o
panno. Chegou a huma ponta de arêa,
legoas distante do Rio, que deixara, e
vendo terra descampada, estava para sal-
tar nella, a tempo que lhe impediraõ o
passo cento e vinte Negros, defendidos
com as costumadas armas, que despedi-
raõ, mas sem effeito. A acçaõ provoca-
va à vingança; porém Alvaro Fernandes
lembrado, de que o Infante o mandara

*Aconselhaõ os mari-
nheiros a Alvaro Fer-
nandes, que naõ passe
a diante. Despreza o
conselho: manda soltar
o panno, chega a hu-
ma ponta de arêa, e
encontra-se com cento e
vinte Negros armados.*

só

fó a defcóbrir , e ñaõ a pelejar , e que em taes emprezas fempre recommendava , que fe ufaffe mais de promeffas de. paz , e amifade , que de armas , e força, facrificou à obediencia os confelhos de feu valor , e deû-fe por contente de fer elle fó o que tiveffe experimentado no veneno daquelles Barbaros o perigo de huma morte cavilofa.

*Volta para o Reino: chega a Lagos : recebe-o o Infante com louvores diftinctos , e o premea com liberalidade.*

Satisfeito com fe ter avantajado a todos os Capitáes antecedentes no defcobrimento de mais terras, voltou a bufcar o porto , donde fahira , e defembarcando em Lagos , entaõ he que eftimou feu ferviço , ouvindo por elle louvores diftinctos, naõ menos que do Infante D. Henrique ; e de feu Irmaõ o Regente. Sobejavaõ taes premios para vaffallos daquella idade; mas como eftes Principes , lembrados da nobre penfaõ de feu alto nafcimento, coftumavaõ engrandecer os benemeritos com palavras, e obras, cada hum delles lhe fez a mercê de cem cruzados, fomma na pouca abundancia daquelles tempos taõ confideravel , que fe daria por contente hum ambiciofo.

Di-

Divulgou-fe a noticia do premio, e já fe vê, que a inveja havia fazer queixar a huns, e eftimular a cubiça de outros. Deftes foy mayor o numero; porque muitos que antes temiaõ os Negros pela defgraça de Nuno Triftaõ, agora fe offereciaõ à contenda, promettendo defpicarlhe a memoria em repetida vingança. Para contentar a todos fe armaraõ nefte mefmo anno dez Navios, e fe entregaraõ a Capitães, que levaraõ a approvaçaõ do povo, que neftes pontos naõ fe coftuma enganar em feus votos. O Bifpo do Algarve, vendo que à utilidade da Igreja fe encaminhavaõ taes defcobrimentos, quiz tambem cooperar para a Expediçaõ, mandando à fua cufta huma Caravella; e juntos em conferva todos os vafos, defaferraraõ de Lagos com ordem do Infante, de que paffaffem pela Ilha da Madeira, affim para fe refazerem de mantimentos, como para incorporarem a fi mais dous Navios, que haviaõ aparelhado Triftaõ Vaz, Capitaõ do Machico, e Garcia Homem, genro de Joaõ Gonçalves, Capitaõ do Funchal.

*Com a chegada de Alvaro Fernandes manda o Infante dez Navios.*

*Arma o Bifpo do Algarve huma Caravella à fua cufta.*

*Partem de Lagos com ordem de entrarem na Ilha da Madeira, e fe incorporarem com duas Caravellas, huma de Triftaõ Vaz, e outra de Garcia Homem.*

chal. A efta ordem accrefcentava outra, que foffem à Gomeira a reftituir aquelles Canareos, que [ fegundo deixamos efcrito] roubara Joaõ de Caftilha, tentado de fua infame cubiça.

Com efta occafiaõ difcorreraõ os Capitáes, que ajùdados dos ditos Ilheos, já contentes com o bom trato, e feguros com as dadivas, que do Infante haviaõ recebido, podiaõ fazer huma entrada na Ilha de Palma, e com alguma acçaõ de nome dar bom principio à empreza principal da frota, ou ao menos alegrar a muitos com o lucro de prezas. Approvou-fe o arbitrio, e os Canareos, praticos do terreno, promettiaõ obrar de modo, como fe a utilidade lhes ficaffe em cafa: porém logo ao praticarfe, fe defvaneceo a idéa ; porque os Barbaros, vendo ao longe vélas.inimigas, prefentiraõ feus males, e acolheraõ-fe à feguran-ça de fuas brenhas com tanta ligeireza, que nos pouparaõ o trabalho do defembarque.

Defconfiadas com efte fucceffo as Caravellas da Ilha da Madeira, defpedi-raõ-fe

raõ-fe das outras, e voltaraõ para feus *deira : partem os mais navios para Cabo Ver-*
portos, deixando affumpto largo a mur- *de : vários encontros*
muraçoẽs, em moftrarem, que armaraõ *dos noffos com os Ne-gros.*
à fua cubiça, e naõ aos intereffes da Na-
çaõ. Os demais Navios fizeraõ fua derrota para Cabo Verde, e nem aqui a
fortuna nos quiz fer favoravel; porque
em alguns encontros, que tivemos com
os Negros, as feridas que elles recebiaõ,
logo as pagavaõ com fettas hervadas, e
dellas vieraõ a acabar cinco dos noffos,
lavrando o veneno com tanta preffa, que
quafi naõ mediou tempo entre fer feridos, e mortos. A vantajem irremediavel
deftas armas, a fituaçaõ da terra, que
com o efpeffo arvoredo formava hum la-
byrintho accommodado a filladas, e o
terfe perdido em hum banco de arêa a *Perde-fe a Caravel-la do Bifpo do Algarve*
Caravella do Bifpo, tudo ifto junto, eraõ
motivos que fobravaõ, para naõ nos ar-
rifcarmos a feito, a que naõ eramos mandados; e com efta confideraçaõ démos à
véla para Arguim, onde os bons fuccef- *Entraõ os noffos no Cabo do Refgate, e fa-zem preza de quarenta e oito Mouros.*
fos cuftavaõ menos, e rendiaõ mais. No
Cabo do Refgate faltámos em huma povoaçaõ, e quarenta e oito Mouros que
to-

tomámos, fizeraõ, com que a frota naõ vieſſe boiante.

*Voltaõ para o Algarge : Eſtevaõ Affonſo entra na Ilha de Palma : cativa duas mulheres: acodem os Negros a reſgatallas , e Diogo Gonçalves mata ao ſeu Rey.*

Com eſtas prezas voltou-ſe para o Algarve, e neſta volta Eſtevaõ Affonſo, Capitaõ de hum dos Navios, tornando a paſſar pela Ilha de Palma, tomou nella a duas mulheres, preza, que pudera cuſtar bem cara, vindo logo a reſgatalla a preço de ſeu ſangue grande numero de gente armada, e embravecida: porém hum Diogo Gonçalves, homem já conhecido em fazer cara a perigos, arrancando huma béſta da maõ de hum Canareo, com ella matou ſete, ſendo hum delles o ſeu Rey, a cujo eſpectaculo os outros, em vez de lhe vingar a morte, cuidaraõ em ſalvar as vidas nos ſegredos do Certaõ. A proeza ſó da inveja naõ teve applauſos, e quando o bom Portuguez appareceo em Lagos, com os premios, que recebeo do Infante, ora em honras, ora em mercês, offereceoſe-lhe para novas provas de ſeu animo, que fizeſſem mais vulto a olhos invejoſos.

*Manda o Infante dous Navios , e nelles torna a hir por Capitaõ Gomes Pires.*

Dêmos fim aos ſucceſſos deſte anno com a viagem de Gomes Pires ao Rio

Rio do Ouro. Já deixámos eſcrito, que
a eſte Capitaõ prometteraõ os Mouros,
quando lhes deraõ as pelles dos lobos
marinhos, reſgatar alguns dos ſeus por
ouro, e negros, ſe quizeſſe tornar a viſitar ſuas prayas. O Infante parecendo-
lhe conveniente demandallos pela palavra, mandou armar dous navios, e enviou a Gomes Pires. Com proſpera
viagem chegou o Capitaõ ao lugar do
negocio, e lembrando a promeſſa aos
Mouros, achou-os com a fé, que devia
eſperar de ſua ley. Menos ſentiramos
a novidade, ſe paraſſe o barbaro tratamento em nos faltarem à palavra; porém paſſou a mais ſeu máo trato; porque em lugar de os acharmos amigos,
os experimentámos traidores, armando
traças, com que a preço de finos enga-
nos fizeſſem ſeu reſgate.

    Naõ eraõ para ſe ſoffrerem Barba-
ros duas vezes doloſos, nem Gomes Pires capaz de os deixar ſem caſtigo. Saltou em terra, aſſolou-lhes toda a povoaçaõ, e tomou-lhes naõ menos que oitenta peſſoas. Como o açoute naõ podia

*Chega ao Rio do Ou-
ro: ſalta em terra, e
cativa oitenta peſſoas,
com que ſe recolhe para
o Reino.*

Qq          ſer

fer mais pezado, nem delles o Capitaõ efperar mayor intereffe, fatisfeito de deixar bem caftigada aquella cafta infiel, e traidora, fez-fe na volta para o Reino, refpondendo os noffos com alegrias de vencedores aos alaridos, com que os Mouros na praya pranteavaõ os cativos. Se as náos voltaffem com o ouro promettido, naõ feriaõ recebidas com mais fefta do povo, nem com mayor aceitaçaõ do Infante, approvando ao Capitaõ o que obrara, por deixar enfinado àquelles infieis o que era, naõ quererem a Portuguezes por amigos.

*Manda o Infante preftar huma Caravella, em que vay por apitaõ Diogo Gil, em ompanhia de Joaõ Ferandes.*

Como todo o fim defte grande Principe era introduzir commercio pacifico com os Mouros daquellas partes, e para o confeguir naõ perdoava a defpezas, nem perdia occafiaõ, no anno feguinte de quatrocentos e quarenta e oito apreftou huma Caravella groffa, e mandou nella a hum Diogo Gil, de quem fazia confiança, e conceito em coufas de commercio. Como pratico na lingua, e coftumes dos Mouros, deulhe

lhe por companheiro a Joaõ Fernandes , aquelle que por ferviço dos defcobrimentos do Infante, ficando voluntario em Arguim , expozera a liberdade , e a vida à barbara cortezia de feus Naturaes. Ambos levavaõ ordem de affentar trato com os de Meca , dos quaes havia noticia, que , por fer gente menos bruta , e mais traficante , defejavaõ noffa amifade em pontos de commercio.

Para efte fim levava o navio alguns Mouros pertencentes àquella Cidade , e feus contornos , como cativos , que melhor franqueariaõ a porta ao negocio , e na troca comprariaõ feu refgate com maõ mais larga. Com effeito , chegada a Meca a Caravella, os Mouros anciofos de refgatar o feu fangue , taõ liberaes fe moftraraõ , que por dezoito dos feus deraõ cincoenta Negros. Com eftes bons principios eftava bem difpofto , naõ fó o commercio defejado, mas o bom lucro delle; porém naõ quiz Deos , que o negocio produziffe mais frutos, mandando de repente hum

Qq ii                    tem-

*Chegaõ a Meca: a juftaõ refgate com Negros: padecem gra? de tormenta , e volt ao Algarve.*

temporal taõ desfeito , que os novos
negociantes eſtiveraõ em ponto de per-.
der naquellas prayas fazenda , e liberdade; mas a meſma tormenta, que os perdia , foy quem os ſalvou , arrojando-os
dáquelle porto hum vento traveſſia.
Em breve amançaraõ as ondas, e o navio entrou a ſalvo no Algarve, onde a
carga dos cincoenta Negros valeo mais
na opiniaõ do Infante , do que julgava
o deſcontente Diogo Gil, pedindo-lhe,
que o mandaſſe buſcar em ſegunda viagem, o que a tormenta lhe deixara lá
ficar da primeira.

*Vem ao Algarve Ba-*
*larte , Fidalgo de Di-*
*namarca : offerece-ſe*
*ao Infante para os no-*
*vos deſcobrimentos.*

A fama occupada nas glorias dos
noſſos deſcobrimentos , naõ ſe eſquecia
de hir extendendo pela Europa o elogio aos magnanimos Portuguezes. Soa-
vaõ com eſpanto por todas as Cortes
os brados da grande empreza do Illuſtre Infante, e cada huma nos invejava
o Heróe, e a gloria da primazia em acçaõ taõ util. Os frutos, que já della go-
zavamos com abundancia, accendiaõ a
nobre cubiça dos eſpiritos generoſos; e
diſto nos deu clara prova hum Fidalgo

go Dinamarquez , chamado *Balarte* , aportando ao Algarve , ſó com o fim de ajudar noſſa fama no deſcobrimento de novas Regiões. Vinha recommen-dado do ſeu Rey , e o Infante o rece-beo com aquellas honras , que ſó reſer-vava para homens de nobreza de cora-çaõ. Propoz-lhe o Eſtrangeiro, que pe-lo intereſſe de merecer nome em ſeu ſerviço , deixara com goſto a Patria; e como eſta era a porta franca, por on-de ſe ganhava a vontade do Infante , teve logo em ſua graça hum lugar, que naõ tardou a ſer invejado.

Deſejava muito Balarte naõ ter em ocio ſeus generoſos eſpiritos , offe-recendo-ſe cada dia a qualquer expedi-çaõ. O Infante para ſatisfazer às repe-tidas inſtancias , apreſſou huma embai-xada , que intentava mandar ao Rey de Cabo Verde , e enviou nella ao im-paciente Aventureiro na companhia de Fernaõ Affonſo , nomeado a hir nego-ciar com aquelles Negros trato, e com-municaçaõ de amigos. Para eſte effeito deu-lhe dous da meſma Ilha, já aman-çados

*Manda-o o Infante em companhia de Fer-naõ Affonſo , Embai-xador ao Rey de Cabo Verde.*

çados em fua brutalidáde , e que tinhaõ
dado provas de ferem linguas fieis, pelos quaes confeguiffe o negocio , fendo
delle a parte mais importante , o abrir
caminho, por onde as luzes da Religiaõ
podeffem hir aclarar gente envelhecida
na cegueira de fua idolatria.

*Partem de Lagos :* Sahio de Lagos o navio , avifando
*fazem efcala em diver-* da importancia da Expediçaõ , ou da
*fos portos , e gaftaõ feis*
*mezes em chegar a Ca-* qualidade dos navegantes , na viftofa
*bo Verde.* alegria das flamulas , e galhardetes. Defejava Balarte com curiofidade de Eftrangeiro poder moftrar aos feus hum
Mappa da fituaçaõ , e figura das terras,
que tinhamos defcoberto , e pedio ao
Embaixador , que fizeffe a viagem ao
longo da Cofta. Satisfez-lhe Fernaõ
Affonfo defejo , que parava em noffa
gloria , e deu-lhe a ler por efte modo
em mais viva Defcripçaõ noffos trabalhos , e oufadias. Efta foy a caufa de
gaftarem feis mezes a chegar a Cabo
Verde, detendo-fe em diverfos portos,
fendo que concorreraõ igualmente para viagem taõ prolixa os mares contrarios.

Che-

Chegados à Ilha, os Negros acautelados em efpiar noſſas bandeiras, tanto que as viraõ, armaraõ-ſe para hoſpedar inimigos, e tiveraõ valor para abordar o navio. Fallaraõ-lhes os linguas, aviſando-os do motivo, que movera ao Infante Dom Henrique para aquella Expediçaõ, a qual vinha authoriſada com a peſſoa de hum ſeu Embaixador, que igualmente trazia para o ſeu Rey hum grandioſo preſente, já como penhor de amiſade. Ao ouvir iſto, abrandaraõ os Negros as palavras, e perſuadidos, de que naõ havia concorrer para traiçaõ gente do ſeu ſangue, creraõ em noſſa ſinceridade; e como o ſeu Rey eſtava fóra da Ilha, occupado em guerras com hum viſinho, foraõ dar parte da novidade, a quem tinha o governo.

*Chegaõ à Ilha: abordaõ os Negros o noſſo navio : daõ-lhe parte da embaixada, e aviſaõ logo ao ſeu Rey.*

Appareceo logo na praya o Governador da terra, querendo moſtrar-nos no acompanhamento numeroſo a grandeza de ſeu cargo. Propoz-lhe Fernaõ Affonſo o negocio, e moſtrou-lhe a utilidade, que vinha àquelles dominios

*Vem recebernos o Governador da terra : propoemlhe Fernaõ Affonſo os motivos da ſua embaixada.*

nios em ter a Portugal por amigo, Reino fiel em palavra', e abundante pàra
o trafico de commercio. A propoſta pareceo bem ao Barbaro, e prometteo ex-
ƥedir logo quem trouxeſſe a approvaçaõ do ſeu Rey. Entre tanto pediraõ-
ſe de parte a parte refens; deraõ elles
hum‾ dos ſeus mais principaes em ſangue, e poder, e nós hum dos linguas,
ſervindo-nos ao meſmo tempo para ca-
pacitar de todo a ſeus naturaes da ſinceridade da Embaixada, e lizura de noſſo trato.

*Effeitua-ſe a nego-
iaçaõ.* Deu-ſe principio ao commercio, e
entre outras couſas que os Negros trocaraõ por noſſos generos, foraõ huns
dentes de Elefante, origem fatal da noſſa perdiçaõ. Goſtou Balarte de os ver,
e tanto, que entrou em deſejos, de
que lhe moſtraſſem vivo hum daquelles
animaes, eſpantando-ſe, de que houveſſe bruto de grandeza taõ deſmedida,
que ſuſtentaſſe na boca o que naõ le-
vantavaõ muitos homens. Como prometteo premio, correraõ os Negros à
contenda a ſaciarlhe a curioſidade, obri-
gando-ſe

gando-fe a trazerlhe hum Elefante a fitio, onde o podeffe bem obfervar. Paffados tres dias, vieraõ com o promettido a receber a paga: para ver o animal,
era neceffario a Balarte fahir a terra ;
meteo-fe no batel do navio , acompanhado fó dos remadores; e bindo hum
delles a receber da maõ de hum Negro
huma cabaça de vinho de palma , tanto fe debruçou , que a ancia de a tomar cuftou ao miferavel a vida , mer-
gulhando-fe no mar.

*Defgraça a que deu motivo a curiofidade de Balarte.*

    Quizeraõ os companheiros falval-
lo , e merecia a piedade hum effeito
venturofo; porém difpoz Deos, que o
querer falvar a hum, foffe a perdiçaõ
de todos; porque os marinheiros, mais
piedofos, que advertidos, defcuidaraõ-
fe do barco, e deraõ com elle em terra, ajudando a defgraça as ondas inquie-
tas. Os Negros aproveitaraõ-fe da occafiaõ, e antepondo à fé feu odio , ou
cubiça , feguros, de que os do navio
naõ podiaõ valer aos infelices, lançaraõ-fe a elles, e naõ fe deraõ por fatif-
feitos, fem os deixar mortos. Efcapou

*Morte de muitos marinheiros às mãos dos Negros.*

Rr

hum

hum fó para teſtemunha deſte deſaſtre ; devendo a vida à deſtreza em nadar ; e delle ſe ſoube, que o valeroſo Eſtrangeiro morrera da maneira, a que o obrigava a nobreza de ſeu ſangue, pelejando na popa do batel com tanto esforço, que a golpes de páo deixara naquella caſta infiel bem vingada a ſua morte.

*Sente Fernaõ Affonſo eſta deſgraça : pede ſatisfaçaõ ao Governador : naõ a conſegue, e e recolhe ao Reino.*

Quando Fernaõ Affonſo ouvio tamanha deſgraça, a tempo, que ſe julgava em braços da fortuna, de viva dor houve de acompanhar no deſtino ao malogrado Aventureiro. Dobrava-lhe a pena o naõ poder, por falta de batel, mandar a terra quem da ſua parte eſtranhaſſe ao Governador infidelidade taõ aleivoſa, e eſperava, que elle o ſatisfizeſſe do caſo com o digno caſtigo aos traidores. Porém em vaõ eſperava de Barbaros taõ refinados ſatisfaçaõ de couſa, que elles tinhaõ por hum feito glorioſo, e deſenganado deu à véla, accreſcentando-lhe a triſteza a dura obrigaçaõ de haver de referir a quem o enviara, o infauſto fim de ſua Embaixada.

Ou-

Ouvio-o o Infante com fentimen- *Informa ao Infante do fuccedido : e com grande fentimento ouve efte a defgraça de Balarte.*
to ; mas quando lhe contou a defgra-
ça de Balarte , conheceofe-lhe alguma
quebra na conftancia , fentindo , que
homem de taõ nobres efpiritos vieffe de taõ longe a bufcar feu ferviço ,
para acabar às mãos de Barbaros nos
principios de fua fama. Com efte cafo , cuja defgraça aggravavaõ as antecedentes, que deixamos efcritas, ceffou
o Infante nefte anno de expedir mais
navios, e chamemos-lhe nojo, que tomara pelo malogrado fucceffo.

Encontrámos com huma Memo- *Prohibe o Infante aos Armadores continuarem em feu corfo.*
ria antiga , que nos affegura , que nem
aos Armadores dera licença para continuarem em feu corfo pelos novos mares defcobertos. O motivo foy piedofo, e bem digno da grande religiaõ do
Infante, conftando-lhe, que alguns naõ
armavaõ navios em honra da Patria, e
gloria da Igreja, como lhes recommendava com tanto empenho , mas fó em
beneficio da propria ambiçaõ , querendo negociar com o cativeiro dos que
nafceraõ com a felicidade de livres, e

Rr ii fe-

fenhores da terra, que pizavaõ. Por iſſo mandou, que os Mouros teimoſos nos delirios de ſua crença, ſim viveſſem na deſgraça de eſcravos, mas com trata-mento, que a todo o tempo os convi-daſſe à ſuavidade da Ley verdadeira; porém que os bautizados, eſſes logo emparelhaſſem na liberdade com ſeus fenhores, paſſando de cativos para ſer-vos voluntarios.

Porém já he tempo, que em no-vo Livro continuemos a eſcrever os trabalhos, e induſtrias deſte Principe a bem do Reino, que dos frutos delles ſe ſuſtentou longos annos, e vellohemos ao meſmo paſſo enriquecido de gloria marcial, veſtindo de novo as armas.

D.

Joan. Berardi ſec

VI-

dos Her

grande

# VIDA
## DO INFANTE
# D. HENRIQUE.

## LIVRO IV.

A idade florente de dezafete annos tomou a fi o pezo da Monarquia ElRey D. Affonfo V., moftrando em altos efpiritos , que caminharia para a gloria dos Heróes pelos mefmos paffos de feu grande Avô. Era Principe, que amava a fa-

*Empunha o Scept ElRey D. Affonfo*

a fama, mas fama, que foſſe fruto merecido de facções proveitoſas ao Reino;
e deſta virtude, logo que empunhou o
Sceptro, deu huma clara prova, mandando alguns navios aos deſcobrimentos do Infante ſeu Tio : naõ lhos podia
premiar, ou agradecer por modo nem
mais fino, nem mais honroſo. O Infante, vendo empēnhado hum braço taõ
poderoſo em cultivar os frutos de ſeu
longo trabalho, politico continuou com
menos ardor em ſua empreza. Com tudo
neſte anno, em que entramos, de 1449,
e nos ſeguintes, nos offerece a Hiſtoria deſcobrimentos importantes, quaes
os de algumas Ilhas comprehendidas no
nome commum dos *Açores*, eſtando ſó
deſcobertas a de *Santa Maria*, e a de *S.*
*Miguel.* Deſtas duas eſcreveremos agora as poucàs noticias, que ſe ſalvaraõ daquelles tempos mais amigos de obrar,
que de eſcrever. Eſcolhemos para ellas
eſte lugar, naõ porque a Chronologia o
mande, mas porque a Hiſtoria em ſuas
leys naõ nos nega a licença. Pareceo-
nos mais acertado naõ deſmembrar na
Eſ-

Efcritura Ilhas, que a Natureza quiz fazer vifinhas, e darlhes, como a hum corpo, o nome commum dos *Açores.* Defte modo até apparece em mais vulto, e fe logra [bem como de hum golpe de vifta] toda a gloria do Infante ganhada por feus defcobrimentos no Oceano Atlantico.

Corria o anno de 1431, e vendo-fe o grande D. Henrique bem eftreado da fortuna nas defcobertas Ilhas da Madeira, Funchal, e outras, chamou ao Commendador de Almourol Fr. Gonçalo Velho Cabral, Fidalgo conhecido em nobreza de fangue, e de oufadias, e diffe-lhe, que fe foffe embarcar, e que navegando fempre direito ao Poente, defcobriffe a primeira Ilha, que achaffe, e della lhe trouxeffe relaçaõ miuda. O generofo Explorador rendeo as graças pela confiança da empreza, mais do que poderia agradecer os premios, depois de executada, e foltando as vélas com ventos de fervir, chegou à demandada altura. Aviftou huns penedos baftantemente elevados; obfervou feu numero, fitio, e dif-

*Manda o Infante a Fr. Gonçalo Velho Cabral com ordem de navegar direito ao Poente até defcobrir a primeira Ilha.*

e diſtancia de huns a outros; e porque
muitos delles ſe encarreiravão, e o mar
ſempre inquieto com aquelle obſtaculo,
fazia alli continuo fervedouro, poz-lhe
o nome de *Formigas.* Proſeguio em ſua
diligencia, mas naõ topando com terra,
deſconſolado voltou para Lagos, per-
ſuadido, de que naõ havia mais Ilhas,
que aquelles penedos.

*Chega ao ſitio das Formigas, e naõ a-chando terra, ſe reco-lhe a Lagos.*

O Infante naõ recebeo com triſteza a noticia, antes agradeceo ao Explorador o que elle naõ contava por ſerviço; e no anno ſeguinte tornou a mandallo, ſegurando-lhe, que a ſegunda viagem ſeria mais venturoſa, porque perto
das Formigas encontraria com a Ilha.
Naõ faltou penna, que eſcreveſſe ter ſido no Infante eſta ſegurança illuſtraçaõ
divina; nós temendo parecer arrojados
na piedade da crença, attribuimola a
hum Mappa do ambito da terra, que lhe
dera o Infante D. Pedro, vindo de ſua
peregrinaçaõ. Como quer que foſſe, Fr.
Gonçalo Velho tornou a navegar, e ſe
as palavras do Infante foraõ profeticas,
elle depreſſa as vio verificadas, dando

*Torna a mandallo o Infante: deſcobre a Ilha de* Santa Maria.

com

com huma Ilha , que logo fantificou com o nome de *Santa Maria* , por fer no dia 15 de Agofto o venturofo defcobrimento.

Defembarcou pela parte de Oefte em huma pequena praya , a qual depois por feu bom affento , e por huma ribeira , que nunca empobrecia de aguas , convidou para a primeira povoaçaõ. Correo toda a Ilha em roda, ora por terra, ora por mar , onde o efpeffo arvoredo naõ deixava penetrar feus fegredos. Tomadas todas as noticias, com as quaes podeffe pintar a quem o mandara, a nova terra , impaciente o Defcobridor emproou para o Algarve , onde achou no alegre Infante premio correfpondente , fazendo-o Capitaõ Donatario da mefma Ilha. Entrou logo nos cuidados de povoalla , ajudado liberalmente da mefma maõ , que lhe affinara a mercê. Como Gonçalo Velho era Fidalgo travado em parentefcos com Familias da primeira reprefentaçaõ , teve a vaidade de fundar fua Capitania com os melhores em fangue, acompanhando-o muitos, huns por

*Salta em terra: corre toda a Ilha ; e informado do feu fitio , fe recolhe ao Algarve, e o Infante o faz Donatario della.*

*Entra a povealla com diligencia.*

Ss                    obfe-

obfequiarem o parente, outros o Infante; de maneira, que povoações de terras
remotas fervindo commummente de def-
baftar pobres das Cortes, convidando-os
com a fartura, a Ilha de Santa Maria
entrou logo a fervir de Colonia de Fidalguia Portugueza. Com taes povoadores bem fe argumenta o muito que ella crefceria em edificios, trafico, e cultura; muito mais ajudando o trabalho
terra agradecida, que fe defentranhava
em fertilidade das producções, que pedé
a vida para a fua confervaçaõ, e cubiça
para o feu regalo.

*Acafo com que fe def-*
*cobre huma nova Ilha.*    Correraõ annos, em que a Ilha já
avultava em commercio, aproveitando-
fe de fua abundancia embarcações do
Reino, e eftranhas, quando a Providencia quiz agradecer o fanto zelo do Infante com defcobrimento novo nos mefmos
mares. O modo moftrou bem aos olhos
a maõ de quem fizera o beneficio, efcolhendo o Ceo para coufa de tanta gloria hum fraco inftrumento. Fugira a feu
fenhor hum negro da Ilha de Santa Maria, e por gozar de liberdade, naõ teve
hor-

horror de efcólher por habitaçaõ humá
ferra folitaria, e medonha, que ficava
ao Norte. O bruto naõ eftranhou o mato; vivia nelle contente, porque livre,
e farto, fendo infinita a caça, que lhe
fervia ao fuftento. Em hum dia, que
amanheceo claro, e fereno, andando
pelo mais alto da ferra a proverfe de
mantimentos, divifou pouco diftante terra taõ efpaçofa, que logo conheceo fer
muito mayor, que a fua Ilha. O negro,
que naõ ignorava [pelo que tantas vezes
ouvira] o apreço, que fe fazia no Reino do defcobrimento de huma nova terra, defceo ao povoado a dar a nova ao
fenhor, feguro de que nella levava certo o perdaõ, quando naõ foffe a liberdade.

Comprovada por verdadeira a noticia, deu-fe parte ao Infante, o qual
achou, que a coufa concordava com
feus antigos Mappas; e eftando acafo
com elle o Donatario de Santa Maria,
diffe-lhe, que o defcobrir aquella nova
Ilha, fendo empreza, para a qual lhe
fobejavaõ homens, elle o queria levan-

*Communica-fe efta noticia ao Infante: en-carrega o defcobrimen-to da nova Ilha a Fr. Gonçalo Velho.*

tar mais em fama , fiando o defcobrimento de fua actividade, e experiencia.
Obedeceo defvanecido Fr. Gonçalo Velho , mas naõ foy feliz na viagem : picado , e já mais inftruido pelo Infante, fez
fegunda , e voltou no anno de 1444 com
a Acçaõ executada , deixando defcober-

*Defcobre a Ilha , e* ta huma grande Ilha ; e porque o dia
*lhe dá o nome de S. Mi-* foy o de 8 de Mayo , confagrado à Ap-
*guel.* pariçaõ de S. Miguel , de juftiça eftava
chamando a terra pela gloria de fe ap-
pellidar com o nome do Principe dos
Anjos. Para teftemunhas de feu ferviço
trouxe o Defcobridor muitos ramos de
arvores , pombos , e caixões de terra ,
que aprefentados ao Infante , elle os eftimou , como hoje os Principes o ouro
de fuas minas.

*Dd-lhe o Infante a* Naõ efperava Gonçalo Velho por
*Capitanía della.* premio avultado à fua feliz viagem , porque no que [ havia muito ] desfrutava
de Donatario de huma Ilha florente , re-
conhecia-fe premiado com liberalidade
exceffiva ; porém o Infante , que em
pontos de remunerar huns taes ferviços ,
tinha para fi , que fempre os premiados
fica-

ficavaõ com direito de acredores, naõ
se contentou com menos, do que fazer-
lhe logo a mercê da Capitanía daquella
Ilha, com prerogativas taõ amplas, como as que lhe dera na outra. No anno
seguinte passou o novo Donatario a povoar o seu deserto senhorio, e naõ lhe
faltaraõ tambem para elle muitos povoadores iguaes em nobreza, e superiores
em numero aos que levara para a povoaçaõ de Santa Maria; porque já a opulencia, em que esta se via, facilitava animos, que queriaõ viver em abundancia
de senhores.

*Passa a povoalla.*

O Piloto, que governava esta viagem, como era o mesmo, que fora à do
descobrimento, tendo entaõ observado,
que na Ilha se levantava hum alto pico
na ponta do Oriente, e outro na do Oc-
cidente, e naõ vendo desta vez senaõ o
Oriental, ajuizou, que aquella naõ era
a terra, que demandavaõ, mas outra,
que lhe offerecia de caminho a benigna
Providencia, que os guiava. O juizo alegrou a Gonçalo Velho; porém durou-
lhe pouco o prazer; porque chegando
ao

*Chegaõ a terra: mo-
tivo que obriga ao Pi-
loto a ajuizar naõ ser
aquella a Ilha, que de-
mandava.*

ao porto, conheceo fer o mefmo, que
defcobrira; e por grandes penedos, que
vio na praya, e troncos de groffas arvores, que nadando, como em longas jan-
gadas, impediaõ o defembarque, argu-
mentou pelo deftroço, que a terra arre-
bentara em fogo, ou terremoto, e de-
molira o pico.

*Temem os povoado-*
*res entrar na Ilha: ani-*
*ma-os o Donatario: in-*
*troduz-fe nella o com-*
*mercio.*

Com efpectaculo taõ eftranho temeraõ os povoadores a Ilha, e recufaraõ
fundar em terreno, que hum dia voaria
com elles; mas animados pelo Donatario, lembrando-lhes o Anjo Tutelar da
nova povoaçaõ, elles com effeito reflectindo, em que no dià da Appariçaõ de
S. Miguel fe defcobrira aquella Ilha, e
que no da Dedicaçaõ do feu Nome apor-
tavaõ a ella, affentaraõ no myfterio, e
defembarcaraõ animofos. Correraõ a
terra, e logo os olhos os certificaraõ da
verdade de feu difcurfo, vendo no lugar
do pico fete valles profundos, e planos,
obra medonha da voracidade do fogo.
Naõ obftante o eftrago, os homens cria-
raõ animo com o grande Patraõ, que o
Ceo lhes dera; entraraõ a cultivar, e erigir

gir edificios , preferindo os fagrados na
piedade daquelles tempos religiofos. O
terreno , que no principio os recebera
com efpectaculos de medo , naõ tardou
em moſtrarlhes , que em nada cedia na
fertilidade à outra Ilha. Em breve fe
fundou commercio , fomentado do Reino pelas zelofas diligencias do Infante;
e inutil he dizer, que o mefmo foy intro-
duzillo , que crefcer a terra em riquezas,
e por confequencia em cultura , e policia, como quem nafcia para depois fer a
Corte da nobreza, e opulencia Infulana.

A obrigaçaõ de bom filho eſtá-nos
pedindo, que demos liberdade à penna
na defcripçaõ de huma terra , que foy
Patria venturofa de quem nos chamou
para fua Cafa; Pay fanto, homem Apoftolico , e que piedofamente cremos rodeado no Ceo de muitos filhos do feu efpirito. Porém fe as duras leys da Hiſtoria naõ nos confentem a digreſſaõ, tempo virá , em que dando a ler a vida do
Fundador da Congregaçaõ do Oratorio
neſte Reino , honremos a Nobreza da
Ilha de S. Miguel com eſte illuſtre Parente.

*Foy patria do V. P.
Bartholomeu do Quen-
tal.*

rente. Entaõ ella verá em larga Efcritura o feu melhor brazaõ, lendo as raras
virtudes de hum homem, por quem chamaõ os Altares.

*Continuaõ os defco-*
*brimentos no mar Ocea-*
*no.*

A eſtes defcobrimentos, e povoações, que para o Infante D. Henrique
eraõ gozos da alma, paſſados annos, fe-
guiraõ-fe outros no meſmo Oceano, e
quaſi na viſinhança das Ilhas, que deixamos defcobertas. Materia he eſta, que
naõ nos convida a efcrever, porque em
nada nos foccorre a Chronologia, e a
Hiſtoria: ſeſta falta-nos com os fucceſſos,
e aquella com os annos prefixos dos taes
defcobrimentos; e aſſim hiremos com temor de tropeçar, e às vezes fem tino,
em quanto naõ fahirmos das Ilhas dos
Açores.

*Defcobrimento da*
*Ilha* Terceira: *incer-*
*teza dos feus defcobri-*
*dores.*

Seguindo a efcaſſa luz de algumas
conjecturas provaveis, parece, que neſte anno de 1449, em que vamos [fegun-
do a ordem dos tempos] fe defcobrira
por diligencias do Infante a Ilha *Tercei-*
*ra*, nome, que fe lhe deu, por fer a que
fe feguira às duas já defcobertas. De huma ignorancia entramos em outra, fa-
bendo-fe

bendo-fe tanto do anno de feu defcobrimento, como de feu Defcobridor. Com
tudo temos por mais verofimil a opiniaõ
daquelles, que efcreveraõ, terem fido
feus defcobridores alguns dos muitos navegantes, que entaõ hiaõ a Cabo Verde; e favorece a conjectura a circunftancia, de que as náos referidas, ou na ida,
ou na volta paffavaõ pela Ilha Terceira;
e que affim aviftando-a de alguma deftas
viagens, deffem ao Infante noticia da
nova terra.

O que podemos efcrever por certo
na fegurança de hum teftemunho au-
thentico he, que a dita Ilha no anno de
1450 havia pouco, que eftava defcoberta, e que o Infante fizera della Capitaõ
a Jacome de Bruges, Cavalhero Flamengo, que de fua Patria viera a Portugal
[como outros Eftrangeiros] chamado do
ecco de noffos atrevimentos em mares
até alli cerrados às demais Naçóes. Entrara no ferviço do Infante, e nelle lhe
foube merecer tanto a graça, que já eftabelecido em riqueza o cafara com huma
Fidalga Dama da Infanta D. Brites. Encarecem

*Faz o Infante Ca-*
*pitaõ della a Jacome de*
*Bruges.*

Tt

carecem noſſos Antigos as virtudes chriſtãs deſte Eſtrangeiro, e dizem-nos, que
por ellas folgara o virtuoſo Infante de
lhe dar a nova Capitanía, fiando de ſua
grande religiaõ, que a fundaria com piedade Portugueza, começando por edificios, em que logo frutificaſſe para Deos
aquella terra deſerta. Reſpondeo o effeito à expectaçaõ; porque huma das
primeiras memorias deſte piedoſo Po-
voador foy huma Igreja a Santa Beatriz,
levantada para freguezia de toda a Ilha.

*Paſſa a povoaſſa, levando tudo o neceſſario para a ſua fundaçaõ.* Paſſou logo o Capitaõ a habitar
aquelle ermo, levando em dous navios,
naõ ſó tudo o neceſſario para a ſua fundaçaõ, mas toda a caſta de gado, que ſerve ou ao ſuſtento, ou à utilidade da vida humana. Achou terra viçoſa, cortada de aguas, e que convidava as mana-
das, e rebanhos na abundancia de paſtos
*Torna ao Reino a refazerſe de familias para a povoaçaõ.* diverſos. Como a gente, que levara,
naõ era toda a que pedia a obra de hu-
ma povoaçaõ, tornou ao Reino a refazerſe de familias, tentando a pobreza de
muitos com promeſſas de largo terreno,
que deixaſſem a ſeus filhos. Alguns aceitaraõ

taraõ por matar a fome, outros com horror ao deferto, e afferrados à Patria, naõ
fe quizeraõ degradar, parecendo·lhes,
que compravaõ caro a promettida fartura. O Infante, que naõ fabia, que coufa
era violentar vontades, naõ quiz obrigar
a alguem, e mandou a Jacome Bruges,
que foffe proverfe de cafaes à Ilha da
Madeira, onde a gente era mais foffredo-
ra do trabalho, e pratica da cultura daquellas terras.

Partio o Capitaõ, e como levava
em ordens do Infante boas recommen-
daçóes, achou logo tanto numero de
povoadores, que já fe via precifado a ef-
colher, havendo muitos dos mais nobres
da Ilha, que fe lhe offereceraõ a mudar
de affento, e ajudallo na povoaçaõ. Alegre com gente, que lhe honrava a Capitanía, partio para a Terceira, e dobrou-
fe·lhe o prazer, vendo nella, que a grande multiplicaçaõ do gado trazia contentes a feus donos, e às novas familias da
Madeira animaria em fua determinaçaõ.
Viveo Jacome Bruges alguns annos em
fua Capitanía, occupado na cultura, e

*Parte o Capitaõ pa-
ra a Ilha da Madei-
ra: offerecemfe-lhe nel-
la muitos para ajudal-
lo na povoaçaõ: reco-
lhe-fe à Ilha Terceira.*

Tt ii                         bom

bom governo della, até que fazendo huma viagem a Flandres, para trazer na herança de hum parente , com que enri-
*Sua morte.* quecesse mais a Ilha, veyo a morrer na
Patria, ou [se a fama naõ mentio] foy
morto antes de a ver , armando-lhe a
morte quem por inveja o naõ podia sof-
frer senhor. Imputou-se o delicto a hum
Fidalgo da Terceira ; mas elle acabando de pena ao sexto dia de prizaõ , deixou aos que naõ eraõ malevolos, bom
indicio de sua innocencia. O mais que
passou sobre o augmento , e senhorio
desta Ilha , já naõ pertence à nossa Historia, por naõ tocar ao Infante D. Henrique.

*Descobrimento da*    Se pouco deixamos escrito da Ilha
*Ilha de S. Jorge.* Terceira , menos escreveremos da quarta , occorrendo duvidas a duvidas ; ce-
gueira , de que naõ nos podemos desem-
baraçar huma vez , que os Antigos naõ
nos deixaraõ luzes. O primeiro tropeço,
com que encontramos , he a questaõ, se
a Ilha chamada de *S. Jorge* he a quarta
na ordem das descobertas. A favor della está a tradiçaõ , que em pontos de an-
tigui-

tiguidade he teftemunho de pezo. Diz
ella, que por efte anno de 1449 aos 23 de
Abril, quaſi ao Oefte da Terceira, fora
defcoberta, e por iſſo fantificada com o
nome do Martyr valerofo, de quem a
Igreja em tal dia celebra o triunfo. A fama dá a gloria defte defcobrimento à Jacome de Bruges, e o da povoaçaõ a Guilherme Vandagara, Flamengo illuftre,
que depois aportuguezando o appellido,
mudou-o para *Silveira.* Memorias antigas, que temos diante dos olhos, e que
júlgamos fidedignas, nos dizem, que efte Cavalhero pouco favorecido da fortuna na Patria, quizera tentalla fóra, e
que pedira ao Infante D. Henrique licença para povoar a Ilha de S. Jorge.
Como naõ eraõ outros os defejos defte
zelofo Principe, concedeo-lhe logo a
graça, parecendo-lhe, que a recebia do
pretendente.

Partio efte de Flandres com mu- *Chega a efte Reino Guilherme Vandagara: paſſa a povoar a Ilha de S. Jorge.*
lher, e familia, trazendo em dous navios
os homens que baftavaõ para a cultura,
e os officiaes neceſſarios para o eftabele-
cimento da nova terra. Chegado a ella,
ef-

escolheo por assento hum alto , onde fundou huma Villa , a que deu o nome de *Topo*. Distribuío o terreno todo pelos casaes, que trouxera, e a industria unida com a ambição fez logo luzir tanto o trabalho , que o Infante pelas boas noticias , que frequentemente lhe vinhão, fez mais felices aquelles povoadores com privilegios , e honras. Pouco lhes durou o contentamento em sua lida; porque a terra de liberal tornou-se escassa, e em breves annos se fez esteril, *Passa à Ilha do Fayal.* obrigando ao seu Capitão a passarse à Ilha do Fayal, já conhecida, mas quasi deserta. Foy-lhe facil a licença do Infante, interessando-se nella povoação de nova terra.

*Encontra-se nella com Jorge de Utra.* Poucas familias o acompanharão , ficando a mayor parte em S. Jorge , por não terem animo de largarem terreno , que possuião , posto que ingrato , expondo-se às contingencias de outro, que as fizesse mais pobres. O Infante favoreceo-lhes a constancia , e della não se vierão a arrepender , porque semeando novos sitios, recolhião frutos de modo, que

que os la
balho. G
ra o Faya
as muitas f
lá a Jorge
go, e de il
çava enta
ção, que
fante. A
havendo
deixarem
nosso arg:
tornou se
de ainda:
va sessent
deste Ca
descender
theto de S
daquelle f
recera, e
mosa cau
sitados f
Deos so
rios dos
Con:
desfrutai

que os lavradores abençoavaõ feu trabalho. Guilherme da Silveira bindo para o Fayal, Ilha a quem deraõ o nome
as muitas fayas, que a veftiaõ, achou já
lá a Jorge de Utra, igualmente Flamengo, e de illuftre afcendencia, o qual lançava entaõ as primeiras linhas à povoaçaõ, que lhe coubera por mercê do Infante. Ajudava-o o bom Silveira; mas
havendo entre ambos defconfianças, que
deixaremos em filencio por alheyas do
noffo argumento, depois de vario deftino,
tornou fe para a fua primeira Ilha, onde ainda achou terra para lavrar, que dava feffenta moyos ao dizimo.. Para gloria
defte Capitaõ, e honra de feus nobres
defcendentes, naõ lhe neguemos o epitheto de *Santo*, que lhe daõ as memorias
daquelle feculo, avifando-nos, que o me-
recera, entre outras virtudes, pela extre-
mofa caridade com que abria aos necef-
fitados fua cafa, e celleiros, crendo que
Deos fó fazia ricos, para ferem depofita-
rios dos pobres.

*Torna a recolherfe à Ilha de S. Jorge: caridade que nella exercita com os pobres.*

Com o titulo de Donatario do Fayal
desfrutava Jorge de Utra a abundancia

*Accrefcenta o Infante a Jorge de Utra a Capitanía do Fayal com a do Pico.*

da

da fua Ilha, quando Deos quiz accref-
centarlhe a riqueza, e fenhorio, dando-
lhe por maõ do Infante a Capitanía do
Pico, Ilha diftante huma legoa do Fayal,
e que deveo o nome a hum monte, que
ferve como de pedeftal a outro, formando ambos huma altura taõ defmedida,
que o pico, quafi atalaya do mar, levanta a cabeça fohre a mayor eminencia das
outras Ilhas. Ao confultarmos os Efcritores Infulanos àcerca de feu defcobridor, naõ nos feguraraõ, o que haviamos
de crer: encoftemo-nos àquelles, que tem
fama de mais efcrupulofos na aceitaçaõ
de noticias, mas naõ fiquemos por fiadores de fua efcritura. Dizem-nos, que
o primeiro, que nefta Ilha tomara terra,
fora hum Fernaõ Alvares, o qual feparado de feus companheiros por caufa de
huma tormenta, fora lançado naquella
praya, e que animando-fe a penetrar feu
interior, o achara deferto. Accrefcentaõ,
que naquella folidaõ vivera hum anno,
fuftentando-fe de caça, até que os mefmos companheiros, ou por acafo, ou
por faberem da fua arribada, o foraõ bufcar,

bar, e que convidados da bondade da terra, fizeraõ alli feu affento, e cuidaraõ em povoaçaõ. O Infante D. Henrique fabedor defte defcobrimento, confiderando, que a pobreza, e pouco numero dos novos povoadores cedo os faria cançar em feus intentos, fez mercê da Ilha ao Donatario do Fayal, homem poderofo, e mais vifinho, confiando de fuas forças, e zelo, que em breve lhe agradeceria a graça com huma florente povoaçaõ.

Das Ilhas dos Açores a ultima a povoarfe, ajuizamos, que fora a *Graciofa*, fe bem que huns lhe daõ na ordem dos defcobrimentos o quarto lugar, outros o terceiro. Sua planicie, abundancia, e frefcura com propriedade lhe deraõ o nome; mas naõ fabemos, que defcobridor lho pozera, nem em que anno fe defcobrira; achamos por coufa verofimil, que feria no de 1453. O que nos vem dos Antigos, como noticia averiguada, he, que o Infante fempre folicito em taes povoações, repartira efta Ilha em duas Capitanías, e dera huma a Vafco

*Defcobrimento da Ilha Graciofa.*

Uu Gil

*Divide o Infante esta Ilha em duas Capitanías: faz mercê de huma a Vasco Gil Sodré, e da outra a Duarte Barreto.*

Gil Sodré, homem conhecido por sangue, e riquezas, o qual de Montemór o Velho passara à Terceira, ou a fazer serviços, ou casa mais opulenta. Duarte Barreto, seu cunhado, levou a outra Capitanía, e mereceo-a por sua nobreza, sendo dos do seu Appellido, estabelecidos no Algarve; porém naõ chegou a desfrutar sua fortuna; porque no caminho foy assaltado, e prezo pelos Castelhanos, e succedeolhe no senhorio Pedro

*Verifica-se a mercê do segundo em Pedro Corrêa da Cunha.*

Correa da Cunha, Fidalgo illustre, e travado tambem em parentesco com Vasco Gil, que sendo bem visto do Infante, foy quem negociou a mercê. Os povoadores ajudados da boa situaçaõ, e qualidades do viçoso terreno, naõ se queixaraõ do premio, que lhes rendia sua industria, e trabalho, e com emulaçaõ às outras Ilhas cresceo logo a Graciosa em edificios, lavouras, e familias, especialmente nobres, para as quaes naõ he leve vaidade, o distincto lugar que tem nos Nobiliarios Insulanos.

*Utilidades, que resultavaõ de tantos descobrimentos.*

Com tantos, e taõ uteis descobrimentos revia-se o zeloso Infante nos frutos

tos de fua conſtancia. Era para cauſar
aquella rara gloria, porque ſuaõ os Heróes, conſiderar eſte famoſo Principe
em ſuas ſingulares emprezas. Se olhaſſe
para huma parte de ſeus trabalhos, veria, que deſaſſombrara os navegantes do
horror a mares deſconhecidos, e que
moſtrara ao Mundo novos climas, e regiões, que antes delle ou de todo, ou
na pratica ſe ignoravaõ, quaſi fazendo
mayor a terra para o util commercio dos
homens. Se lançaſſe os olhos para o Reino, vellohia com mais ſubſtancia em
rendas, mais creſcido em dominios, e
eſtes naõ ſó povoados, mas já ricos com
o trafico do negocio, viſitando ſeus portos Nações mercantís, que antes ſó por
guerreiro o conheciaõ. Com tudo, como ſe feitos taõ illuſtres naõ ſobejaſſem
para ficar immortal na Hiſtoria, conſiderando, que naõ naſcera para ſi, mas para a Patria, naſcendo filho daquelle grande Rey, naõ quiz perder huma nova occaſiaõ, com que a gloria militar brindava
ao ſeu valor.

Arrancado o Sceptro Imperial da
maõ

*Perfuade o Papa Callixto aos Principes Catholicos a expulfaõ de Mahamet de Conftantinopla.*

maõ de Conftantino Paleologo pelo Turco Mahamet, o Papa Callixto vendo fatalidade taõ funefta para a Igreja, com zelo Apoftolico no anno de 1455 ·inflammou os Principes feus filhos, a que unidos em hum corpo, foffem vingar as affrontas da Religiaõ, expulfando de Conftantinopla aquelle commum inimigo. Os Reys Portuguezes por fua herdada piedade eftavaõ na antiga poffe de ferem dos primeiros, que recebeffem huns taes avifos, porque eraõ dos primeiros, que a elles refpondiaõ com obediente foccorro. Affim o quiz moftrar ao

*Offerece-lhe ElRey D. Affonfo V. doze mil homens.*

Santo Padre ElRey D. Affonfo V. offerecendo-lhe logo por hum anno doze mil homens de guerra, gente toda pratica na milicia à cufta de Mouros; e para que viffe, que os Monarcas de Portugal em pontos de defenderem a Ley, que profeffavaõ, naõ fabiaõ poupar nem ainda fua mefma Peffoa, mandou-lhe dizer, que elle era o Capitaõ do foccorro.

*Avifa ElRey ao Infante D Henrique defta nova Expediçaõ.*

O mefmo foy offerecer o auxilio; que entrar a preparallo: alliftou-fe gente, pozeraõ-fe muitas quilhas nos eftaleiros,

leiros, e trabalhava-fe em todos os apparatos de guerra. Como a facçaõ era fanta, o povo já doutrinado por feus avós em fuas obrigações fobre coufas, em que entrava a Religiaõ, contendia entre fi, huns a offerecerem-fe às armas, outros ao trabalho. Naõ tardou ElRey em dar parte de fua refoluçaõ ao Infante D. Henrique, que nefte tempo vivia na folidaõ da fua Villa, recebendo nos frequentes navios os frutos abundantes de feus defcobrimentos. Lemos que o confultara, como a voto o mais prudente, e experimentado do Reino, fobre pontos pertencentes à Expediçaõ.

Eftava o Infante já avançado em annos, e naõ cuidava, fenaõ na victoria da morte, fortalecendo-fe para ella com as armas de muitas virtudes; mas ao faber, que fe movia huma fanta empreza, em que a gloria era fó do Senhor, a quem fervia, tornado aos efpiritos de fua mocidade em Africa, refpondeo a ElRey com exceffos de alegria, e de louvores, e offereceo para a Acçaõ com a Peffoa as rendas do feu Meftrado: ho-je

*Refponde-lhe o Infante offerecendo-lhe a Peffoa, e as rendas do feu Meftrado.*

je diriaõ, que o offerecimento era politica; entaõ concordaraõ todos, que fora
repofta do coraçaõ zelofo de hum Dom
Henrique. ElRey com a repofta moftrou bem feu prazer, como quem fabia
o foccorro, que levava, na experiencia,
e na efpada de feu Tio.

*Origem da Bulla da Cruzada : chega com ella de Roma o Bifpo de Silves.* Paffou-fe em preparaçoẽs militares
o anno de 1456, e no feguinte chegou
de Roma o Bifpo de Silves com a Bulla
da Cruzada, thefouro que o Santo Padre já repartia como premio anticipado
aos que fe achaffem na facçaõ; e em
memoria de graças taõ copiofas mandou ElRey cunhar moedas de ouro, a
que chamou *Cruzados*, para com ellas
pagar ao Exercito: serviaõ a hum mefmo tempo de foldo, e defpertador à religiofa Empreza. Crefcia nefte valerofo
Principe o ardor de provar fuas armas
em fangue infiel à medida da precifa demora, com que fe apreftava a Armada;
e já, como impaciente da victoria, quizera foltar as vélas, fe naõ lho impediffe
[fegundo achamos] a politica do Infante, perfuadindo-o, a que convidaffe os
de-

demais P
ter parte
juftiça da
App
creveo às
religiaõ n
paffaraõ a
fuas prom
a politica.
Deos ao
mitofo,
trabalhos
pes, que
com que
de feu zc
via com
e eftes ch
parte hum
de fe lhe
ferviços,
taõ grofl
e quiz er
Co
Henriqu
lhe pode
coraçaõ

demais Principes Catholicos a quererem ter parte nos triunfos, que promettia a juſtiça da guerra.

Approvou ElRey o conſelho; eſcreveo às Cortes, e todas moſtrarão ſua religião nas zeloſas repoſtas; porém não paſſarão a moſtralla nas obras, parando ſuas promeſſas em palavras, que dictara a politica. Succedeo neſte tempo livrar Deos ao Papa de Pontificado tão calamitoſo, chamando-o ao premio de ſeus trabalhos; e com eſta morte os Principes, que fugião à liga, tiverão cores, com que pintar menos feya a froxidão de ſeu zelo. ElRey D. Affonſo, que ſe via com os portos povoados de navios, e eſtes cheyos de munições, e por outra parte hum Exercito, que já murmurava de ſe lhe retardarem tanto ſeus futuros ſerviços, tendo por indecoroſo malograr tão groſſas deſpezas, olhou para Africa, e quiz empregallas em Tangere.

*Eſcreve ElRey às Cortes Catholicas convidando-as para eſta empreza. Morre o Papa: fruſtra-ſe a expedição. Reſolve ElRey conquiſtar Tangere.*

Communicou a idéa ao Infante D. Henrique, para ouvir ſeu parecer. E que lhe poderia inſpirar, quem conſervava no coração chaga ainda freſca de ſua infelicidade

*Parte a Armada para Tangere. Sabe da reſolução de ElRey o Governador de Ceuta. propoem-lhe antes a Conquiſta de Alcacer Seguer.*

cidade naquella Praça, e fufpirava por
occafiaõ, em que os vindouros o julgaf-
fem bem vingado nos efcrupulos do feu
brio? Ou foffe effeito da repofta do Infante, ou da generofa impaciencia de
ElRey, a Armada poz-fe logo de verga
d'alto com vinte mil homens apoftados
a efcalarem aquella Fortaleza, a quem
noffas defgraças faziaõ foberba. Soube
da refoluçaõ o Conde de Odemira Dom
Sancho de Noronha, que eftava naquelle tempo em Ceuta, e com razões de
quem a huma folida politica unia hum
igual zelo pela confervaçaõ da noffa fama, efcreveo a ElRey, propondo-lhe o
quanto lhe era mais conveniente começar pela Conquifta de Alcacer Seguer,
porta por onde a victoria o veria condu-
zir para Tangere.

*Approva ElRey o*
*rbitrio do Conde.*

Era de pezo nos confelhos o voto
defte Fidalgo, e ao ler feu difcurfo, ap-
provou-lhe ElRey o arbitrio, e mandou
de Eftremoz, onde affiftia por caufa da
pefte em Lisboa, que a Armada bufcaffe
o porto de Setubal, porque delle deter-
minava embarcar. Entretanto paffou a
Evo-

Evora, onde deixou feus filhos entregues a Diogo Soares de Albergaria, Fidalgo de tal entendimento, que fendo
Ayo do Principe, tirou de fua educaçaõ
dar ao Mundo aquelle modello de Reys,
a quem as Hiftorias eftranhas chamaõ o
*Principe perfeito.*

    Chegou ElRey a Setubal, e defti-
nado para o embarque o dia ultimo de
Setembro, mandou confeffar a todo o
Exercito, e fazer publicas rogativas ao
Senhor das Victorias, antiga criaçaõ da
milicia Portugueza. Depois em folem-
ne, e devota Prociffaõ, qual eftava pedindo a religiofa Empreza, partio El-
Rey, feguido de feu Irmaõ o Infante **D.**
Fernando, de feu Primo o Senhor **D.**
Pedro, do Marquez de Villa-Viçofa, e
feus filhos; e por naõ fermos cançados
em catalogos, bafta dizer, que o acom-
panhava a flor da Nobreza, e do valor
do Reino: faltava o Infante **D.** Henrique, e foffra-fe ao affecto do Efcritor
[quando naõ feja à verdade] dizer, que
faltaria tudo, fe ElRey o naõ foffe bufcar ao Algarve.

*Parte a Armada de Setubal, e nella ElRey acompanhado da flor da Nobreza do Reino.*

Def-

*Chegaõ a Sagres: recebe-os o Infante com grande luzimento.*

Defpedidos com vivas, e bençãos do povo, como fe já aportaffe a victoria, deraõ à véla noventa Vafos de diverfa grandeza, e com tres dias de viagem chegaraõ a Sagres. Veyo logo o Infante beijar a ElRey a maõ pela honra de fer feu hofpede, e dizem-nos as pennas daquella Idade, que apparecera com luzimento de efpanto, e que efte crefcera em todos com a magnificencia da hofpedagem. Pelo que lemos nefta materia, fe a lifonja naõ avivou mais a pintura, efte feculo prodigo em grandezas, teria por generofa profufaõ aquelle regio tratamento. O Conde de Odemira avifado por ElRey, de que approvava feu parecer, com tanta preffa appareceo em Sagres com algumas Fuftas, que quando ElRey chegou, já nelle achou novo foldado, que valia hum foccorro.

*Compunha-fe a Armada de duzentas e vinte vélas : declara ElRey a empreza a que hia.*

Demorou-fe a Armada oito dias, efperando os muitos Vafos, que tinhaõ fahido do Douro, Mondego, e outros portos, e com a chegada deftes ficou conftando todo o Poder de duzentas e

vin-

vinte embarcações; forças, que já pareciaõ de fobejo para a conquifta de huma Praça, pofto que bem defendida por
homens, a quem o noffo valor, e difciplina de barbaros fizera foldados. Determi-
nada a partida, fabio ElRey com luzido
apparato a ouvir Miffa, e no fim della
declarando à Corte, e Cabos principaes
a empreza, a que hia, incitou a todos,
chamando-lhes inftrumentos da fua gloria; elogio, a que refpondeo por todos
o Infante D. Henrique, beijando a maõ
a Principe taõ liberal do que a Mageftade coftuma fer avarenta. Os Senhores,
a quem feu Real fangue diftinguia entre
os outros, naõ quizeraõ nefta generalida-
de confundir feu agradecimento, nem
perder taõ boa occafiaõ de fe recom-
mendarem na graça do feu Soberano, e
em peffoa lhe agradeceraõ a honra de fe
querer fervir de fuas vidas em facçaõ,
que com a fama lhe extenderia os dominios.

   Defaferrou a formidavel Armada;
defpedindo-fe da terra com alegres def-
cargas de artilharia, alternadas com os

*Sahem de Sagres:*
*fobrevemlhes hvm tem-*
*poral: refolve-fe naõ*
*fe bufcar Tangere.*

sons de bellicos instrumentos. Emprooù
para o porto, que demandava; porém o
mar naõ lho consentio, obstandolhe com
huma repentina tormenta, que a impel-
lia para Tangere. Como esta Praça naõ
era menos appetecida, esteve ElRey em
condescender com os mares, parecendo-
lhe aquella violencia annuncio de occulta felicidade; mas poz o caso em conselho, naõ querendo arriscarse a cousa ,
em que a prudencia murmuraria do fogo
de seus annos, se lhe fosse infiel a fortuna. Assentou-se , que naõ se buscasse a
Tangere; esteve ElRey pelo voto , e
todos attribuiraõ ao respeito do Infante
D. Henrique a novidade de se sujeitar
quem ou por ardor de genio, ou de idade entendia , que até era senhor do juizo alheyo.

*Chegaõ a Alcacer :*
*salta ElRey em terra :*
*acompanha-o o Infante,*
*e toda a Nobreza*
Serenou-se o mar, e em 17 de Outubro surgio a Armada em Alcacer. El-
Rey criado com a Historia de seus grandes Avós, querendo mostrarse seu digno
Neto, a ninguem cedeo a gloria de primeiro em hir encontrarse com os perigos, saltando em terra. Seguio-o logo o
In-

Infante D. Henrique, e foy mais prudencia, que lifonja, a generofa oufadia, te-
mendolhe algum daquelles encontros arrifcados, que naõ fabe prever a mocidade
fogofa. A Nobreza com efte exemplo à
contenda fe lançava aos bateis, querendo todos moftrar a ElRey, que o feu
defembarque, e o delles, tudo fora hum
tempo: os que foraõ fegundos, reman-
do com obfequio mais tarde, promettiaõ ganhar melhor primazia em acçaõ
de mais vulto nos olhos do feu Principe.

Os Mouros chamados pelo eftron- *Correm os Mouros a*
do das caixas, e trombetas, correraõ a *impedir o defembarque:*
impedir o defembarque com quinhentos *accende-fe furiofa ba-*
de cavallo, e infinitos de pé, gente to- *talha.*
da, que promettera aos da Praça pou-
parlhes as lanças. Bem o moftraraõ no
valor impetuofo, com que nos acomet-
teraõ, pretendendo impedirnos o primeiro paffo para a victoria. Accendeo-fe de
repente furiofa batalha: os Inimigos fia-
vaõ-fe na vantagem do partido, eftando
fenhores da melhor parte da praya; os
noffos pozeraõ toda a efperança em fuas
armas, já abençoadas por Deos, como
inf-

inſtrumentos dos triunfos da ſua Cruz. Eſta lembrança tanto lhes dobrava o animo, que naõ davaõ paſſo, em que naõ venceſſem terreno. Cuſtava-lhes cara a vantagem, porque os Mouros ſabiaõ reſiſtir, naõ jogando ſuas lanças com menos deſtreza, e esforço.

*Fogem os Mouros com perda de muitos mortos, e feridos.* Por tempo conſideravel nos aturaraõ os golpes, e deſprezavaõ as feridas com o goſto de verem ſuas armas igualmente tintas. Já ao brio Portuguez parecia pouco honroſa a porfiada reſiſtencia, e inflammados em nova ira, acceza pela voz imperioſa do Infante D. Henrique, inveſtimos com a multidaõ de maneira, que atropellada, e deſcompoſta entrou a eſpalharſe; e como os Inimigos, confiados huns no unido ſoccorro dos outros, quaſi pelejavaõ com valor empreſtado, aſſim que ſe viraõ derramados, deraõ-ſe por perdidos, e valeraõ-ſe dos pés para ſalvarem as vidas. Se naõ foſſem os muitos feridos, e mortos, deixarnoshiaõ a praya limpa; com tudo naõ nos jaƈtámos do eſtrago; porque neſta Acçaõ perdemos, entre outros,

a Ruy

a Ruy Barreto , e Joaõ Fernandes d'Arca, dous foldados, que fizeraõ falta em
hum exercito de Portuguezes efcolhidos.

Correraõ os medrofos a avifar os
da Praça do fogo , com que nós ufanos
da fortuna do primeiro encontro , mar-
chavamos a bater as portas da Fortaleza , perfuadindo-nos a foberba, que para fermos della fenhores, naõ feria neceffaria acçaõ mais forte. Já começava
a declinar o dia, quando os noffos entraraõ a levantar as maquinas de guerra, e
a pôr a artilharia em convenientes plata-
formas. Naõ quiz ElRey, que a victoria lhe deveffe mais tempo , e ordenou,
que fe déffe hum affalto à Praça. Fiou
o melhor corpo do Exercito da difciplina
do Infante D. Henrique , dizendo-lhe ,
que fó de fuas mãos bem conhecidas em
Africa, efperava a coroa de vencedor.

Prompto já tudo a marchar, he fama, que fallara a todos neftes termos
fuccintos : *Soldados, lembraivos, que fois
Portuguezes; que eu fou voffo Rey, e que
os inimigos faõ aquelles, que blasfemaõ deffa
Cruz,*

*Correm a avifar os
da Praça: refolve El-
Rey dar hum affalto à
Fortaleza.*

*Anima ElRey aos
foldados: batem os mu-
ros.*

*Cruz, que trazeis ao peito.* Naõ foy preciſo mais, para ſe ler no aſpecto de todos huns ſinaes, com que naõ coſtumaõ
mentir os corações generoſos. Aviſtou
o Exercito as muralhas, e vendo-as guar-
necidas de gente ſem numero, dobrouſe-
lhe o animo, prevendo pelo cuſto a gloria do triunfo. Com os inſtrumentos,
em que o engenho militar ſoccorre ao
valor, entrou-ſe logo a bater os muros:
zombaraõ os Inimigos do trabalho, dan-
do-ſe por ſalvos, ou na dobrada ſegurança das portas, ou na facilidade, com que
vingariaõ o inſulto. Teimavaõ os noſſos,
e já os Mouros mais irritados, que me-
droſos, deſpediaõ do alto huma chuva
de pedras, e chammas; mas o damno,
ſendo grande, naõ chegou a produzir o
effeito da deſiſtencia; antes o valor inci-
tado pela vingança, fazia-nos atropellar
perigos, e a pé firme eſperar a morte.

*Soffrem os noſſos com grande valor è fugo, que dás ameyas deſpediaõ os Mouros : continuaõ em bater a muralha : abrem as portas, e en- traõ na Praça.*    Os Barbaros vendo, que ſem perda de hum ſó dos ſeus, derribavaõ a mui-
tos dos noſſos, repetiaõ os golpes das
meſmas armas; e era já tanto o fogo deſpedido das ameyas, que o Infante D.
Hen-

Henrique teve por temeridade o preſiſ-
tirſe na acçaõ. Correo a impedilla, lançando-ſe ao meſmo perigo, que chamava temerario nos outros; mas em vaõ
tentou retirar aos valeroſos combatentes, naõ dando ouvidos à obediencia a
ſanha, e o furor. Feridos, e abrazados
continuavaõ em bater a muralha, que já
por huma parte padecia ruina. Appli-
cou-lhe o Infante mais gente, e elle ajudando ſempre, ora com o trabalho, ora
com o mando, fez, que a ruina abriſſe
porta, com que ſe chegaſſe às da Fortaleza. Os noſſos vaidoſos pelo fruto de
ſua conſtancia, e muito mais pelo exemplo de hum Principe, que naõ ſe diſtinguia de hum ſoldado, inveſtiraõ as portas, e arrombadas, correraõ a verſe de
perto com forças, que tanto ſe jactavaõ
de longe.

    Sobreveyo a noite, tempo armador
de ſilladas, e receando o Infante Dom
Henrique algum laço de homens, que
ſabiaõ os ſegredos da Praça, e tinhaõ
a traiçaõ por virtude, quiz demorar o
combate para a madrugada; porém naõ

*Acomettem os Mou-
ros com deſeſperado va-
lor.*

Yy        ſe

fe achou com foldados de obediencia
taõ paciente, que com Mouros à vifta
reprimiffem por horas os impetos da vingança. ElRey, parecendo-lhe bem apro-
veitarfe da valerofa ira, com que todos
de embravecidos naõ cabiaõ em fi, ap-
provou-lhes a refoluçaõ, e mandou, que
acometteffem. A ordem ainda bem naõ
eftava dada, e já os noffos feguindo ao
Infante andavaõ travados com os Mouros. O esforço em ambas as partes fez
difputado o vencimento; huns com os
olhos na gloria, outros nos bens, que
perdiaõ, nenhum queria ceder em braço, e pelejavaõ todos com defefperado
valor.

*Morrem muitos dos Barbaros· accende-fe a batalha· padecem gran- de eftrago de noffas ar- mas.*

Os Barbaros, em quanto tiveraõ
fangue, foffreraõ intrepidos o pezo de
noffos golpes; mas vendo-fe com muitos
mortos, e feridos, paffadas horas, vieraõ
a fraquear. Com tudo forcejavaõ pela refiftencia, naõ querendo nenhum delles
viver com a infamia de covardes, e ferem apontados pelos ultimos, em cujas
mãos acabara a honra daquella Praça.
Animados defte motivo, naõ havia entre

tre elles
mas, far
do o que
os abrid
faõ nos
horror
do pod
lo do fe
viaõ, e
armas.

O
que os i
ferir, qu
que ao
o do fe
Praça,
liz, que
ruina n
correro
tio ou
hiffen
por c
Infta
pend
a peti
defca

tre elles quem naõ lançaffe maõ às armas, fazendo a neceffidade foldado a todo o que podia fuftentar huma lança. Já
os alaridos atroavaõ os ares, e a confufaõ nos miferaveis accrefcentava-lhes o
horror da noite. Defconfiados em fim
do poder de feus braços, clamavaõ pelo do feu Profeta; mas o foccorro que
viaõ, era novo eftrago na furia de noffas
armas.

O Infante D. Henrique prevendo, *Entraõ a bater a*
que os feus cançariaõ de tanto matar, e *ria: correm os Mouros*
ferir, quiz dar fim à Acçaõ, ordenando, *a offerecer partido: or-*
que ao deftroço das efpadas fubftituiffe *que fayaõ logo da Pra-*
o do fogo. Entrou a artilharia a bater a *ça.*
Praça, e logo o primeiro tiro foy taõ feliz, que poupou o fegundo, fazendo tal
ruina nos Inimigos, que fem demora
correraõ a offerecer partido. Naõ admittio outro o Infante, fenaõ que logo fahiffem da Praça, e que levaffem embora
por confolaçaõ fuas mulheres, e filhos.
Inftaraõ-lhe, que até ao dia feguinte fuf-
pendeffe o golpe; mas naõ lhes admittio
a petiçaõ, e ordenou aos foldados, que
defcarregaffem as efpadas. Tornaraõ a

Yy ii                              inf-

inftar, pedindo ao menos huma hora, e como naõ foraõ ouvidos, viraõ-fe preci-fados a mandar refens, que o Infante logo enviou a ElRey, dizendo-lhe, que naõ podera achar melhores menfageiros da victoria.

*Sabem os Mouros da Praça : ufa o Infante com elles de generofa piedade.* Ceffou o combate, e rompendo o dia, fahiraõ os vencidos da Praça, obe-dientes à capitulaçaõ. Como em nada faltaraõ às condições, o Infante ufando de generofa piedade, mandou que os tra-taffem com a politica da guerra; e para mais os fegurar, e impedir aquellas liber-dades, que fe disfarçaõ nos vencedores, quiz elle mefmo affiftir à expulfaõ, para que foffem duas vezes vencidos, da cle-mencia, e do valor. Os primeiros a ac-clamar efta nova victoria, foraõ os mef-mos Mouros, vendo no generofo Prin-cipe tanto exceffo de benignidade, que fendo huma das condições o fahirem, fem levarem coufa alguma comfigo, por ultimo lhes concedeo as roupas de feu ufo, coufa, que os confolou em feus males, quafi julgando-fe ricos em tanta pobreza.

Ao

Ao meyo dia já a Praça naõ tinha nem morador , nem foldado. Entrou nella ElRey, e a pompa do triunfo foy huma devota Prociſſaõ , que ſe encaminhava à Meſquita , já purificada , e reduzida a Templo da grande Virgem com o titulo da *Miſericordia*. Era eſpectaculo daquelles, que engrandecem os Faſtos da Igreja, ver levantado por mãos ainda tintas em ſangue infiel, e ornado de eſtandartes vencidos, hum altar a Deos , e diante delle proſtrado ElRey offerecer a eſpada àquelle Senhor, que o fizera triunfar dos blasfemadores do ſeu nome. Cantou-ſe o *Te Deum*, e nelle he fama, que o Infante D. Henrique movido de ſua antiga piedade lançara lagrimas religioſas , e com terna devoçaõ offerecera a Deos exaltado os ultimos frutos de ſuas armas.

*Entra ElRey na Praça : vay em Prociſſaõ à Meſquita , já purificada , e conſagrada à Virgem Senhora com o titulo da Miſericordia : offerece nella a Deos a ſua eſpada.*

Satisfeita a religiaõ com o publico rendimento de graças a quem ſó dá, e tira victorias, quiz ElRey tambem em publico agradecer a ſeus foldados taõ illuſtre ſerviço. Huns contentaraõ-ſe com honras , outros alegraraõ-ſe com premios,

*Agradece em publico aos ſeus foldados taõ illuſtre ſerviço.*

mios, repartindo-fe por elles grande parte do defpojo. Pediraõ logo a Capitanía

*Provê a Capitanía*
*dª Praça em D. Duar-*
*te de Menezes.*

da Praça alguns Fidalgos ; todos a mereciaõ ; mas os ferviços de D. Duarte de
Menezes pezavaõ com tanto exceffo,
que ElRey fazendo-lhe della mercê, a
ninguem deixou queixofo, nem ainda
defcontente : os merecimentos tinhaõ
entaõ mais refpeito, e naõ fe encom-
mendavaõ a valedores. Foy a graça
acompanhada de hum publico elogio ao
diftincto valor do Provîdo; merecia outro a defaffectada modeftia, com que fe
julgou indigno da honra. Os ferviços de
outros muitos Fidalgos, e foldados de
nome eftavaõ chamando pela remuneraçaõ; naõ quiz ElRey demoralla, e no
Domingo feguinte os armou Cavalleiros, diftincçaõ, em que os premiados
deixaraõ a feus defcendentes vaidade
fucceffiva.

*Paffa ElRey com*
*grande parte do Exer-*
*cito para Ceuta.*

　　　　　　Triunfante o magnanimo Affonfo
de huma Praça taõ forte, como guarnecida de gente guerreira, e em tempo taõ
breve, que lha entregou a victoria quafi ao defembainhar da efpada, paffou com
　　　　　　　　　　　　　　　　par-

parte do Exercito para Ceuta, deixando em Alcacer a guarniçaõ neceſſaria. Entrou naquella famoſa Cidade, e conſiderando, que huma Fortaleza inexpugnavel por induſtrias da arte conſpirada com a natureza, ſe ganhara em menos tempo, e com menor Exercito, reverenciou a gloria ſingular do Infante D. Henrique, e julgou por leve a fama de ſua nova Conquiſta. Eſte conhecimento, como tem força de fazer mayores as grandes Almas, tanto lavrou no coraçaõ do generoſo Rey, que aſſentou comſigo dever a Mouros deſtruidos o nome de *Africano.* Conſeguio-o, e aqui temos o Infante D. Henrique primeiro mobil da heroicidade de taõ guerreiro Principe: eſcrevemolo com vaidade do noſſo aſſumpto, porque naõ podiamos reflectir em couſa, que mais levantaſſe a fama do noſſo Heróe.

Já ElRey de Féz tinha perdido Alcacer, e ſeus ſoldados paſſado pela vergonha da entrega, quando lhe chegou a noticia, de que ElRey Dom Affonſo deſembarcara para a ganhar por aſſalto.

*Chega a ElRey de Féz a noticia de haver perdido Alcacer cur e a ſoccorrella: teme as noſſas armas, e marcha para Tangere a refazerſe de forças.*

Cor-

Correo o Mouro embravecido a defva-
necernos a prefumpçaõ, ou a caftigar-
nos a loucura, e trazia para ifto hum
Exercito formidavel, que o lifonjeava
ainda com mayores promeffas. Aviftou
a Praça, e avifando-o de longe as ban-
deiras Cruzadas, de que já outra gente
a defendia, houve de enlouquecer o Barbaro com taõ arrebatado triunfo. Querendo a hum mefmo tempo vingarfe da
infolencia, e recuperar o perdido, pareceo-lhe, que era pouca a gente que trazia; e por naõ fe arrifcar a fegunda affronta, marchou para Tangere a refazerfe de forças, em que nos moftraffe feu
poder, e a certeza de feu defpique.

*Avifa o Capitaõ D.* O Capitaõ D. Duarte de Menezes
*Duarte de Menezes a* avifou logo a Ceuta da novidade, e El-
*ElRey : manda efte*
*foccorrello com armas,* Rey a toda a preffa o mandou foccorrer
*e gente.* com mais armas, e gente. Houve quem
lhe aconfelhaffe, que fe recolheffe ao
Reino; naõ fabemos as razões, que propunhaõ: outros oppondo-fe a efte parecer, feguiraõ com a razaõ o genio dè El-
Rey; os fundamentos naõ he precifo
adevinhallos; bem fe vê, que o retirarfe

El-

ElRey em tal cafo, feria moftrar ao Barbaro, que no medo lhe dava de antemaõ
a victoria. Affentou-fe , que o defafiaffe-
mos a batalha campal , onde apparecendo todo o noffo poder , poderia elle pedir a todos a fatisfaçaõ da offenfa; e que
quando naõ eftiveffe pelo defafio, poderia retirarfe fem nota nas leys briofas da
milicia.

Martim de Tavora , e Lopo de Almeida foraõ os efcolhidos para efta embaixada, a qual pediria feu conhecido valor , a naõ ferem lembrados. Embarcaraõ, e chegando a Tangere , o Mouro
já avifado do negocio, a que vinhaõ, para que naõ fe atreveffem a proporlho, fo-
berbo , e tyranno deu na morte de ambos anticipada a repofta. Foy confelho
de Laxaraque, valido, que era Rey fem
nome , o qual com barbara politica naõ
quiz, que conftaffe ao publico o defafio ,
ou temendo dar queda do throno , fe a
fortuna teimaffe em feguir aos vencedores, ou naõ foffrendo, que o feu Principe , fendo o affrontado , naõ foffe o primeiro a convidar para as armas. Efta ra-

*Manda ElRey defa-*
*fiar ao Barbaro à bata-*
*lha campal por Martim*
*de Tavora , e Lopo de*
*Almeida : morrem ef-*
*tes às mãos do Tyranno.*

zaõ

zaõ foy a que affeƈtou, e persuadio ao
Rey, que dando-se por desentendido da
embaixada, marchasse sem demora a cas⸱
tigar homens, que quando lhes parecia,
entravaõ por Africa, e se apoderavaõ de
suas Praças, como se seus Avós lhas dei-
xassem em herança, testando do que
eraõ senhores.

*Empenha-se o Mou-*
*ro em recuperar a Pra-*
*ça: accende-se entre el-*
*le, e os nossos furiosa*
*batalha.*

Rey, e Valido ambos eraõ covardes; empenharaõ-se em recuperar o perdido com trinta mil cavallos, e peões em
tanto numero, que vinhaõ cubrindo legoas de areaes. Aquartelou-se o Mouro,
e dispondo tudo segundo as leys da disciplina Africana, prometteo premiar com
maõ prodiga aos que se assinalassem na
empreza, e com contrafazer hum sem-
blante risonho, e huns olhos benevolos,
cativou vontades. Já de ambas as partes
atroava os ares o estrondo da artilharia;
mas a da Praça, favorecida do sitio, empregava melhor os tiros, respondendo
com mais damno, do que recebia. O
Barbaro fiado em seu poder naõ poupa-
va gente, nem os muitos mortos lhe deviaõ sentimento. Proseguia nas investi-
das,

das, e fentindo fempre em nós mais forte a refiſtencia, como ſe nos alentaſſe-
mos do trabalho, jurou comprar a victoria ainda à cuſta da perda do Exercito.

Chamou por todas as forças delle, *Exhorta o Barbaro*
e para accender hum furor intenſo no *aos ſeus ſoldados.*
peito dos ſoldados, lembrou-lhes: „ Que
„ a ſua religiaõ eſtava ultrajada, e que
„ era precifo, que elles eſcolhidos pelo
„ Profeta por Miniſtros da ſua vingança,
„ lhe agradeceſſem cargo taõ honrofo,
„ refgatando-lhe aquella Meſquita, e ar-
„ rancando o eſcandalo daquellas Cru-
„ zes: Que viſſem, como obravaõ; por-
„ que elle lá do alto os eſtava vendo, e
„ preparando hum lugar deliciofo para
„ aquelles, que no ſangue de ſeus Inimi-
„ gos ſoubeſſem lavarlhe as manchas de
„ tantas affrontas em ſeu culto, e na hon-
„ ra das armas Africanas. As palavras fo- *Conhece-ſe nelles hum*
raõ poderofas; conheceo-ſe logo, que *novo valor.*
nos Barbaros entrara hum valor novo, e
taõ executivo, que eſtranhámos a differença. Chovia fogo, e tudo o que podia fazer ruina na Fortaleza; revezavaõ-
ſe a miudo, e nunca lhes faltava gente.

Zz ii                    Os

Os noſſos naõ ceſſavaõ de os combater com as meſmas armas; mas quaſi, que já os naõ podiaõ emparelhar em forças; e. ſe os naõ excedeſſem em brio, e diſciplina, a deſigualdade do numero ſegurava o triunfo aos Mouros.

*Defende-ſe com valor o Capitaõ D. Duarte de Menezes Chega a Ceuta a noticia do aperto dos ſitiados. Reſolve ElRey partir para o Reino a refazerſe de forças.*

O Governador D. Duarte, ora ſoldado, ora Capitaõ, obrou naquella defenſa taes gentilezas de valor, que por ellas ficou aſſinalado entre os de ſeu heroico Appellido: deixou honra para Netos, e dos alimentos de ſua fama eſtaõ hoje vivendo muitas Caſas illuſtres. Chegou a Ceuta a noticia do aperto, em que eſtavaõ os ſitiados, e determinou ElRey, aconſelhado do Infante Dom Henrique, hir buſcar novo triunfo. Sahio da Praça; mas explorado o mar, e ſabendo-ſe, que ainda mais do que a terra, eſtava cuberto de forças inimigas, por voto do meſmo Infante, venceo com a prudencia a tentaçaõ de huma temeraria ouſadia: Deſiſtio por entaõ; porém reſolveo ſoltar logo as vélas para o Reino, a engroſſarſe em poder, com que alimpando de Barbaros mar, e terra, deixaſſe em Afri-
ça

ca de feu nome memoria horrorofa. Ifto mefmo efcreveo a D. Duarte, fegurando-lhe, que naõ teria mais demora
em o foccorrer, que a precifa em hir ao
Reino, e voltar para Alcacer; noticia,
que chegou ao Governador taõ tarde,
que quando elle a foube, já com a fugida dos inimigos tinhaõ os fitiados cantado o triunfo.

Aportou ElRey a Lisboa, onde os *Chega ElRey a Lif-*
vivas finceros de hum povo inteiro fubf- *boa: retira-fe o Infan-*
tituiraõ bem a falta deffes foberbos appa- *te para a fua folidaõ.*
ratos, com que hoje fe cumprimentaõ
as victorias. O Infante D. Henrique neftas acclamações levava a melhor parte,
e até ElRey teve por acto de juftiça fazer corpo com o publico, e authorifar
feus louvores, confeffando, que elle com
feu esforço, e difciplina lhe pozera na
cabeça a coroa de vencedor. Já naõ era
agradavel ao Infante o incenfo da gloria
mundana; fó afpirava à eterna: e como
para ella já feus annos o apreffavaõ, retirou-fe à fua amavel folidaõ a efperar a vi-
fita da morte.

Defpedido de ElRey, e do Mundo

*Prepara o Infante huma expedição para o defcobrimento de Cabo Verde.*

do entrou entaõ com mais valor na conquifta do Ceo , dando de maõ a tudo o
que podeffe accrefcentar fua fama. Mas
muito pôde o coftume, ou ( dizendo melhor) a virtude nos amantes da Patria. Of-
fereceofe-lhe occafiaõ de hum novo defcobrimento ; e como ifto era augmentar
à Igreja os dominios, e ao Reino a gloria,
naõ quiz morrer fem mais efta coroa.
Corria o anno de 1460 , e fentindo em
extremo o zelofo Infante naõ deixar defcoberto o continente de Cabo Verde ,
Cabo que felizmente defcobrira Diniz
Fernandes [ como já efcrevemos ] mandou preparar o neceffario para efta expediçaõ, a qual até aquelle tempo naõ pudera fazer , porque outras viagens mais
importantes lhe repartiraõ as forças , e
cançaraõ os penfamentos.

*Efcolhe para efte def- cobrimento a Antonio de Nolle.*

Para a empreza efcolheo hum Antonio de Nolle, peffoa diftincta em Ge-
nova por fangue , e ferviços. Defgoftos
na Patria o trouxeraõ a Portugal com
dous Sobrinhos Bartholomeu , e Rafael
de Nolle ; e fendo bem recebido pelo
Infante, Patrono certo de Eftrangeiros
be-

benemeritos, offereceo-fe a fervillo nos famofos defcobrimentos. Com efta gene-rofidade armou à fortuna, e veyo a me-recella com acções de honra; porque hin-do demandar Cabo Verde com feus So-brinhos por companheiros, defcobrio huma Ilha, que fantificou com os nomes de *Santiago*, e *S. Filippe*, pelo eftrear a Providencia com a nova terra no dia deftes Santos. Antigos ha, que daõ a ef-te Defcobridor fama mais avultada, ef-crevendo, que no mefmo dia dera com tres Ilhas, e que a huma pozera o nome de *Boa vifta*, a outra a dos Apoftolos re-feridos, e à terceira chamara *Mayo*, ef-ta em memoria do mez, e aquella do dia. Naõ nos oppomos a noticia apadrinha-da por pennas, que fendo daquelles tem-pos, merecem cortezia na crença.

*Defcobrimento das Ilhas de* Santiago, e S. Filippe, Boa vif-ta, e Mayo.

Chegando ao Cabo chamado *Ver-melho*, voltou Antonio de Nolle alegre com o defcobrimento, mas pouco fatif-feito da Ilha, por fer terra enferma, afo-gueada do Sol, e de ares taõ groffos, e peftilentes, que a alguns da naõ hofpe-daraõ com doenças, que logo moftraraõ
fe-

*Volta Antonio de Nolle do Cabo chama-do* Vermelho.

ſerem aviſos da morte. O Eſtrangeiro contentou-ſe com o premio, que teve por ſeu ſerviço, e renunciou de boamente toda a fortuna, que lhe vieſſe de clima, onde o viver ſeria milagre. Ainda aſſim, como naõ ha couſa, a que naõ ſe arremeſſe a ouſadia, e muito mais a ambiçaõ dos homens, com o tempo ſentio-ſe conveniencia na má terra, e naõ lhe faltaraõ povoadores, e depois Miniſtros do Evangelho, que com muitos ſuores a cultivaſſem para Chriſto; de ſorte que, ſe o Infante naõ pôde ver, ſenaõ o caminho deſcoberto, e aſſinalado o terreno, no Ceo hia recebendo gloria, ao paſſo, que os Obreiros do Senhor hiaõ plantando a ſua Divina Palavra naquella nova Conquiſta da Igreja.

*Virtudes em que flo-eceo o Infante Dom Ienrique.* Temos viſto neſta ſuccinta Eſcritura [bem como em breve mappa toda a redondeza da terra] quaes foraõ os frutos do valor, e dos eſtudos do Infante D. Henrique: tempo he já de ſatisfazermos a impaciencia de quem nos ler com a deſcripçaõ dos frutos de ſuas virtudes. Reſervamo-la para eſte lugar, a fim de

de-

dever mais attençaõ ao leitor, naõ con-
fundindo em hum mefmo theatro o Heróe, e o Santo. Na verdade foy efte
Principe hum daquelles, que o Mundo
anda fempre a defejar, e de que a Natureza coftuma fer avarenta. Teve virtudes de homem Religiofo; muitas, e
todas praticadas com efcrupulofa exacçaõ. Fazia maravilha a aufteridade do
feu viver; e naõ fey donde vem, efpan-
tarem nos Principes virtudes indifpenfa-
veis a todos nas leys do Chriftianifmo.'
Naõ fe admirava das do Infante quem
reflectia, em que os fructos correfpon-
dem à bondade da arvore; era filho de
virtuofos, e que muito fer fruto de bençaõ?

Como a Religiaõ tomada em todo *Da fua religiaõ naf-*
o feu rigor, e naõ como fe peza por ou- *ceo o zelo de leva a*
tras Naçoes, he nos noffos Principes vir- *Fé à Regiões barbaras,*
tude, que os aponta por Portuguezes; *e remotas.*
nella tanto fe efmerava o Infante, co-
mo quem fabia, que, a faltarlhe efta ba-
ze, fe arruinava todo o edificio da folida grandeza. Defta fonte dimanou
aquelle zelo conftante, com que a pezar

Aaa                    de

de mil embaraços, e à cuſta de immen·
ſas deſpezas, levou a Fé a Regiões barbaras, e remotas; nem tiveraõ outra origem os feitos ſingulares, e repetidos de
ſeu valor contra os Africanos, inimigos
do nome Chriſtaõ; mas virtude he eſta,
que com as cores mais vivas, que podé-
mos, deixamos retratada neſta Hiſtoria.

*Fez erigir muitas Igrejas nos ſenhorios da ſua Ordem, e enrique-ceo outras com liberali-dade.*

Filha da Religiaõ he a piedade; e
ſe da que ſempre ſe admirou no Infante,
nos faltaſſem teſtemunhos nos livros, tinhamos padrões, que a provaſſem. Mandou levantar muitas Igrejas nos ſenhorios da ſua Ordem; enriqueceo outras,
e a liberalidade naõ deſdizia do ſeu animo, ou ſe tomaſſe como pio, ou grandioſo. Os Antigos [como ſe o tempo naõ
apagara tudo, e até a meſma memoria
das couſas] naõ ſe cançaraõ nem ſequer
a eſcrever os nomes deſtes edificios; e
creyo, que foy acaſo, ſalvarſe a noticia,
de que o Infante erigira, ou reparara no
lugar chamado *Reſtello* [ hoje Belem ]
huma Igreja a N. Senhora, que do ſitio
tomou o nome, e o cuidado de aben-
çoar ſuas navegações. Viſinho a eſte
San-

Santuario fundou hum Hofpital com rendas liberaes, para nelle fe acolherem pobres, naõ dos que por ociofos empobrecem folgados na Patria, mas daquelles, a quem ou os naufragios levaſſem o ganhado, ou a muita idade defpediſſe do mar. Hum, e outro edificio deu a alguns Sacerdotes, Freires da fua Ordem, para que alli ferviſſem à Rainha dos Ceos, e à Mãy de Mifericordia na caridade com os pobres.

Naõ paſſemos a outra virtude, que eſta ainda nos dá materia. Os foldados, que em todo o tempo foy gente nafcida para carregar com os muitos males da pobreza, acharaõ fempre no Infante quem os aliviaſſe da carga. Recorriaõ a elle, e fempre voltavaõ alegres; piedade, com que mereceo delles o raro nome de *Pay dos Soldados.* Abrindo para todos o thefouro de feu piedofo coraçaõ, levavaõ-lhe efmolas de mais pezo os filhos, e viuvas daquelles, que tinhaõ cooperado para os feus defcobrimentos: com eſtes chamava à piedade reſtituiçaõ. O mefmo nome dava à grandeza, com

*A caridade, que ufava com os foldados lhe adquirio o nome de* Pay dos Soldados.

que favorecia os benemeritos em feu ferviço : nefte ponto parecia-lhe pouco tudo quanto obrava, e ao agradecerem-lhe
o premio, moftrava-fe envergonhado da
mercê; a huns parecia ifto effeito de fua
grande modeftia, a outros fentimentos,
com que a liberalidade fe exprimia.

*A liberalidade com que premiava os ferviços, fazia com que todos fe empenhaffem em fervillo.*
Para focegar nefta parte o feu ani-
mo, dava quanto podia ; aos defcobridores as terras, que achavaõ, aos armadores as prezas, que traziaõ. Daqui vinha andarem os homens de preftimo,
como à contenda, empenhados, em que
elle lhes pozeffe os olhos, fabendo por
experiencia, que para crefcerem em fortuna, baftava fervillo. Tanto fe efpalha-
ra efta fama, que ella convidou muitos
Eftrangeiros illuftres de quafi toda Europa a defpedirem-fe da Patria, e bufcar o
ferviço de hum Principe taõ generofo
em emprehender glorias, como em honrar aos que nellas o ajudavaõ: e fe eftes
Aventureiros aproveitaraõ em fua refoluçaõ, as teftemunhas fejaõ feus mefmos
Defcendentes, que entre nós vivem ricos em fenhorios, e honras.

Cof-

Coſtumaõ os criados hir pelos paſ- fos de ſeus amos, faceis por força do ex- emplo, ou a ſeguirem ſuas virtudes, ou a tomarem ſeus vicios. Sendo o Infante D. Henrique qual o retrato, que a An- tiguidade deixou delle, bem ſe colhe quanto ſeria exemplar a ſua illuſtre fa- milia. Ficou eſcrito daquelle tempo, que o ſer Criado deſte Principe, e o ſer homem de merecimentos, e virtudes, era conſequencia, que ainda no povo murmurador paſſava ſem contradiçaõ. Com effeito a ſua Caſa era huma eſcola, onde os Reys ſe proviaõ dos Fidalgos mais dignos para os cargos da guerra, e da politica; e lemos, que os acharaõ ſempre em tanta abundancia, que na eſ- colha delles nunca faltavaõ merecimen- tos queixoſos da juſtiça.

*Com o ſeu exemplo edificava a ſua fami- lia.*

Menos recommendaçaõ teria na Hiſtoria o Palacio de taõ grande Prin- cipe, ſe paraſſe em ſer paleſtra de ſolda- dos, e politicos, e naõ paſſaſſe a ſer ſe- minario de ſabios Aſtronomos, e Geo- grafos, que deraõ luz àquelles tempos pouco experimentados, a que outros cha-

*O ſeu Palacio era paleſtra de ſabios Aſ- tronomos, e Geografos.*

chamaráõ rudes. Taes quaes foraõ , o Mundo os reconhece ainda hoje por meſtres da navegaçaõ; magiſterio alcançado ora pela diſciplina do Infante, ora pela liçaõ perigoſa de mares eſcondidos, ſulcados com tal atrevimento, que ſe a empreza ſe contara de idades mais eſcuras, que naõ teria fabulado a fama dos novos Argonautas?

*Foy muito favoreci-*
*do da May de Deos.*

Iſto he o pouco, que pudémos alcançar das virtudes publicas do Infante como Principe religioſo; as que elle eſcondia lá em ſeu coraçaõ , ſó as ſabe quem já lhas premiou. Com tudo ſabemos , que frequentemente alimentava ſeu eſpirito com oraçaõ fervoroſa; e ſe neſte ponto val o teſtemunho do noſſo

(1)
Barros , Decad. 1.

Eſcritor mais [1] grave, dizia-ſe, que nella o favorecera a Máy de Deos, ſua eſpecial Protectora, inſpirando-lhe a ſanta idéa dos Deſcobrimentos. Naõ eſcrevemos o favor como certo; baſta-nos naõ ſe negar, que elle o merecia. Fruto de

*Sua manſidaõ.*

huma Alma, que tanto converſava nos Ceos, foy certamente aquella manſidaõ rara, com que o Infante aſſombrava a
to-

tódo o que o fervia. Ninguem o vio defcompofto em ira, e quando em alguma coufa fe dava por mal fervido, as palavras de defprazer eraõ: *Douvos a Deos, ou fejais de boa ventura.* Efta virtude he mais facil de louvar, que de defcobrir em peffoas, a quem a foberania do fangue quafi, que chama producçaõ de efpecie mais nobre.

Outro fruto ( e o mais efpeciofo ) de fua oraçaõ foy o levar à fepultura hum corpo intacto das manchas da impureza. Soube viver fempre cafto nas tentações do feculo, e confeguir nas batalhas da carne huma victoria, em que taõ poucos fe coroaõ: agora efta virtude, confeffamos, que fendo taõ rara, ainda he mais difficultofa de louvar, que de defcobrir. Siga-fe, como em lugar proprio, ao homem religiofo o homem Principe, e veja o Mundo o como no Infante D. Henrique davaõ as mãos as virtudes moraes, e politicas. A magnificencia pareceo fempre fer quem dava a hum fangue Real generofa viveza, julgando-fe precifo, que fe diftinga em fi
aquel-

*Sua caftidade.*

aquelle a quem a Natureza deu lugar levantado entre os mayores. Nada ficou
devendo a efta obrigaçaõ o noſſo Heróe : as provas faõ tantas , que o produ-
zillas todas, eftava chamando por hum
elogio , que igualaſſe no volume a efta
Hiftoria ; apontaremos algumas , que
mais encarecem os documentos, em que
nos fundamos.

*Foy mantenedor nas Juftas , que fe fizeraõ dos Defpoſorios da Infanta D Leonor com o Imperador Friderico III.*

Elles nos dizem , que nos Defpoſorios da Infanta D. Leonor com o Imperador Friderico III. apparecera o Infante com tal luzimento em fua Peſſoa,
e Caſa , que efcurecera a pompa obfe-
quioſa de todos. Efta occaſiaõ offere-
ceo-lhe diverſos lances de moftrar a magnificencia de feu animo. Empenhou-fe
a Corte em obfequios publicos a efte Ca-
ſamento; e entre outros houve feftas de
cavallo, funçaõ muy valida naquella idade bellicoſa ; porque adeftrava mancebos nos arremedos da guerra. Quiz o Infante liſonjear dia de tanto prazer , e
honrou com a Peſſoa o publico efpectaculo, fendo mantenedor nas Juftas, e di-
rector nos Torneyos. O povo , a quem
le-

levava os olhos humas vezes a fingulari-
dade da pompa , outras a da deftreza ,
com que o Infante apparecera , e obrava, exprimia bem feu efpanto ora com
o filencio, ora com os vivas.

Acabara o grande Infante D. Pedro com aquelle fim laftimofo, que , em
quanto houver Hiftorias , fempre accu-
fará a ingratidaõ de Perfonagens diftinctas; e defejofo feu Irmaõ D. Henrique,
de que defcançaffem com mais honra à
Peffoa, e ferviços os offos de hum martyr da Politica , havida a grandes empe-
nhos a licença , os trasladou à fua cufta
para o Mofteiro da Batalha. O enterro
foy taõ fumptuofo, que pareceo disfarça-
do triunfo do abatimento maquinado pela emulaçaõ. Moftrou nefta piedofa grandeza com o amor ao fangue o refpeito a
huns merecimentos , que em vida naõ
pudera defender , fem fe moftrar gravemente fufpeitofo , e ainda reo, no juizo
de quem tudo podia, e de tudo fe recea-
va. Eftas exprefsões , de cuja ingenuidade eftaõ por fiadores bons Efcritos daquelle feculo , firvaõ de apologia contra·

*Manda trasladar à
fua cufta para o Mof-
teiro da Batalha os of-
fos do Infante D.Pe-
dro.*

Bbb pen-

pennas maldizentes, que o pintaõ pouco parcial ao famoſo Regente na vida, e menos compaſſivo na morte.

*Magnificencia com que beijou a maõ a El-Rey D Affonſo V. na occafiaõ do naſcimento, e bautiſmo do Principe ſeu ſucceſſor.*

Naõ buſcava o Infante occaſiões de oſtentar magnificencia, antes como virtuoſo dava aos pobres, e aos Templos, o que havia de dar à vaidade; mas huma vez offerecida a occaſiaõ, ninguem em publico apparecia mais Principe. Deu o Ceo hum ſucceſſor a ElRey D. Affonſo V., e pelo ſeu naſcimento foraõ extremoſas as demonſtrações de alegria, em que rompeo o povo, como ſe já entaõ ſoubeſſe, que naquella dadiva vinha eſcondido o exemplar de Monarcas. Eſtava o Infante na ſua Villa de Sagres, quando foy aviſado de tanta felicidade, e depois de explicar ſeu prazer com feſtas publicas, em que o Algarve foy bom competidor da Corte, partio a beijar a maõ a ElRey, e appareceo com tal luzimento em galas, e Criados, que ( ſe a fama naõ andou encarecida ) elle ſó fez ſombra à magnificencia de todos. Confeſſaraõ-lhe o meſmo exceſſo, quando aſſiſtio ao ſolemne Acto, em que naſ-
ceo

ceo para a graça o mefmo Principe, e
naõ fe dando por fatisfeito o feu obfequio com pompa taõ luzida, ajudou
com maõ liberal as alegrias daquelle dia.

Mas já os Sabios daquella Idade ef- *Quanto honrava aos*
taõ pedindo lugar nefta Hiftoria. Veja- *letras.* *Sabios, e cultores das*
mos, fe os teftemunhos da magnifica ge-
nerofidade do Infante com os eftudos
particulares, e publicos defpertaõ nobre
emulaçaõ naquelles Principes, que naõ
faõ infenfiveis a huma fama folida, tal
como a que propagaõ os cultores das letras. Em quanto viveo aquelle heroico
Efpirito, tiveraõ os Sabios Patrono, que
os honraffe, e favoreceffe: honrava-os,
dignando-os de feu trato familiar; favo-
recia-os, fomentando-lhes os eftudos
com dadivas grandiofas. Era o Infante
daquellas Almas raras, que nafceraõ para tudo, e para todos: nem o exercicio
das armas, nem os cuidados de feus prolixos defcobrimentos o divertiaõ da protecçaõ das letras; antes cuidava dellas,
como fe naõ o occupaffem outras idéas,
chegando a dar para Efcolas publicas o
feu Palacio de Lisboa, e confinando-

Bbb ii                                    lhes

lhes rendas parà a fua confervaçaõ; e augmento.

*Foy acclamado Pro-
teĉor dos Eſtudos de
Portugal.*

Por eſte lance de Sabio, em que naõ lhe conhecemos imitadores, o povo agradecido entrou a appellidallo *Prote-
ĉor dos Eſtudos de Portugal*: quizeraõ cha-
marlhe Pay da Patria, e trocaraõ o titulo em termos equivalentes; porque prote-
ger Sabios he atinar com o melhor modo de confervar Reinos. A taõ boa fombra, e em terreno taõ bem difpoſto depreſſa fe viraõ frutos copiofos em muitas Faculda-
des, fahindo daquellas Efcolas homens, que depois honraraõ as Mitras, os Tri-
bunaes, e as Cadeiras. Rodeado de tan-
tas creaturas da fua fabia liberalidade, alegrava-fe o Infante com os bons filhos, que davaõ nome à Naçaõ, e fó as fuas virtudes podiaõ fazer, com que naõ fe defvaneceſſe da grande Obra. Mas quanto mais fua modeſtia renunciava os ap-
plaufos, tanto mais os repetia a gratidaõ, recitando-fe em cada anno na aber-
tura dos Eſtudos hum Panegyrico ao feu magnifico Protecŧor; coſtume, que fempre fe praticou com exacçaõ de tributo,

em

em quanto as Efcolas naõ tiveraõ outro
affento. Que grande falta faz a efte Volume, naõ ter perdoado o tempo àquelles efcritos!

Já tantas virtudes eftavaõ chamando pela coroa, que a terra naõ era capaz
de tecer : enfermou o Infante na fua
Villa de Sagres ; naõ fabemos de que
mal ; fó nos confta, que fem padecer a
fabida defgraça dos Principes na falta de
quem os defengane, elle mefmo, como
quem em vida eftava taõ armado para a
ultima batalha, efperou alegre, e animofo o combate da morte. Amava com extremos de Pay ao Infante D. Fernando
feu Sobrinho, e quarenta dias antes de
falecer, o adoptou por filho, e lhe fez
doaçaõ das Ilhas Terceira, e Graciofa.
Ordenou feu teftamento, e dizem, que
o dictara a piedade, e religiaõ : bem o
cremos; e fe hoje apparecera, dariamos a
ler nelle, fem medo de nos julgarem en-
carecidos, hum teftemunho fincero de
fuas virtudes. Nelle encommendava a
ElRey os feus Criados, pedindo-lhe, que
lhes confervaffe tudo quanto lhes havia
da-

*Acomette-o huma enfermidade · difpoem-fe para a morte faz doaçaõ ao Infante D Fernando das Ilhas Terceira, e Graciofa.*

dado em paga de feu ferviço, e accrefcentando, que elles eraõ taes, que feus
conhecidos mereçimentos fem mais recommendaçaõ fe faziaõ bem dignos da
mercê. Chamava efte louvor por graça
mais avultada, e achou-a na grandeza
de ElRey, e do Infante D. Fernando.

*Sua morte fentida*
*dos fabios, foldados, e*
*pobres.*
Chegou em fim o dia 13 de Novembro de 1460, dia infaufto para Portugal, por perder nelle quem o mantinha em gloria, e ajudava em riquezas.
Contava o Infante D. Henrique feffenta e fete annos de idade, quando acabou
fua carreira: de crer he, que foy defcançar della no repoufo eterno. Efta confideraçaõ poderofa para enxugar lagrimas
chriftãs, por muitos tempos perdeo fua
força, vencendo-a outro poder mais ro-
bufto naquelles, que de prefente fe viaõ
fem o bem poffuido. Todos lhe choraraõ a morte, e chamavaõ divida ao fentimento: os fabios, os foldados, e os
pobres, effes o prantearaõ como orfãos;
e até a Corte deu bem a moftrar, que
feus lutos naõ eraõ entaõ fuffragios da
politica.

Foy

Foy depofitado o Corpo na Igreja principal de Lagos, e no anno feguinte o Infante D. Fernando o trasladou, e conduzio em peffoa para o Real Mofteiro da Batalha, Enterro de feus Auguftos Pays. A magnificencia defte Acto refponderia à grandeza, e gratidaõ de quem fe prezava fer unico filho do amor do faudofo Infante. Deufe-lhe fepultura junto da de feu Irmaõ o Infante D. Pedro, e alli ajuntou a morte aquelles, a quem fepararaõ as violencias de huma ambiciofa politica. Celebraraõ-fe folemnes Exequias, ultima honra da piedade Chriftã; Acçaõ, a que quiz affiftir ElRey com toda a Cafa Real, e fubftituío-fe bem com a renovaçaõ de lagrimas a falta do publico elogio. Defcrevamos o feu Tumulo, e firvamos affim à memoria do Infante D. Fernando com aquelle padraõ do feu agradecimento.

*Seu Corpo trasladado da Igreja de Lagos para o Real Mefteiro da Batalha.*

Junto da porta principal do famofo Templo da Batalha ha huma grande Capella de noventa palmos por lado, obra, que accrefcenta a fumptuofidade do Edificio. Nella jaz o Infante em fepultura,

*Jaz em huma grande Capella junto à porta do famofo Templo da Batalha.*

pultura, que moftra os cançados primores dos artifices daquelle tempo. Sobre ella eftá o feu vulto, veftido de armas brancas, com huma cóta, onde fe vêm efmaltadas as Armas de Portugal. De feus Irmãos elle fó cinge Coroa na cabeça , entretecida de folhas de carvalho com huma rofa no meyo. Se he verdade, que fora eleito Rey de Chypre, quizeraõ nefte diftinctivo confervar tal memoria. Na cabeceira do Tumulo vê-fe outra Coroa grande , e igualmente efmaltada, como a de ElRey feu Pay; no remate fronteiro lê-fe a letra, de que ufava: *Talaint de bien faire* , entre cujas dicções fe dilataõ huns troffos pequenos, de que nafcem huns raminhos, que na figura , e frutos parecem de carrafco ; porque as bolotas faõ muy redondas, os ramos torcidos , e curtos, e as folhas cercadas de pontas agudas; ornato, que ferve igualmente aos lavores de toda a fabrica.

*Defcrevem-fe os Ef-*
*udos, que eftaõ no fron-*
*ifpicio da Capella.*
No frontifpicio ha tres Efcudos: o primeiro moftra as Armas Reaes, e as do Infante; eftá tambem coroado, e a

Co-

Coroa no lavor femelhante à da cabeça
na ramagem dos carvalhos; fó ha de differença ter nos angulos, ém fórma de
Cruz, humas flores de liz. O fegundo Ef-
cudo tem huma Cruz comprida, infignia
da Ordem da Jarretiera, que o Infante
profeffaria em moço por obfequio ao eftreito parentefco com ElRey de Inglaterra. Eftá cercado de huma como liga,
em que fe lê gravada a letra: *Honni.foit*
*qui mal y penfe*, e a cada huma deftas dicções divide huma rofa. O terceiro Efcu-
do moftra a Cruz de Chrifto, de cuja Ordem fora Governador, e todos eftes tres
Efcudos eftaõ por dentro ornados de ramos de carrafco, que fe extendem a todo o frontifpicio. Junto do Tumulo eftá hum Altar, onde quotidianamente fe
celebra o Sacrificio da Miffa pela Alma
do Infante. O retabolo moftra em pintura o retrato de feu Irmaõ o Santo Dom
Fernando, que elle mandara fazer, an-
ticipando mais por devoçaõ às virtudes,
que ao fangue, o culto a quem deixara
claro teftemunho de fua fantidade em
gloriofo martyrio.

Ccc Ef-

Efcritores de nome, fe efcrevem a vida de hum Varaõ famofo, coftumaõ no fim de fua Efcritura pintar em peque-no o retrato do feu Heróe. Sigamos efte coftume, e apertemos em breve toda efta Hiftoria, quafi indice fuccinto do mais notavel della. Para leitores ou fra-cos de memoria, ou de pouco foffrimen-to em ler, talvez que naõ feja defagra-davel a pintura.

*Retrato do Infante D. Henrique.*

O Infante D. Henrique, Duque de Vifeu, Senhor da Covilhã, e Meftre da Ordem de Chrifto, Principe grande em emprezas, mayor em virtudes, foy de eftatura proporcionada, e de membros taõ robuftos, que poucos fe apontavaõ, que o igualaffem em forças. A groffura era à medida do corpo, naõ lhe impe-dindo a agilidade, e deftreza de Caval-leiro, em que ninguem o excedeo. Te-ve os cabellos algum tanto levantados, mas gentil femblante, ajudando-lhe a for-mofura a cor branca, e córada. Quem delle naõ tinha pratica, temia-lhe no af-pecto huma certa gravidade, que naõ fe bemquiftava com os olhos; quem fami-

liarmente

liarmente o tratava, cativava-fe às primeiras fallas da fuavidade de fua foberania. A Providencia, que o mandara ao
Mundo para Heróe, logo na puericia
lhe deu inclinaçaõ às armas. Apenas cin-
gio efpada, naõ tardou a defembainhal-
la em Ceuta: tingio-a de fangue Africano, e trouxe por trofeo do feu primeiro
enfayo a conquifta daquella Praça famofa. A ella foy o Pay com o melhor
do Reino, mas ao filho he que fe deveo a
victoria; he quanto fe pôde dizer do valor do Infante. Duas vezes paffou a Africa; a fortuna foy diverfa, o esforço o
mefmo: naõ foraõ menos, que os mefmos Inimigos os pregoeiros defta verdade. Como fe os triunfos naõ baftaffem a
formallo Heróe, quiz por emprezas nunca até alli intentadas merecer mais o nome. Meditou, e poz em pratica o defcobrimento de novas terras, e novos mares: armou para ifto hum grande numero de navios, e ora com honras, ora com
premios comprou a huns homens a oufadia, a outros tirou o medo, e fellos
inveftir com mares nunca fulcados de

ou-

outras quilhas. A idéa euftou grandes
defpezas, e mayores murmurações; huma, e outra coufa defprezava o Infante,
firme na efperança, de que os gaftos fe
tornariaõ em lucros, e a contradiçaõ em
applaufos. Naõ tardou em ver eftes effeitos; as náos vinhaõ carregadas de prezas, os exploradores alegres com as noticias das novas terras, e o povo murmurador, vendo com os olhos os erros
de feus juizos, mudou logo de linguagem, e já apregoava nas Praças o zelo
do Infante. Naõ fe leva de breve carreira o caminho da gloria: a que efte Principe confeguio por feus defcobrimentos,
cuftou-lhe quarenta annos de trabalho,
e de conftancia; mas o fruto refpondeo
bem às efperanças, deixando defcobertas trezentas e fetenta legoas de Cofta;
que tanto he do Cabo Bojador, até à ferra Leoa. Defte modo deixou o Reino
mais opulento em fama, e em termos
de fer mais rico em dominios. Com efte
caminho aberto facilitou igualmente a
navegaçaõ a todas as Nações de Europa: fe ellas às riquezas, que hoje tem,

e aos

e aos feitos maritimos, de que fe gloriaõ,
forem bufcar o primeiro mobil, naõ po-
dem achar outro , fenaõ efte Principe
efclarecido. Nós aſſim o confeſſamos no
muito , com que em outro tempo efpan-
támos em opulencia , e conquiſtas. Os
Reys, que tivemos naquellas felices idades, conhecendo-fe neſta divida, fempre
refpeitaraõ a memoria do Infante, como
do fundador de fua nova grandeza. El-
Rey D. Manoel foube diſtinguirfe entre
todos , mandando-lhe levantar eſtatua
no frontifpicio do grande Templo de
Belem : he a unica que teve, e talvez
que accufe mais o efquecimento de outros, do que recommende a gratidaõ daquelle Monarca. Naõ obſtante feitos
taõ aſſinalados, pouco teria obrado o Infante, fe naõ deixaſſe mais fama de vir-
tuofo , que de foldado, e defcobridor.
Inſtruido pela Ethica dos Santos , em
que hum Principe naõ he perfeitamente
grande no Mundo, fe o naõ he na prefença de quem lhe dera a grandeza, empenhou-fe em deixar por virtudes nome
mais famofo. Para aſſim o fazer, via-fe
com

com dobradas obrigações; exemplo nos
Pays, e recommendaçaõ nos Eſtatutos
da Ordem Militar, de que era Cabeça.
Os ſeus Religioſos por elle eſtudavaõ a
obſervancia da Regra : com a ſua devoçaõ ſolida, e aſſinalada piedade affervo-
rava a huns, e reprehendia a outros;
com a ſua honeſtidade no traje, nas palavras, e nas acções edificava a todos.
O exemplo, que deixara de ſua virgin-
dade aos ſeus Cavalleiros, foy raro, e
creyo que mais celebrado, do que ſeguido. Dizem, que dom de tanto preço o
comprara com a oraçaõ frequente, com
o jejum apertado, e outras mortifica-
ções quotidianas; bem he de crer, naõ
ſe conhecendo armas mais poderoſas para a victoria da carne. Quem o queria
ver Principe em toda a grandeza, e verdade, contemplava-o virtuoſo, e logo
ſua magnificencia com o culto Divino,
e ſua liberalidade com os neceſſitados
lho retratavaõ ao vivo. Os ſabios recorriaõ à meſma idéa, pintando-lhe com cores ſemelhantes a ſoberania da Peſſoa:
apontavaõ para. o ſeu Palacio, conſa-

grado

grado por feu zelo em Templo das Sciencias, publicavaõ as dadivas, com que
a fua liberal maõ os incitava aos eftudos,
defvaneciaõ-fe do trato familiar, que
com elle tinhaõ, e eftas virtudes lhes
moftravaõ bem de perto hum Principe
verdadeiro. Mas naõ attribuamos fó à
grandeza de feu fangue, e de fuas virtudes a protecçaõ às Sciencias: favorecia-as,
porque as amava; amava-as, porque era
Sabio. A Filofofia dos coftumes deveo-
lhe larga applicaçaõ: via os bons frutos
della, quem olhava para a fua Cafa, à
qual ninguem dava outro nome, fenaõ
o de *Efcola da virtuofa Nobreza.* Nas
Sciencias Divinas naõ foy hofpede, nas
Humanas competio com feu Irmaõ D.
Pedro, e nas Mathematicas naõ houve quem tiveffe mais luzes naquellas cegas idades. Para criar nellas fujeitos;
que ferviffem à navegaçaõ de feus Defcobrimentos, mandou vir de Mayorca
o Cofmografo mais affamado, que entaõ
fe conhecia; de forte, que os Portuguezes em todas as Nações havidos por antigos meftres da arte de Navegar, devem
glo-

gloria tamanha ao Infante D. Henrique.
Chamava eſte bem por outro, que eraõ
Officiaes de nome na diverſa conſtruc-
çaõ de navios; tentou-os com premios,
e ſobejaraõ-lhe Eſtrangeiros para o intento. Com a deſcripçaõ de tantas virtudes
receamos ſer arguidos de ter favorecido
a pintura com alguns toques aduladores;
mas para que ſe veja noſſa ingenuidade,
naõ deixaremos até de lhe retratar os de-
feitos. Dizem, que naõ ſe declarara parcial de ſeu Irmaõ, o deſgraçado Regente; deraõ-lhe iſto por nota, e bem ſe lhe
podia chamar prudencia : que em fo-
mentar a infelice Acçaõ de Tangere, fora naõ ſó temerario, mas inflexivel; porém deſte erro os meſmos Antigos o deſ-
culpaõ, attribuindo-o a brios de mocidade valeroſa, e liſonjeada com a victoria de Ceuta : que ſohre a entrega deſta
Praça por preço do reſgate do Infante
D. Fernando votara com mais paixaõ à
ſua fama, que ao ſeu ſangue; como ſe
primeiro naõ eſtiveſſe manter o triunfo
de Deos, que reſgatar a ſeu Irmaõ, por
cuja liberdade muitas vezes offerecera
ſua

íua peſſoa com as inſtancias mais vivas:
em fim, que em ſuas idéas tivera conſtancia, que parecera pertinacia, e em
perdoar erros benignidade, que fora ex-
ceſſiva; do primeiro defeito o tempo o
defendeo, reſtituindo à imputada tena-
cidade o nome de illuſtração ſuperior;
do ſegundo eraõ nos perdoados infinitos
os defenſores. Eſtes ſaõ os defares, [ os
Antigos naõ apontaõ outros ] que affeaõ
o retrato verdadeiro do Heróe, que deu
Argumento a eſta Hiſtoria; ainda aſſim,
diga o Mundo quantos acha deſtes Principes nos Faſtos da Heroicidade.

Ddd          Tu-

Tudo quanto digo neſte livro ſujei-to à cenſura da Santa Igreja Catho-lica Romana, como obediente filho.

# LICENÇAS.

## Do Santo Officio.

VIstas as informações, pode-se imprimir o livro de que se trata, e depois voltará conferido para se dar licença, que corra, sem a qual naõ correrá. Lisboa, 9 de Setembro de 1757.

*Silva. Abreu. Trigoso. Silveiro Lobo.*

## Do Ordinario.

VIsta a informaçaõ, se póde imprimir o livro de que se trata, e depois torne para se dar licença para correr. Lisboa, 18 de Setembro de 1757.

*D. Joseph A. de L.*

## Do Desembargo do Paço.

QUe se possa imprimir vistas as licenças do Santo Officio, e Ordinario, e depois de impresso tornará à Mesa para se conferir, e taxar, e dar licença para que corra, e sem isso naõ correrá. Lisboa, 24 de Novembro de 1757.

*Duque P. Carvalho. Doutor Velho.*

Póde

PO'de correr. Lisboa, no Paço de Palhavã, 17 de Outubro de 1758.

*Com duas Rubricas.*


PO'de correr. Lisboa, 23 de Outubro de 1758.

*D. J. A. L.*


TAxaõ para correr em seiscentos reis. Lisboa, 24 de Outubro de 1758.

*Com quatro Rubricas.*

Lightning Source UK Ltd.
Milton Keynes UK
UKHW021332090119
335177UK00011B/374/P